Heike Faller

# Wie ich einmal versuchte, reich zu werden

Heike Faller

# Wie ich einmal versuchte, reich zu werden

## Mein Jahr unter Spekulanten

Deutsche Verlags-Anstalt

# Inhalt

# 1 Sparmünzen

Ich hatte einmal 40 000 Euro. Jahrelang lag das Geld auf dem Sparkonto, wo es nicht mehr, aber auch nicht weniger wurde. Als ich dreiunddreißig Jahre alt war, kaufte ich davon vierzig Krügerrands, vierzig Kilobarren Silber, siebenhundert Gramm Palladium und acht schwere Platten aus Platin. Eine Sparkassenangestellte in Bayern schob mir das Metall über den Schalter, gefolgt von einer Kassette, in der ich meine Schätze verwahren sollte. Auf knisternden Belegen quittierte ich den Erhalt von Edelmetallen im Wert von 39 414,84 Euro.

Es war ein Hochsommertag. Draußen brannte die Sonne auf Teer und Blech, drinnen stand ich frierend im klimatisierten Schalterraum und warf einen langen letzten Blick auf meine Schätze. Es waren die Ersparnisse meines ganzen Lebens, die ich in diesem Moment, gegossen in Metall, vor mir hatte: Geld, das ich von Zeilenhonoraren und Gehältern auf die Seite gelegt hatte; die Erlöse eines Bausparvertrages, in den meine Eltern für mich einbezahlt hatten; 1500 Euro, die meine Oma, eine Bäuerin aus Oberbayern, jedem ihrer zwölf Enkel hinterlassen hat; Geld, das ich hatte sparen können, weil der Staat und zwei Stiftungen mein Studium und meine Journalistenausbildung mitfinanziert hatten. Sogar die Ersparnisse des orangefarbenen Kindersparbuchs, auf dem ich Kommunionsgeschenke, Geburtstagsüberweisungen und Sparschweinmünzen zusammengetragen hatte, waren irgendwie in diese Metallstücke eingeflossen, die zusammen ziemlich genau in ein Schließfach von der Größe einer Schuhschachtel passten. Ich legte sacht den Deckel auf das Kästlein, drehte ein Schlüsselchen im Schloss und schob das Behältnis in einen kleinen Lastenaufzug, der, nachdem ich eine Geheimzahl vorgegeben hatte, leise quietschend in die Tiefe wackelte. Als Code wählte ich die Zahl des Jahres, in dem die Weltwirtschaftskrise begonnen hatte: 1929. Ein bisschen so wie damals, so war mir gesagt worden, würde die Welt aussehen, wenn ich eines fernen Tages wieder hier stehen würde, um meine Schätze abzuholen. Klingt irre, dachte ich. Nicht, dass ich es hätte beurteilen können.

Bis zu jenem Tag im Sommer 2004 hatte mich Geld nicht interessiert. Meine Ersparnisse lagen auf dem Sparkonto, und manchmal rief ein Bankberater bei mir an, um mit mir über »Vermögensbildung« zu sprechen, ein Wort, das auf mich eine einschläfernde Wirkung ausübte, die nur von Worten wie »Altersvorsorge« oder »Rentenreform« übertroffen wurde. Ich sagte, dass ich darüber nachdenken würde, aber ich dachte nicht darüber nach. Ich sagte, dass ich zurückrufen würde, aber ich rief nie zurück. Ich befand mich in der luxuriösen Situation, mehr Geld zu verdienen, als ich zum Leben brauchte, noch mehr haben zu wollen, womöglich auf Kosten anderer, erschien mir gierig, vielleicht sogar unmoralisch, schlechtes Karma. Allein der Ausdruck »sein Geld für sich arbeiten lassen« löste bei mir unangenehme Assoziationen aus. Schließlich arbeitete ich selbst. Und zwar gern. Ich hatte seit Jahren eine sichere und gut bezahlte Arbeit als Redakteurin. Das sollte mir reichen. Es mag arrogant klingen, aber ich konnte in dieser Zeit nicht erkennen, welchen Unterschied fünf oder acht Prozent Rendite, die mir mein Geld im besten Fall einbringen würde, in meinem Leben machen sollten, hatte aber den Verdacht, dass andere Leute es bemerken könnten, und zwar schmerzlich. Was bedeutete das überhaupt, in einen Fonds zu investieren? Würde ich mich damit nicht mitschuldig machen an Elend und Ausbeutung, also genau den Zuständen, die wir Journalisten anprangern? Woher sollte ich wissen, ob ich auf diese Weise nicht Teilhaberin an einem Waffenproduzenten oder Kinderarbeitsprofiteur würde? Ich habe keine Zeit, dachte ich, auch noch herauszufinden, ob ich mit meinen Investitionen dazu beitrage, anderen das Leben schwer zu machen.

Außerdem habe ich ein Problem damit, Zahlenpost aufzumachen. Weshalb ich es nicht mal mitkriegen würde, wenn mein Fonds pleiteginge. Jahrzehnte später, als zittriges Ömchen, würde ich vielleicht einen hoffnungsvollen Blick in die vergilbten Unterlagen werfen und feststellen, dass der Fondsmanager aus Frankfurt sein Geschäft vor langer Zeit zugemacht hat.

Und so kam es, dass mein Geld jahrelang auf dem Sparkonto dämmerte. Es vermehrte sich nicht, aber es verminderte sich auch nicht. Sogar den Aufstieg und Fall der New Economy habe ich verpasst: Während meine Kollegen jeden Morgen an ihre Bildschirme stürzten, um die Kurse abzurufen, tat ich: nichts. Wenn wieder mal ein Azubi vorgeschickt wurde, um mich, eine der letzten aktienlosen Deutschen, anzurufen, dachte ich arrogant: Der größte Luxus, den man sich von seinem Geld leisten kann, Junge, ist es, sich nicht um Geld kümmern zu müssen, aber das verstehst du jetzt noch nicht. Kann sein, dass ich es in abgeschwächter Form auch mal so gesagt habe. Aber in Wahrheit war mir das alles einfach zu kompliziert.

Erst später wurde mir klar, dass andere genauso verwirrt waren. Um zu wissen, dass der Mensch kein rational handelnder, jederzeit auf seinen Vorteil bedachter Homo oeconomicus ist, genügen ein paar Gespräche mit anderen Menschen. Den meisten zerrinnt das Geld. Nur wer Schulden hat, spart systematisch. Viele kaufen Häuser, weil sie das für solide halten, ohne zu bemerken, dass sie damit alles auf eine Karte setzen. Eine Kollegin bezahlt hohe Zinsen für einen Wohnungskredit, während sich auf einem niedrig verzinsten Girokonto gleichzeitig neues Guthaben sammelt. Einer erzählt seit Jahren, er könne sich aus Nostalgie nicht von seinen abgestürzten Dot-Com-Aktien trennen. Es ist eine schöne Partyanekdote, die ihn ein paar zehntausend Mark gekostet hat. Ein Kollege, der aus Ostberlin stammt, hat sein bisschen Geld, 10 000 Euro, seit der Wende auf dem Sparbuch liegen und auch von zu Hause kein Erbe zu erwarten.

Er ist Anfang fünfzig, und ich kann gut verstehen, dass er in eine Angststarre verfallen ist, denn wenn er nicht bald eine gute Idee hat, wird er als Rentner Gitarre in der U-Bahn spielen.

Und die, die was tun, tun meistens das Falsche: Neulich lernte ich eine Frau kennen, die sich im Sommer 2008 von ihrer Bank, als die »Emerging Markets« bereits abgestürzt waren, »China, Brasilien, Indien« verkaufen ließ. Meine Eltern haben sich ein Zertifikat auf Daimler gekauft, das, vereinfacht gesagt, so gestrickt ist, dass die Bank die Gewinne bekommt und der Anleger bei sinkenden Kursen nachkaufen muss. Ihr Vorteil? Sie erhalten dafür einen Prozentpunkt mehr Festzins als auf dem Sparbuch. Der Berater, der ihnen das Papier empfohlen hat, wohnt ein paar Straßen weiter. Er ist ein guter Nachbar und deshalb wollen meine Eltern ihn nicht fragen, warum er sich damals so sicher war, dass »der Daimler«, wie sie den Konzern in Süddeutschland nennen, niemals abstürzen würde. Zumal sie sich, völlig zu Recht, selber fragen, wieso sie sich so etwas haben andrehen lassen, schließlich können sie rechnen.

Am schlimmsten sieht es bei den Leuten aus, die wirklich knapp bei Kasse sind. Sie kommen gar nicht auf die Idee, sich an einer Welt zu beteiligen, die sie nicht als Arbeitskräfte will. Ein Schulfreund, der als Nachtportier jobbt und jeden Monat an Hartz IV vorbeischrammt, hat es sogar geschafft, 3000 Euro auf die Seite zu legen, die er daraufhin aber einem noch ärmeren Kumpel geliehen hat, natürlich ohne Zinsen. Dieser Freundschaftsdienst hat ihn in den letzten Jahren (wegen der Inflation) ein paar hundert Euro gekostet.

Auch so werden soziale Unterschiede größer: Die Wohlhabenden profitieren vom Kapitalismus, weil sie ihr Geld für sich arbeiten lassen, die Kleinen, weniger Schnellen, weniger Schlauen unternehmen nichts damit. Und wenn sie es doch zur Börse tragen, dann ist die Blase meist schon kurz vorm Platzen. Finanzleute kennen für dieses Phänomen das Wort »Dienstmädchen-Hausse«. Es stammt aus den zwanziger Jahren, als selbst Dienstmädchen und Schuhputzerjungen ihre Ersparnisse in hochfliegende Aktien steckten. Die Kurve biegt sich immer steiler nach oben, bis sie fast senkrecht verläuft, um, und das tut sie irgendwann immer, plötzlich abzubrechen. Dann verlieren die ihr Geld, die als Letzte gekauft haben. Wenn die Dienstmädchen Aktientipps austauschen, das ist die erste Börsenregel, die man lernt, ist es an der Zeit auszusteigen. Heute erfüllen diese Warnfunktion Taxifahrer und Friseurinnen, aber die Idee dahinter ist dieselbe geblieben: Wenn geldferne Schichten sich für die Finanzmärkte interessieren wie sonst nur für die Fußballweltmeisterschaft, dann sind die Chancen groß, dass sich bald keine Unwissenden mehr finden werden, die das Zeug zu den hohen Preisen noch kaufen können.

## 2 Vereinigte Sparkassen

Ich war auf dem Wissensstand eines Dienstmädchens, als meine Zeitung mich nach Bayern schickte. Ich sollte eine Geschichte über zwei Männer schreiben, die bei einer kleinen Sparkasse in der Oberpfalz die Vermögensverwaltung leiteten. So geschehen im Jahr 2002. Die beiden Bayern waren dadurch aufgefallen, dass sie das erfolgreichste Musterdepot in Deutschland führten. Sie hatten in sieben Monaten 43 Prozent Plus gemacht, zu einer Zeit, in der normalen Bankberatern und Fondsmanagern das Geld ihrer Anleger unter den Händen weggeschmolzen war. Mein Chef hatte eine kleine Meldung im Finanzteil über die beiden gelesen und schickte mich hin, weil er wusste, dass ich nicht im Börsenjargon über sie schreiben würde.

Obwohl ich keine Ahnung von diesen Dingen hatte, leuchtete mir die Geschichte, die mir dann vor Ort präsentiert wurde, sofort ein: Zwei tapfere Sparkassen-Männer, mountainbikefahrende, dialektsprechende Naturburschen mit einer unverhohlenen Verachtung für die Karrierebanker in Frankfurt, London, New York, beschließen, dass man statt in DAX-Unternehmen oder den Neuen Markt besser in Minenaktien und Goldbarren investieren sollte. Damals eine abseitige Idee. Schließlich waren jahrelang Firmen gefeiert worden, deren Produkte unsichtbar, ätherisch, mikroskopisch klein waren. Es war das postmaterielle Zeitalter der New Economy, in dem die alten Regeln des Wirtschaftens irgendwie als aufgehoben galten. Als die neue Wirtschaftswelt dann plötzlich in sich zusammenfiel (weil man feststellte, dass ihre Produkte unsichtbar, ätherisch oder inexistent waren), wurde das den Aktionären als eine Art Naturkatastrophe verkauft. Dass just in dieser Zeit eine so altertümliche, schwerfällige Sache wie Rohstoffe im Preis stieg, erkannten damals nur wenige, und zu diesen Leuten gehörten die beiden Bayern, die ich porträtieren sollte.

Zwei Jahre, nachdem meine Geschichte über sie erschienen war, vertraute ich ihnen meine gesamten Ersparnisse an. Der Goldpreis war in dieser Zeit von 300 auf 400 Dollar pro Feinunze gestiegen. In einem Bummelzug fuhr ich von Würzburg in Richtung tschechischer Grenze. In Weiden in der Oberpfalz stieg ich aus. Vor dem Bahnhof erwartete mich einer der beiden Sparkassen-Männer, ein durchtrainierter, kahlrasierter Typ namens Christian Wolf. In seinem schweren, kühlen Wagen surrten wir durch grüne Wiesen ins Headquarter in Neustadt. Er erzählte, dass er gerade Tschechisch lerne, weil die Grenze nicht weit sei und Osteuropa in den nächsten Jahren gute Möglichkeiten biete. Da sei es klug, schon einmal die Sprache zu lernen. Ich sog jedes seiner Worte auf, denn mit dem Goldpreis war auch mein Vertrauen in die beiden gewachsen, die offenbar genau wussten, was sie taten.

Als wir in der Sparkasse angekommen waren, fragte ich sie, warum sie sehen konnten, was sonst keiner sah. Das sei im Grunde gar nicht so schwer, sagten sie. In Edelmetalle zu investieren sei eine Außenseiterentscheidung, die ein Angestellter in einer großen Bank kaum treffen würde, selbst wenn er sie als richtig erkannt habe.

»Warum nicht?«, sagte ich.

»Herrrdentrieb«, sagten sie unisono, mit böse grollendem Rrr.

In einem großen Unternehmen sei es einfacher, einen Fehler zu machen, den alle machten, behaupteten sie, eine Entscheidung gegen die Mehrheit sei schlicht ein größeres Karriererisiko. Diese Erklärung leuchtete mir ein. Und sie gefiel mir ebenso gut wie diese beiden Kleinstadtbanker, die so überhaupt nichts mit den Bankmenschen zu tun hatten, die ich in meinem Leben bis dahin kennengelernt hatte.

Sie kannten sich seit dem gemeinsamen Studium an der Fachhochschule, das sie erst mit Ende zwanzig begonnen hatten. Beide waren Realschüler gewesen und hatten bei der Bundeswehr das Abitur nachgeholt. Danach hatte Christian Wolf bei der Kripo gearbeitet, sein Kollege Uwe Bergold bei der Flugsicherung der Bundeswehr. Als man ihnen nach ihrem BWL-Studium anbot, zusammen nach Frankfurt zu gehen, hätten sie abgelehnt, erzählten sie, weil sie sich von keiner Unternehmenskultur und keiner Gruppendynamik den Eigensinn austreiben lassen wollten. Außerdem liebten sie ihre Heimat, sagten sie. Freunde, Natur, Familie – das sei es doch, was am Ende zähle. Ich sah aus dem Fenster ihres ebenerdigen Büros. Mit Blick auf Felder und Wälder und einem netten Sparkassendirektor im Rücken, dachte ich, konnte man offenbar weitsichtigere Entscheidungen treffen als in einem Bankhochhaus in Frankfurt.

Ich offenbarte, dass ich 40 000 Euro besitze, aus denen ich möglichst bald eine sechsstellige Summe machen wolle. Zu meiner Überraschung sprachen sie zunächst von Risikoklassen, Diversifikation, Anlagehorizont, von den drei Säulen jedes Portfolios. Sie verstünden mich nicht, sagte ich, ich wolle wirklich alles auf eine Karte setzen. Mein Job sei sicher, und das Risiko, alles zu verlieren, nähme ich in Kauf gegen die Chance, viel zu gewinnen.

Sie erläuterten geduldig, dass sie verpflichtet seien, ihren Anlegern ein gemischtes Portfolio zu empfehlen.

»Ich will nicht, dass Sie mir erzählen, was Sie mir erzählen müssen«, sagte ich, »ich will, dass Sie mir erzählen, was Sie für richtig halten. Mal angenommen, ich würde Sie fragen, wie Sie Ihr Geld angelegt haben ...«

Bergold ging grinsend zu seiner Schrankwand. Dahinter befand sich ein Tresor von der Größe eines kleinen Kühlschranks. Drinnen lagen Goldbarren und flache Platinplättchen, Silbermünzen und etwas, das mir als Palladium vorgestellt wurde. Die meisten hier hätten ihr Geld so angelegt, erzählten sie, sogar die älteren Mitarbeiter der Abteilung »Geldanlage«, die ein Dasein als brave Bankberater gefristet hatten, bevor sie, Bergold und Wolf, die Truppe wachgerüttelt hätten. Der Lehrling betrat den

Raum. Er warf einen wissenden Blick auf die Metallberge und bestätigte mir mit roten Ohren, dass auch er …

Sie kamen mir vor wie eine Sekte. Sie glaubten, dass bald Inflation und Wirtschaftkrisen die Welt heimsuchen würden, dass Banken und Währungen wanken und Kleinanleger um ihr Geld gebracht würden. Ich wusste nicht, ob es wirklich Grund für derartigen Pessimismus gab, mir gefiel einfach das Bayerische, Dickköpfige, ihre Wut über die »drom in Frankfurt« und »drim in Minga«, und ich dachte, dass sie damit weiter kommen würden als die servilen Bankberater, denen ich bis dahin begegnet war. Und falls sich irgendwann herausstellen würde, dass wir uns gemeinsam in einen Wahn reingesteigert hatten, dachte ich, dann hätte ich auf dem Weg in den Ruin zumindest eine Menge Spaß gehabt. Ich war bereit, in die Sekte einzutreten.

Ich mietete mir danach ein Schließfach bei den Vereinigten Sparkassen Eschenbach in der Oberpfalz, Neustadt an der Waldnaab, Vohenstauß. Ich kaufte Gold, Silber, Palladium und Platin. Den Schlüssel für mein Schließfach übergaben sie mir mit der Warnung, dass es auch schon Zeiten gegeben habe, in denen Staaten den Privatbesitz von Gold verboten hätten. Ich fand die Andeutung abwegig, aber interessant. Und so senkte ich schließlich an jenem Hochsommertag im August 2004 meine gesamten Ersparnisse in Form von Edelmetallen in die Tresore der Vereinigten Sparkassen. Wobei meine kleine Anspielung auf 1929 eher ein ironischer Scherz war.

Als ich später wieder im Regionalzug Richtung Nürnberg saß, fühlte sich die Welt ein wenig anders an. Ich war nicht mehr nur Zuschauerin. Wenn die Amerikaner morgen beschlossen, Fort Knox um ein paar Tonnen Gold zu erleichtern und diese auf den Markt zu werfen, dann würde der Goldpreis zusammenbrechen, und ich wäre plötzlich nur noch die Hälfte wert. Ich wurde sogar ein bisschen nervös. Ein Ausdruck fiel mir ein, den ich manchmal von Amerikanerinnen gehört habe: dass sie bereits so viel in eine Beziehung investiert hätten. Ich hatte das immer sehr nüchtern gefunden. Jedes Mal, wenn eine Frau das Wort »investiert« in diesem Zusammenhang gebrauchte, und meistens gebrauchte sie es, um zu klagen, spürte ich einen Widerwillen: Wie konnte man die Liebe mit so etwas Profanem wie einer Geldanlage vergleichen? Im Zug nach Berlin spürte ich nun zum ersten Mal, dass Investieren kein buchhalterisch-kühler, sondern ein sehr emotionaler Vorgang ist. Ähnlich wie in einer Beziehung macht man sein Leben, oder einen wichtigen Teil davon, von einem Faktor abhängig, dessen Entwicklung nicht der eigenen Kontrolle unterliegt. Im Grunde kann immer alles passieren, beim Geld und in der Liebe. Beides kann einem den Rücken stärken oder nur Kummer machen, und es ist nicht leicht zu verstehen, ob eine Krise nur ein Zwischentief ist oder ob der Zeitpunkt gekommen ist, den Tatsachen ins Auge zu blicken und, wie es in der Börsensprache heißt, seine Verluste zu realisieren. Ich bin investiert, heißt es im Englischen. Und das ist die wichtigste Analogie zur Liebe: Wer investiert, tut dies als ganze Person.

Der Goldpreis stieg. Bald öffnete ich meine Zahlenpost in derselben freudigen Erwartung, in der man Liebesbriefe öffnet. Nach wenigen Monaten war ich so weit, dass ich mich, wann immer ich schlechte Laune hatte oder etwas anderes in meinem Leben sich nicht zu meiner Zufriedenheit entwickelte, an den Edelmetallpreisen wärmte. Ich glaube, so werden die meisten Leute zu Spekulanten: weil sie entdecken, dass sie ihre tägliche Dosis Dopamin auch von einem Blick in ihr Portfolio kriegen können. Und der Goldpreis hörte nicht mehr auf zu steigen. Mit der Zeit fing ich an, mich für die Gründe zu interessieren. Ich stellte fest, dass das Gold immer dann gefragt war, wenn in der Welt irgendeine Krise ausbrach. Wenn im Nahen Osten ein Politiker umgebracht wurde, zuckte der Kurs. Ging irgendwo auf der Welt eine Pipeline kaputt, drohte irgendein Diktator mit der Atombombe, war ich auf dem Papier wieder ein bisschen reicher. Die Leute wollten Gold, wenn der Krieg im Irak auszuufern drohte, wenn Amerika Schulden machte und der Dollar schwächelte, sein Wert stieg mit dem Ölpreis, mit dem neuen Reichtum der Inder und Chinesen, die ihre Ersparnisse traditionell in Schmuck anlegen. Gold, so lernte ich bald, war keine Anlage im klassischen Sinne wie eine Aktie, mit der man sich am Erfolg eines Unternehmens beteiligte, sondern eine Art Ersatzwährung, in die die Leute flohen, wenn sie das Vertrauen ins Papiergeld verloren. In der *New York Times* las ich, dass in London der Kurs von Gold um 25 Prozent nach oben ging, als Napoleon 1815 aus Elba floh und England ein Krieg drohte. Und nachdem er in Waterloo besiegt worden war, beruhigte sich auch der Goldpreis wieder.

Dann hatte ich selbst eine Krise: In meinem Büro gab es Umstrukturierungen. Mein Ressort richtete sich neu aus. Meine Geschichten waren nicht mehr so gefragt. Ich dachte darüber nach, wie lange ich selbst noch gefragt sein würde und wie weit meine Ersparnisse mich eigentlich tragen würden. Es gab in dieser Zeit vor allem eine Idee, die mich beruhigte: dass ich irgendwann einmal so viel Geld hätte, dass ich davon leben könnte, Geld, das mich unabhängiger von einer Angestelltenexistenz machen würde, deren Fragilität mir plötzlich bewusst geworden war. Ich beantragte und bekam eine Auszeit und nahm mir vor, dass ich ein Jahr lang nichts anderes tun würde, als das Spekulieren zu lernen und darüber zu schreiben. Und ich beschloss, mir ein Ziel zu setzen: Ich würde versuchen, einen bestimmten Betrag – 10 000 Euro – innerhalb von zwölf Monaten zu verdoppeln.

Ich würde mich in die riskante Welt der Termingeschäfte begeben, in der man seinen Einsatz innerhalb von Tagen verlieren oder vervielfachen kann, und vielleicht würde ich an der Rohstoffbörse von Chicago mit Schweinehälften mein Glück probieren. Ich würde Märkte, Messen, Aktienbörsen besuchen. Ich würde die Welt durchkämmen und mich dabei nur von einem Prinzip leiten lassen: der Gewinnmaximierung. Gab es einen besseren Kompass durch die wilde Welt des Kapitalismus als das Streben nach Profit?

Und wenn ich schließlich gewonnen hätte oder alles verloren, würde ich versuchen, einen Termin beim alten George Soros zu kriegen – dem berühmtesten aller lebenden Spekulanten, einem kleinen Mann mit strubbeligen Haaren und einem lieben Lächeln, das mir immer ein wenig zu harmlos erschienen war angesichts der Milliarden, die er in seinem Leben gemacht hatte. Ich würde ihn fragen, ob Geld sein Versprechen eigentlich hält, auf Sicherheit, Unabhängigkeit, wenn nicht auf Glück.

Zwar zeichnete sich 2008 so etwas wie eine Bankenkrise ab, in Deutschland waren ein paar regionale Kreditinstitute in Schwierigkeiten geraten, aber das schreckte mich wenig. Im Gegenteil. Hatten die Bayern nicht schon vor Jahren davon gesprochen? Als Goldinvestorin war ich auf Krisen nicht nur vorbereitet, sondern würde vermutlich sogar davon profitieren können. Das mag unsympathisch klingen, erschien mir aber immerhin nicht unmoralisch. Ich hatte nicht zur Krise beigetragen, und es gab keinen Grund, meine Ersparnisse zu verlieren, nur weil andere ihre Ersparnisse verloren.

Es war Februar. Und eine Kleinanlegerin lief pfeifend durch Berlin, ein Countrystück von Willie Nelson auf den Lippen.

*Depending on the soil and the season*
*You can plant a seed*
*And you can watch it grow*
*But you can't have a guarantee*
*Cause everything that ought to be*
*Ain't necessarily so*

# 3 Soros, Kostolany & ich

Glaubte ich tatsächlich daran, dass es mir gelingen würde, mein Geld zu verdoppeln? War ich vielleicht sogar ein wenig übermütig? Mir meiner Sache ziemlich sicher?

Ja, ja, ja!

Die Erfolge der letzten Jahre hatten mir Selbstvertrauen gegeben. Während professionelle Vermögensverwalter im Jahr selten mehr als zehn Prozent erzielen, hatte mein Schatzkästlein sich in vier Jahren im Wert nahezu verdoppelt und somit eine Durchschnittsrendite von 25 Prozent im Jahr eingebracht.

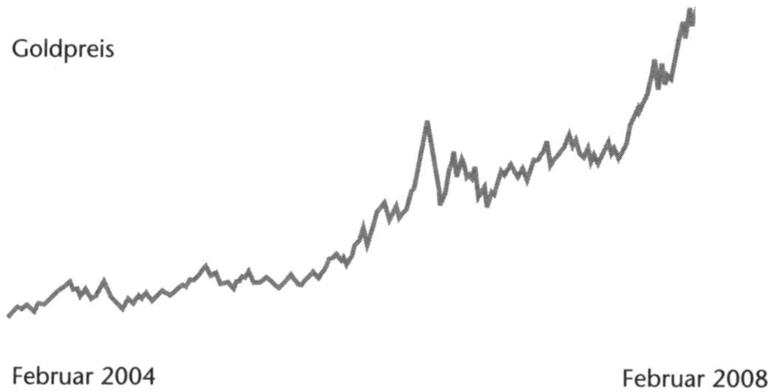


Dass ich dafür auch ein sehr viel höheres Risiko eingegangen war als die meisten Vermögensverwalter, war mir zu diesem Zeitpunkt noch nicht klar. Alles, was ich sehen konnte, war die Tatsache, dass ich fast 40 000 Euro verdient hatte, ohne dafür zu arbeiten. Der sensationelle Höhenflug des Goldes war von den Finanzteilen auf die Titelseiten gewandert, und nicht nur Finanzexperten nickten anerkennend, wenn ich erwähnte, dass ich bereits bei einem Preis von 380 Dollar pro Feinunze »in Gold gegangen« sei. Immer öfter wurde ich nun von überforderten

Kleinstanlegern – Freunden, Kollegen, Verwandten – gebeten, ihnen einen Tipp zu geben. Ich erklärte bereitwillig, dass ich Gold empfehlen würde, weil sein Preis weiter steigen würde, ja müsse: die Menschen würden zunehmend das Vertrauen in die Stabilität von Dollar oder Euro verlieren und ins Gold fliehen, die älteste Währung der Welt. Während »Papiergeld«, wie ich es mittlerweile abschätzig nannte, hoffnungslos »inflationiert« sei und demnächst zusammenbrechen würde.

»Woher weißt du das?«, wurde ich gefragt.

Um das zu erfahren, musste man eigentlich nur die Goldseiten lesen, das Internetforum der Edelmetallgemeinde. Dort erfuhr man, dass Alan Greenspan, der Präsident der amerikanischen Zentralbank, in den langen Jahren seiner Regentschaft immer mehr Dollar in Umlauf gebracht hatte, indem er, bei jeder drohenden Krise, den Leitzinssatz gesenkt hatte. Wenn das Geld billiger zu leihen ist, besorgen sich die Geschäftsbanken bei der Zentralbank immer mehr davon und stecken es in Güter und Anlagen, deren Preis daraufhin steigt. Somit sinkt die Kaufkraft des Geldes, bis irgendwann ein böses Wort ins Spiel kommt: Inflation. Und wenn die Leute dem Wert des Geldes nicht mehr trauen, kaufen sie Gold, das von keinem Herrscher der Welt beliebig vermehrt werden kann, auch wenn im Lauf der Jahrhunderte viele davon geträumt haben, Stroh zu Gold zu spinnen.

Dies ungefähr war, in Kurzfassung, meine Erklärung für den Höhenflug meiner Anlage, und weil das böse I-Wort mittlerweile auch außerhalb der Wirtschaftsteile auftauchte, weil in diesem Winter Lebensmittel und Benzin stark im Preis gestiegen waren, schienen das alle einleuchtend zu finden.

In der U-Bahn wurde ich von einem gut gekleideten Libanesen angesprochen, weil ich den Wirtschaftsteil der *FAZ* vor der Nase hatte. »Ein' Frau liest Bös'kus'«, sagte er in gestelztem Charmeur-Französisch. »Man sieht so selten. Darf isch fragen, welche Aktie Sie mir empfehlen würden?« Mir war klar, dass die Frage nicht ganz ernst gemeint war, aber dennoch löste sie bei mir einen zehnminütigen Vortrag aus, der davon handelte, dass es überhaupt keinen Sinn habe, sich für einzelne Aktien zu interessieren, da wir in einer Zeit lebten, die vergleichbar sei mit der Weimarer Republik, dass wir uns am Vorabend einer Währungskrise befänden, einer Weltwirtschaftkrise, mit fürchterlichen Folgen, volkswirtschaftlich, politisch. Er starrte mich erschrocken an. Ich konnte nicht anders: Ich war längst Mitglied einer esoterischen Glaubensgemeinschaft geworden, weil ich seit Jahren nur deren Argumente las. Was immer mir die beiden Bayern erzählten, tauchte ein, zwei Jahre später in den Zeitungen auf. Ich hielt sie zwar nicht für Wahrsager, aber doch für sehr kluge und unabhängige Köpfe, und es war mir wichtig, dass mehr Menschen von ihren düsteren Prophezeiungen erfuhren, um ihre Ersparnisse vielleicht in Sicherheit bringen zu können. Gerade Menschen, die so ahnungslos waren wie dieser Libanese. Am Bahnhof Zoo verließ er hastig den Waggon, natürlich ohne nach meiner Telefonnummer zu fragen.

Machte es mich nicht stutzig, dass ich mir einerseits sicher war, wie es mit der Weltwirtschaft weitergehen würde, aber gleichzeitig beim Zeitunglesen sofort an Grundbegriffen wie »Marktkapitalisierung« oder »Kurs-Gewinn-Verhältnis« hängen blieb? Sah ich keinen Widerspruch darin, an der Börse spekulieren zu wollen, obwohl ich gerade mal die Vokabeln »Bärenmarkt« und »Bullenmarkt« auseinanderhalten konnte? Dass ich immer noch eine Eselsbrücke brauchte (Bär > Berlin > arm), um mich zu erinnern, dass ein Bärenmarkt ein sinkender, ein Bullenmarkt hingegen ein aufstrebender Markt war?

Non, Monsieur.

Im Gegenteil. Ich konnte mich des Gefühls nicht erwehren, dass mein Erfolg kein Zufall gewesen war. Hatte ich nicht perfekte Voraussetzungen, um erfolgreicher zu spekulieren als andere, um, wie man sagt, den Markt zu schlagen? Als Journalistin habe ich Zugang zu Experten, ich besitze eine gute Menschenkenntnis und bilde mir ein, Blender von klugen Leuten unterscheiden zu können. Ich war immer gut in Mathe gewesen; ich hatte sogar ein Wirtschaftsgymnasium besucht. Ich war risikobereit, aber nicht geldgierig. Und ich hatte zwei bayerische Wirtschaftsweise an meiner Seite.

Irritierte es mich nicht, dass alle seriösen Vermögensberater sagen, man könne sich glücklich schätzen, wenn man im Jahr eine Rendite von sechs bis acht Prozent erziele? Nein. Das mochte sicher für die meisten Menschen zutreffen, aber wahr ist auch, dass es auf der Welt immer wieder Einzelne gegeben hat, die ihr Kapital in kurzer Zeit vervielfacht haben, Finanzgenies, Jahrhundertspekulanten, Männer wie Warren Buffett oder André Kostolany oder George Soros, die durch kluge Investitionen zu Milliardären wurden. Kostolany und Soros hatten es mir besonders angetan. Mit Warren Buffetts kreuzbraver Strategie des »Value Investing«, dem Entdecken von Einzelaktien, deren *Wert* höher ist als ihr *Preis*, die also vom Markt unterschätzt werden und deshalb billig zu kaufen sind, konnte ich wenig anfangen. Ich kann keine Bilanzen lesen, und mir fehlte die Motivation, mich in das Klein-Klein der Finanzkennzahlen einzuarbeiten. Das große Ganze war es, was mich interessierte.

Inspiriert durch meine bayerischen Freunde, hatte ich mir ein Buch von Kostolany gekauft. Begeistert las ich, wie der alte Ungar zeitweise sogar einen »Sitz« (was immer man sich genau darunter vorstellen musste) an der legendären Getreidebörse von Chicago innegehabt hatte. Oder wie er nach dem Zusammenbruch des Kommunismus als Einziger auf die Idee gekommen war, sich zu Ramschpreisen mit russischen Staatsanleihen aus der Zarenzeit einzudecken. Staatsanleihen sind die Papiere, mit denen ein Land sich bei Anlegern Geld besorgt, also Kredit aufnimmt. Je höher das Ausfallrisiko, desto höher auch die Zinsen, die der Gläubiger bekommt. Allerdings wurden Anleihen im Lauf der Geschichte fast immer zurückbezahlt, bis auf ganz wenige Ausnahmen, und zu diesen gehörten jene Forderungen gegen den Zaren, die Kostolany in großen Mengen aufkaufte, nachdem in Moskau Gorbatschow an die Macht gekommen war. Die Idee war folgende: Lenin hatte die Zahlungsverpflichtungen des Zaren 1918 annulliert, und Kostolany spekulierte nun darauf, dass Gorbatschow gezwungen sein würde, die alten Schulden zu begleichen, wollte er sich im Ausland frisches Kapital leihen. 1989 kaufte der alte Herr die historischen Papiere, die unter der Bezeichung »Non-Valeurs« an der Börse gehandelt werden, zu fünf Franc das Stück. Und siehe da: 1996 bezahlte Russland seine Schulden tatsächlich – mit 20 000 Francs pro Anleihe. »Zurückgezahlt wird in vier Raten« schreibt Kostolany, der damals schon über achtzig war, in seinem Buch. »Zwei haben die Russen schon bezahlt. Jedes Mal feiere ich mit Kaviar und einem Schluck Wodka.« Die Geschichte gefiel mir, und wenig erschien mir in diesen Tagen aufregender als der Satz, den Kostolany am Ende seines Lebens über sich äußerte: »Seit 1924 gab es keine Nacht, in der ich nicht ein Börsenengagement gehabt hätte«.

Beim Einlesen in mein neues Fachgebiet stach mir noch ein anderer Ungar ins Auge: George Soros war reich und berühmt geworden mit seiner »Wette gegen die Bank of England«, mit der er 1992 auf eine »Abwertung des englischen Pfunds« spekuliert hatte. Ich verstand zwar nicht bis ins letzte Detail, was damit gemeint war oder was ich hätte tun müssen, sollte ich mich entschließen, demnächst auf eine Abwertung oder Aufwertung einer Währung zu setzen. Aber Sätze wie diese machten mich ein wenig beschwippst, sie ließen vor meinem inneren Auge ein Wunderland aufscheinen, durch das der Spekulant in Siebenmeilenstiefeln schreitet, durch Raum und Zeit, von den Weizenfeldern des Mittleren Westens zu den Goldminen Afrikas und den aufstrebenden Märkten Asiens. Profit schlagend aus den Präsidentschaftswahlen, aus einem Unwetter in Asien, aus einer kritischen Andeutung des chinesischen Finanzministers über den Dollar. So wollte ich auch sein. Es erschien mir jedenfalls verlockender, als mich von einem Bankberater über steuerliche Begünstigungen zur Riester-Rente aufklären zu lassen. Und ganz offensichtlich brachte es auch mehr Geld.

Außerdem hatten weder Kostolany noch Soros ihr Vermögen durch das Berechnen von Steuervorteilen gemacht. In ihren Büchern war von Ideen die Rede, selten von Zahlen. Mit Zahlen schienen die wirklich großen Spekulanten nicht viel am Hut zu haben. Als Angestellter in der Buchhaltung einer Londoner Bank, las ich, wurde der junge Soros bald gefeuert. Später klagte er: »Ich musste Fremdwährungen per Hand im Wege der doppelten Buchführung eintragen, am Abend stimmten die Summen im Soll und Haben nicht überein.«

Das hätte mir auch passieren können.

Ich weiß, es klingt größenwahnsinnig, aber mich streifte tatsächlich der Gedanke, dass es vielleicht kein Zufall war, dass Soros, Kostolany und ich ursprünglich nicht aus der Bankbranche kamen. Kostolany hatte Kunstgeschichte studiert, Soros Philosophie. Letzterer beharrte in jedem seiner Bücher und Interviews darauf, dass er seine Milliarden im Grunde der philosophischen Idee der »Reflexivität« zu verdanken habe, bei der es, wenn ich es richtig verstand, darum geht, dass Menschen die Welt nicht objektiv betrachten können, weil sie sie mit ihrem Urteil gleichzeitig verändern. Nicht dass ich seine Theorie zu diesem Zeitpunkt vollumfänglich begriffen hätte. Aber was bei mir ankam, war, dass es offenbar eine philosophische Idee war, mit der Soros reich geworden war, und das machte mir Mut: Vielleicht sehen Geistesmenschen wie wir die Dinge ja klarer, dachte ich, als ein von seiner Krawatte strangulierter Banker.

Ich selbst hatte Germanistik und Ethnologie studiert und war als Magazinjournalistin darin geübt, nach Themen zu suchen, die in einigen Wochen oder Monaten von Bedeutung sein könnten. Bestimmt ließe sich dieses Training auch auf die

Finanzmärkte übertragen, sicherlich könnte man die großen Bewegungen unsere Zeit besser erkennen, wenn man nicht in Zahlen ertrank. Hatte ich es mit meiner großen Wette auf Gold nicht schon bewiesen? Auch wenn ich diesen Erfolg natürlich den Bayern zu verdanken hatte. Aber wer hatte sie gefunden? Wer hatte ihnen vertraut? Und wer hatte den Mut gehabt, ihnen all ihr Geld zu geben?

Genau.

## 4 Die Messe

Einmal im Jahr feierte meine Sekte eine Messe. Sie hieß Goldmesse und war bis vor kurzem eine kleine Versammlung gewesen, auf der uralte Goldhändler und gramgebeugte Münzsammler, die schon in den achtziger Jahren eingestiegen waren und eine zwanzigjährige Baisse hinter sich hatten, den Jüngsten Tag predigten. Als ich sie vor Jahren einmal besucht hatte, in einem kleinen Festsaal in München, waren Wolf und Bergold die einzigen Redner gewesen, die jünger waren als siebzig. Inzwischen fand sie in einer Halle auf dem Münchner Olympiagelände statt. Überall waren Stände aufgebaut, an denen die Abgesandten von Goldminen aus aller Welt Schokotaler verteilten. Die Luft war schlecht, die Halle war voller Menschen. Männer in Anzügen, Familienväter mit Kindern auf den Schultern, Rentnerinnen, Freundinnenpaare lauschten mit offenen Mündern langen Vorträgen zur Inflation und zur Erhöhung der Geldmenge »M3« durch die Zentralbanken. Ich war hergekommen, weil ich überprüfen wollte, ob ich weiterhin auf einen steigenden Goldpreis spekulieren sollte oder ob ich bereits zu den Dienstmädchen gehörte, ob man bereits von einer Massenhysterie sprechen musste. Eigentlich war ich mit den Bayern verabredet, aber sie waren wie Fußballstars in einer Menschentraube verschwunden. Ab und zu erhaschte ich einen Blick auf Uwe Bergold, dem der Schweiß von der Stirn perlte; später sah ich ihn, wie er mit hastigen Schritten die Halle verließ, während andere Männer versuchten, ihm im Laufen eine kurze Einschätzung der Lage abzuringen. Obwohl wir einen Termin vereinbart hatten, machte ich mir nicht die Mühe, mich zu ihm durchzukämpfen. Er war auf der Goldmesse ganz offensichtlich eine große Nummer, und es war mir unangenehm, ihn mit meinen Fragen zu belästigen.

Eine Zeitlang hing ich mit meiner Münchner Freundin Utta beim Büfett herum. Utta hatte bereits lange vor mir mit dem

Investieren begonnen. Wörter wie »unterbewertet« und »Bärenmarktrally« kamen ihr schon seit Jahren über die Lippen, und seitdem sie glaubte, in mir eine Seelenverwandte gefunden zu haben, redete sie von kaum etwas anderem mehr. Dabei unterschied sich ihre Strategie von meiner ganz grundlegend. Anders als ich setzte sie nur auf Aktien, insbesondere Standardaktien, die sie immer dann kaufte, wenn der Preis deutlich billiger war als ein paar Monate zuvor. Sie hielt sich für eine »Value-Investorin« im Stile von Warren Buffett. Wobei sie sich im Gegensatz zu Warren Buffett natürlich nicht in Bilanzen vertiefte, sondern (im Stile einer Schnäppchenjägerin) immer dann zuschlug, wenn der Wert einer Aktie stark gefallen war.

Wir diskutierten darüber, ob diese Ansammlung von Normalos bereits als Dienstmädchen-Hausse zu gelten habe.

»Wie auch immer«, sagte Utta streng. »Du sagst seit Jahren, dass du aussteigst, wenn sich der Goldpreis verdoppelt hat. Ich mache dich darauf aufmerksam, dass es so weit ist. Zeit zu diversifizieren, Heiki!« Dann ging sie. Sie war nicht besonders gut auf meine Anlageerfolge zu sprechen, weil sich Gold und Goldminen gegenläufig zu Aktien verhalten: Steigt der Goldpreis, sinken normalerweise langfristig die Standardaktien, außer natürlich solche von Goldminen, die sogar in den Jahren nach dem Crash von 1929 an Wert gewannen. Auf mein Drängen hin hatte Utta immerhin in einen Minenindex investiert, war aber, nachdem sie 20 Prozent Plus gemacht hatte, schnell wieder ausgestiegen, aus Sorge, der Preis sei »überhitzt«. Dafür hatte sie in den letzten Monaten ständig »unterbewertete« Allianz-Aktien nachgekauft, die aber (meine Rede) weiter abgesackt waren.

Irgendwann stellte sich Christian Wolf zu mir, der ehemalige Kripomann. Wir hatten uns nicht mehr gesehen, seit ich mein Schatzkästlein in die Verliese der Vereinigten Sparkassen von Eschenbach, Neustadt und Vohenstauß gesenkt hatte. Sein Kompagnon und er hatten sich inzwischen von dort losgesagt, nachdem der Direktor, der ihnen jahrelang den Rücken freigehalten hatte, in Ruhestand gegangen war. Jetzt hatten sie eine eigene Vermögensverwaltung und managten zwei Fonds, von denen einer Noah hieß, nach der Arche. Seit unserem letzten Treffen waren drei Jahre vergangen, und ich war stolz, dass ich mittlerweile, dank regelmäßiger Lektüre der Goldseiten, in der Lage war, recht flüssig über das Thema zu reden. Auch die eine oder andere kritische Frage fiel mir ein.

»Müssen wir hier nicht von einem Herdentrieb sprechen?«, fragte ich. »Schauen Sie sich um! Familienväter, Kinder, Rentner, die Zeitungen berichten, der Goldpreis hat das Allzeithoch von 1980 erreicht.«

»Inflationsbereinigt«, sagte Wolf, »müssten es zweitausend sein.«

Ich nickte wissend, glücklich, nicht nachfragen zu müssen.

Was er sagen wollte, war, dass 800 Dollar aus dem Jahre 1980 etwa dieselbe Kaufkraft haben wie heutzutage 2000 Dollar. Weshalb der alte Rekord, würde man ihn in Kaufkraft messen, noch lange nicht erreicht sei.

»Aber was ist mit der Dienstmädchen-Hausse«, insistierte ich. »Ich sehe lauter Normalos hier, es heißt, die Anzahl der Besucher habe sich verdoppelt…«

»Waren Sie 1999 auf der Anlegermesse in Düsseldorf?«

Ich schüttelte den Kopf.

»Damals war die Düsseldorfer Stadthalle voll, und zwar mit älteren Leuten, so Sparbuch-Deutsche, die plötzlich alle ganz heiß auf Aktien waren. Das ist eine Dienstmädchen-Hausse!«

Ich ließ mich gerne beruhigen. Zum einen, weil meine Ersparnisse, wenn der Goldpreis noch auf 2000 Dollar klettern sollte, dann das Fünffache wert wären, sodass aus 40 000 dann 200 000 Euro geworden wären, also eine Eigentumswohnung. Zum anderen glaubte ich mittlerweile so ziemlich alles, was die beiden sagten. Schließlich war die Entwicklung, die sie vor Jahren prophezeit hatten, dabei, sich zu bewahrheiten. Inflation, schwacher Dollar, Flucht ins Gold. Und aus Gründen, die irgendwas mit amerikanischen Immobilien zu tun hatten, waren sogar einige deutsche Landesbanken in Schwierigkeiten geraten.

Später kam Uwe Bergold hinzu, und zu dritt fachsimpelten wir über die Geldpolitik der Fed, die Naivität der Massen, die Vorteile finanzieller Unabhängigkeit, um dann doch zu dem Schluss zu gelangen, dass Geld im Leben nicht alles sei. Wolf erzählte mir, dass er sich in seiner knappen Freizeit mit Imkerei beschäftige und eine Streuobstwiese angelegt habe; Bergold betätigte sich als Förster in einem Stück Wald, das er sich vor Jahren gekauft hatte (und dessen Preis sich nebenbei prächtig entwickelt hatte). Und ich erzählte, dass ich davon träume, meine Ersparnisse irgendwann in eine oder zwei Wohnungen umzuwandeln, sodass ich, egal was passiere, immer ein Dach über dem Kopf hätte.

»Warten Sie noch. In Unzen gerechnet, sollten die Immobilienpreise noch sinken«, sagte Bergold.

»In Unzen gerechnet?«

»Der Herr Wolf und ich rechnen mittlerweile alles in Unzen, wegen der Inflation. Und in Unzen gerechnet, werden die Immobilienpreise sinken. Und dann schlagen wir zu: Wenn keiner mehr Wohnungen haben will, wenn Wohnungen als wertloser Ramsch gelten, dann gehen wir in den Markt!«, rief er.

Ständig zupften irgendwelche Leute an den beiden herum, aber sie redeten überraschenderweise weiter nur mit mir. Gefiel es ihnen, dass ich so leicht zu beeindrucken war? Oder unterhielten Sie sich einfach gerne mit mir, fanden sie vielleicht sogar meine Argumente interessant? Ich konnte es mir eigentlich nicht vorstellen. Genaugenommen beherrschte ich gerade mal ein paar Vokabeln, die ich so aneinanderreihen konnte, dass sie zumindest ein paar oberflächliche Börsenweisheiten ergaben.

»Denken Sie, dass ich wenigstens einen Teil meiner Gewinne realisieren und dann diversifizieren sollte?«, fragte ich, Uttas Mahnung im Kopf.

»Diversifizieren ist immer gut. Aber was Gold betrifft: Das Signal zum Ausstieg ist noch nicht gekommen. Fundamental stehen die Zeichen auf einen krassen Anstieg«, sagte Wolf.

»Der hohe Ölpreis, die Inflation, die Krise der Landesbanken ...?«, soufflierte ich.

Er nickte. Am Ende ließ er sich sogar zu einer Prognose hinreißen. »Der Goldpreis wird sich verdoppeln. Wenn wir uns im nächsten Jahr auf der Goldmesse sehen, wird eine Menge passiert sein.«

»Ich werde Sie daran erinnern«, sagte ich.

Ich drängelte mich mit roten Backen zum Ausgang, als ich noch bei einem Vortrag hängen blieb. Auf der Bühne stand ein bärtiger Österreicher, der, als ich vorbeilief, gerade verkündete, dass Gold auf 3000 Dollar steigen werde. Auf der Leinwand hinter ihm schlugen Zackenkurven wild nach oben aus.

Ich rechnete nach. Bei einem Goldpreis von 3000 könnte ich in Berlin gleich mehrere Eigentumswohnungen kaufen. Wahnsinn. Von den Mieteinnahmen könnte ich, bei geringem Verbrauch, sogar als freie Journalistin ein komfortables Leben haben, Bücher schreiben, dachte ich, während ich es mir auf dem Boden gemütlich machte, denn die Stühle waren alle besetzt.

Dies schien mir eine einmalige Chance zu sein, in kurzer Zeit *richtig reich* zu werden. Vielleicht könnten meine Eltern mir einen Vorschuss auf mein Erbe geben. So oder so sollte ich ihnen und möglichst vielen anderen Bescheid geben, damit auch sie rechtzeitig ins Gold gehen könnten. Meine Schwester hatte leider gerade ein Haus gebaut.

Als ich mich umdrehte, sah ich, dass die anderen auch Fieber hatten. Mit debil offen stehenden Mündern verfolgten sie den Vortrag, als würde es sich um einen Thriller handeln.

Ob ich einen Kredit aufnehmen sollte?

»Es wird Rücksetzer geben«, rief der Österreicher jetzt, »vielleicht in zwei Monaten, vielleicht in sechs Monaten, wann genau, kann ich Ihnen nicht sagen. Dann werden die Kleinanleger abgeschüttelt, die das mit einem Crash verwechseln. Aber das schlaue Geld bleibt im Markt!«

Dankbar für die Warnung beschloss ich, mich keinesfalls abschütteln zu lassen.

Nach dem Vortrag gab es die Möglichkeit, Fragen zu stellen.

»Was halten Sie von Optionsscheinen?«, sagte ein Mann mit einem Baby im Tragetuch.

Es war das erste Mal, dass ich von dieser Anlageform hörte.

Der Österreicher lachte laut in sein Mikro, es quietschte. »Optionsscheine! Optionsscheine, das sind Handgranaten!«, brüllte er, aber dabei sah er glücklich und euphorisch aus. »Mit einem Optionsschein können Sie die Kursgewinne natürlich vervielfachen und Ihren Einsatz verzehnfachen, verhundertfachen! Damit legen Sie auf den Kurs noch mal einen Hebel an. Aber Obacht! Optionsscheine sind die Peperoni auf Ihrer Pizza. Es ist schön, eine drauf zu haben, aber …«

Ich rechnete weiter. Ich wusste zwar nicht, was ein Optionsschein war, aber ich verstand, dass ich es damit zur Millionärin bringen könnte.

Später am Abend saßen Utta und ich in Pyjamas auf ihrem Sofa, wo ich ihr darlegte, warum der Goldpreis sich vervielfachen würde und wir mithilfe von Optionsscheinen unsere Ersparnisse in Fantastilliarden verwandeln könnten. Dass wir damit so reich werden könnten, dass wir wirklich nie wieder arbeiten müssten. Oder dass andere für uns arbeiteten. Vielleicht würden wir eine eigene kleine Firma gründen, überlegte ich, ein paar Freunde, eine Gruppe lieber Leute, ein paar gute Ideen …

Utta blieb nüchtern, wie immer. »Nimm doch wenigstens ein paar deiner Gewinne mit«, sagte sie ungerührt.

# 5 Termingeschäfte

Ende Februar besuchte ich meine Bankfiliale in Berlin Mitte. Ich trug einen Anorak und einen selbst gestrickten Schal. Ich sah nicht aus wie eine Person, die »langjährige und umfangreiche Erfahrung mit Wertpapieren aller Risikoklassen« hat, denn das ist die Voraussetzung, um Termingeschäfte, zu denen Optionsscheine zählen, machen zu dürfen.

»Ich möchte via Internet mit Aktien handeln«, sagte ich zu der Dame hinter dem Schalter.

»Sie wollen ein Depot eröffnen?«, erwiderte sie freundlich.

»Genau.«

»Sehr gern.«

Ich wolle zudem gerne Optionsscheine erwerben, schob ich nach, und wieder nahm sie nicht den Blick vom Bildschirm, sondern tippte nur weiter ruhig in ihren Computer. Offenbar ein Routinevorgang, wahrscheinlich handelte längst alle Welt mit dem Zeug. Dann muss doch eine Meldung auf ihrem Monitor aufgeleuchtet sein, denn sie bat mich, einen Moment zu warten.

Ich wusste, dass Privatanleger etwas nachweisen müssen, das sich »Finanztermingeschäftsfähigkeit« nennt, wenn sie mit hochriskanten Anlageprodukten wie etwa Optionsscheinen handeln wollen. Was aber eigentlich nur bedeutet, dass man mit seiner Unterschrift bestätigt, dass man bereits einschlägige Erfahrungen besitzt.

Nach der Goldmesse hatte ich, um mich einzuarbeiten, einen zehnminütigen Kursus absolviert, der im Internet von der ABN Amro Bank angeboten wurde, die sich darauf spezialisiert hat, alle möglichen »Zertifikate«, darunter auch Hebel-Optionsscheine, an Privatanleger zu verkaufen. Der Dozent war ein Schwabe, vom Typ grillender Nachbar. In einem vertrauenerweckenden Singsang hatte er erklärt, dass Optionsscheine ihren Wert aus dem Kurs eines anderen Wertes ableiten – dem sogenannten Underlying – und diesen dann um einen bestimmten Faktor übertreiben, der in der Fachsprache Hebel genannt wird. Als Underlying könne alles Mögliche dienen, eine bestimmte Aktie zum Beispiel, ein Aktienindex, ein Rohstoff. Ich lernte, dass Call-Optionen von steigenden Kursen profitieren, während man mit Put-Optionen das Wunder vollbringen kann, Geld mit fallenden Kursen zu verdienen. So würde ein »Call auf Kakao mit einem Hebel von sieben« aus einer dreiprozentigen Steigerung des Kakaopreises ein Plus von 21 Prozent machen. Ein »Put auf Silber mit einem Hebel von hundert«, und solche Hebel gibt es tatsächlich, würde um 100 Prozent steigen, wenn der Silberpreis nur ein Prozent verlöre. Auf diese Weise kann aus minimalen Kursschwankungen innerhalb von Stunden ein Gewinn oder Verlust werden, für den normalerweise Jahre vergehen müssten. Falls der Schein allerdings bis zu seinem Verfallsdatum nicht im Plus sei, erklärte der Schwabe, würde einem nur noch ein »Restwert« ausbezahlt, bei dem es sich offenbar um einen eher symbolischen Betrag handelte. (Alternativ gab es noch »Knockouts«, die kein Haltbarkeitsdatum hatten, sondern die verfielen, wenn das Underlying einen gewissen Kursstand erreichte.)

Die Bayern hatten mir erzählt, dass die emittierenden Banken an diesen Papieren wegen hoher Gebühren viel verdienten, dass ihre »Struktur« selbst für Profihändler kaum zu durchschauen sei, dass ihr Kurs oft nicht fortlaufend, sondern nur zweimal am Tag gestellt werde und nicht unbedingt zum Vorteil der Käufer. Mir war also klar, dass Optionsscheine weder das vernünftigste noch das günstigste aller Finanzinstrumente sind. Aber wer, so wie ich, nicht ewig Zeit hat, auf die Verdoppelung seiner Einsätze zu warten, kommt nicht umhin, die natürliche Entwicklung der Dinge ein wenig zu beschleunigen. Auch wenn ich dafür das Risiko einging, mit leeren Händen dazustehen, noch bevor mein Jahr zu Ende war. (In den Zeitungen war in diesen Tagen viel von einem jungen französischen Wertpapierhändler die Rede, der seinem Arbeitgeber, der Société Générale, 4,9 Milliarden Euro verzockt hatte, einen Betrag, der so hoch war, dass man ihn nur mit Optionen erreichen konnte. Jérôme Kerviel hatte welche auf einen steigenden Dax gekauft.)

Die Schalterdame kam mit einem jungen Mann im Anzug zurück, der mich musterte und, lauter, als es mir lieb war, in die hallende Schalterhalle hineinsprach: »Sie wissen, dass Optionsscheine in 90 Prozent der Fälle wertlos verfallen?«

Ich nickte und versuchte, dabei weder naiv noch abgebrüht auszusehen.

»Natürlich«, sagte ich. »Mir ist klar, dass es sich dabei um ein hochriskantes Finanzprodukt handelt. Davon abgesehen – ich will auch sowieso nur einen einzigen Optionsschein kaufen, auf ein Underlying, bei dem ich mir relativ sicher bin.«

Das Fachwort entfaltete sein betörendes Flair. Er versprach, mir die entsprechenden Unterlagen zukommen zu lassen. Bis dahin müsse ich mich gedulden.

Die nächsten Wochen bereitete ich mich beim »Zertifikate-Spiel« im Internet auf den Ernstfall vor. Ich legte ein Spielgelddepot an und deckte mich mit virtuellen Hebelpapieren im Wert von 100 000 Euro ein. Ich setzte darauf, dass die Goldpreise stiegen und die Aktienpreise sanken, ich war, wie die Profis sagen, »long in Gold« und »short in Aktien«. Schon diese Ausdrücke bezauberten mich so sehr, dass ich es nicht erwarten konnte, mit echtem Geld zu spekulieren und mit echten Spekulanten in ihrer wunderschönen Fachsprache über unsere Börsenengagements zu reden.

Und ich behielt recht: Das Gold stieg weiter und mit ihm mein Musterdepot. Ich hatte meine Begabung offenbar richtig eingeschätzt. Nach wenigen Tagen war ich beim »Zertifikate-Spiel« unter 15 000 Teilnehmern auf Platz 200 vorgestoßen und nahm Kurs auf die »wertvollen Sachgewinne«, die den Top Ten winkten.

## 6 Scholl und Rauch

Ich habe im Geschichtsunterricht gelernt, dass die Welt sich ändert, aber geglaubt habe ich es, in Wahrheit, nie. Zumindest meine Welt schien nach dem Kriegsende in der Normalität angekommen, in einem Gleichgewicht, das es von nun an nur noch zu wahren galt, bis ans Ende aller Zeiten. Natürlich gab es Umbrüche, Veränderungen, sogar Revolutionen, aber eben nicht in Westeuropa. Der Zusammenbruch des Kommunismus, der Mauerfall, der 11. September, der Irakkrieg, Guantánamo, das waren historische Veränderungen, sicherlich, aber im Alltag trat Geschichte eher schleichend zutage, unmerklich, vergleichbar mit einem kontinuierlich nach oben strebenden, relativ risikolosen Immobilienfonds. Eine lange, sanfte Aufwärtskurve: Dies schien der natürliche Lauf der Dinge zu sein. Wer in der alten Bundesrepublik geboren ist, der wäre auch als Komapatient gut durch die letzten Jahrzehnte gekommen. Wie träge wir geworden sind. Wir mussten kein Bewusstsein dafür entwickeln, dass auch alles ganz anders kommen kann, dass die Welt und die Werte darin sich grundlegend ändern können, aber ich vermute, dass man genau diesen Instinkt braucht, um erfolgreich handeln zu können.

Die Geschichte, die ich in diesem Zusammenhang erzählen will, beginnt im Jahr 1997: Mein Freund und ich entdecken einen Flyer für eine Ausstellung in Leipzig. Das Bild, das darauf zu sehen ist, fasziniert uns. Er fährt ohne mich hin und kommt begeistert zurück. Wochen später tragen Spediteure ein großformatiges Gemälde in die Wohnung. Es zeigt Arbeiter, gemalt im Stil des sozialistischen Realismus, die sinnlosen Abläufen folgen, in den Händen bizarre Werkzeuge, auf dem Kopf absurde Hauben. Es hat genau 9000 Mark gekostet und stammt von einem Künstler mit dem zauberhaft flüchtigen Namen Neo Rauch. Ich sehe uns noch vor mir, wie wir uns gemeinsam über den Katalog beugen. Ich sage, dass ich auch so ein Bild kaufen will. Ich hätte sogar genügend Geld gehabt. Aber dann vergaß ich die Idee wieder, vielleicht weil ich mich zu jung fühlte, um etwas so Schweres und Ernstes wie ein *Ölgemälde* zu erwerben. Ich zog in eine andere Stadt, wir trennten uns. Das Bild habe ich Jahre später in Wolfsburg wiedergesehen, wo Neo Rauch eine Einzelausstellung hatte. Daneben ein Schildchen: »Sammlung privat«. Ich kenne diese Sammlung, dachte ich.

Im Lauf der Jahre sah ich zu, nein: musste ich zusehen, wie die Neo Rauchs immer teurer wurden. Als seine Werke bei 50 000 angelangt waren, überlegte ich noch einmal kurz einzusteigen, aber die Galerie vergab sie nur noch an Sammler. Als wenig später von Auktionspreisen um die 500 000 Euro berichtet wurde, war Neo Rauch für mich zu teuer geworden. Gleichzeitig stieg mit den Preisen auch mein Wunsch, den nächsten Neo Rauch zu finden. Wenn ich zweimal im Jahr bei einer Vernissage oder Kunstmesse herumstand und von meinem ungekauften Bild erzählte, hörte ich immer nur: »Kunst darf man nicht als Investment betrachten, Kunst muss man kaufen, weil sie einem selbst gefällt! Und wenn sie sich zufällig gut entwickelt, dann ist das schön. Nur: spekulieren sollte man darauf nicht.« Dann sagte ich nichts mehr, aber in mir regte sich Widerspruch: Wieso nicht etwas kaufen, das man gerne anschaut und von dem man glaubt, dass es im Wert steigen wird? Seit wann schließt das eine das andere aus?

Neo Rauch hatte in mir einen Phantomschmerz geweckt. Und das Gefühl, dass ich womöglich einen guten Riecher hatte. Mein Kunstgeschmack war zwar nicht besonders ausgebildet und subtil, aber vielleicht gerade deshalb ein guter Indikator: Repräsentierte ich nicht genau jene kaufkräftigen, urbanen Kunstkäufer, die die Preise seit Mitte der neunziger Jahre nach oben getrieben haben, Leute, die ihr Stilempfinden eher beim Kleider- und Möbelkauf geschärft haben als beim Studium der Kunstgeschichte und die es sich leisten konnten, ein paar tausend Euro für eine sterile Fotografie, eine verspielte Skizze auszugeben? Was mir gefiel, würde auch all den Fondsmanagern gefallen, den Werbeagenturbesitzern und womöglich sogar den russischen Oligarchen, die ja kaum älter waren als ich und den Kunstmarkt in den letzten Jahren mit so viel Geld überschwemmt hatten, dass selbst die Werke unbekannter Kunsthochschulabsolventen sich im Preis verdoppelt hatten. Die Frage war nur: Was würde laufen?

Ich verabredete mich mit einem Bekannten, von dem ich wusste, dass er mit Kunst reich geworden war. Er heißt Stefan Maria Rother und ist ein freier Fotograf, der sich mit Aufträgen von Zeitschriften und Werbekunden über Wasser hält. Obwohl er von seinen Einkünften eine Familie ernährt, hat er vor fünfzehn Jahren, mit Ende zwanzig, begonnen, ab und zu ein kleines Kunstwerk zu kaufen. Ich besuchte ihn in seiner Wohnung in Schöneberg, um mir ein paar Tipps geben zu lassen. Es war ein heller Wintertag, und Stefan hatte die Jalousien heruntergelassen, um seine Sammlung vor den Sonnenstrahlen zu schützen. Allein das Dämmerlicht, in das seine Altbauwohnung getaucht war, weil die Kunst es so verlangte (wie eine gebrechliche Matriarchin, die es sich leisten kann, die ganze Familie mit ihren Launen zu terrorisieren), erschien mir irgendwie luxuriös. An den Wänden hingen zwar keine Werke aus Leipzig, aber doch eine Menge verträumter Zeichnungen und Aquarelle junger Maler, die vom Prinzip her – diese Mischung aus figurativ, surreal und irgendwie bezaubernd – Neo Rauch nicht unähnlich waren.

Stefan deutete auf ein mittelgroßes Ölbild.

»Peter Doig«, sagte er.

Der Name war sogar auf meinen Radarschirm vorgedrungen, was im Allgemeinen bedeutet, dass ein Künstler bereits im sechsstelligen Bereich gehandelt wird. Auf dem Bild sah man bunte Punkte, die wie Skifahrer an einem schneebedeckten Berg klebten. Wenn man einen Schritt zurücktrat, verwandelten sie sich in ein abstraktes Gemälde (oder so). Aber weil es um Geld gehen sollte, musste ich mir gar nicht erst die Mühe machen, mir einen Kommentar aus den Fingern zu saugen. Unser Gespräch gestaltete sich flüssiger als jemals zuvor.

»Für 3500 Mark vor ein paar Jahren gekauft«, sagte Stefan. »Jetzt hab ich es allerdings versichern müssen.«

»Wie viel?«, sagte ich.

»Hundertfünfzigtausend«, sagte er, »also Euro.«

Wir schritten weiter die Wände ab. Es hingen in seiner Wohnung noch ein paar Bilder desselben Malers und auf einer alten Anrichte stand eines jener bunten Punktaquarelle, die selbst ich als Damien Hirst identifizieren konnte.

»Leider nur limitierte Vorzugsausgabe«, sagte er. Neulich habe er das in die Auktion gegeben, weil er Geld für seine Hochzeit brauchte. Zu seiner Überraschung hatte sich zum Schätzpreis von 10 000 Euro kein Käufer gefunden. Was nicht tragisch sei, schließlich habe ihn das »Blatt« nur 3000 Mark gekostet. Stattdessen habe er dann ein Pastell von Peter Doig verkauft und vom Erlös ein rauschendes Fest gefeiert, das theoretisch von einem Hochzeitsgast refinanziert worden war, dem Maler Ruprecht von Kaufmann, der seinem langjährigen Sammler zur Hochzeit ein Bild gemalt hatte. Darauf zu sehen waren Stefan und seine polnische Frau Joanna, eine rührende Szene, die zeigt, wie er ihr in den Mantel hilft. Stefan schätzte es auf »fünf«.

Ich überschlug die ausgestellten Werke und kam auf eine halbe Million, mindestens. Für die mein Bekannter nichts anderes hatte tun müssen, als sich jahrelang und ausführlich mit einer Sache auseinanderzusetzen, mit der er sich sowieso gerne beschäftigte. Und wahrscheinlich, dachte ich, wäre einem der eine oder andere dieser Maler auch ins Netz gegangen, wenn man sich gar nicht *wirklich* für Kunst interessiert hätte, wenn man die Bilder aus demselben Impuls heraus gekauft hätte, aus dem man auch Poster oder Stehlampen kauft. Kunst war einfach seit Jahren ein gigantischer Bullenmarkt gewesen. Wie schade, dass ich ihn verpasst hatte. Konnte ich nicht doch noch einsteigen?

Draußen war es dunkel geworden. Stefan servierte Pralinen, die ihm seine Schwiegereltern aus Polen mitgebracht hatten. Er sagte, dass er gerne bereit sei, mir einige vielversprechende junge Künstler zu nennen. Falls ich für mein Spekulantenjahr auf eine schnelle Wertsteigerung hoffe, solle ich den Kauf einer Jahresgabe in Erwägung ziehen, das seien limitierte Serien, die Künstler regionalen Kunstvereinen stifteten, die diese zu erstaunlich niedrigen Preisen ihren Mitgliederm anböten. Wir blätterten durch ein paar Bildbände, klickten uns durch ein paar Kunstvereinsseiten im Internet und einigten uns schließlich auf die Porträtzeichnungen eines jungen Malers namens Dennis Scholl, den Stefan nicht nur sehr talentiert, sondern auch »handwerklich gut« fand. Es gab sie für knapp 600 Euro beim Kunstverein Bonn, was günstig war. So könne ich, sagte Stefan, beim Einkauf sparen und mit etwas Glück am Ende des Jahres vielleicht allein aufgrund des niedrigen Einkaufspreises mit einem Gewinn von 100 Prozent verkaufen. »Profit kannst du über den Einkauf oder den Verkauf machen«, erklärte er. Vor allem aber müsse mir das Werk natürlich gefallen, sagte er, und ich nickte ergeben.

Ein paar Tage später rief ich beim Bonner Kunstverein an. Eine ältere Dame nahm ab und bestätigte, dass ich in der Tat für nur 55 Euro beitreten könne, um dann ohne Warte- oder Sperrfrist eine der drei verbliebenen »Jahresgaben« von Dennis Scholl kaufen zu können. Ich hatte sofort eine pensionierte Lehrerin vor Augen, die sich mit der örtlichen Intelligenzija im Kunstverein trifft. Schon wie sie mit ihrer etwas brüchigen Stimme das Wort »Jahresgabe« sagte, deprimierte mich irgendwie. Davon abgesehen gefielen mir die Zeichnungen nicht. Die Bilder würden nicht in meine Wohnung passen. Auch die Vorstellung, erst

Mitglied werden zu müssen, um dann in einem Jahr ein Viertel meines potenziellen Gewinns an ein Auktionshaus abgeben zu müssen, erschien mir zu kompliziert. Außerdem würde ich mit Scholl die Regel »Kaufe Kunst, weil sie dir gefällt, aber hoffe nicht, dass der Preis steigt« gleich in beiden Punkten verletzen. Ich verstand zwar Stefans Argument mit dem Einkaufspreis, aber mir war die Lust vergangen, auf Jahresgaben, Kunstvereine, Bleistiftzeichnungen, Bonn.

Bald bemerkte ich noch ein anderes Problem: In den letzten Jahren hatte man wenig falsch machen können, wenn man in Kunst investierte, weil so ziemlich alles, was vor weißen Wänden in leeren Räumen ausgestellt wurde, teuer geworden war. Aber nun war in den Feuilletons manchmal von einem Hype die Rede. Man fürchtete eine Übertreibung, die ein so abruptes Ende nehmen könnte wie in den neunziger Jahren der Rummel um die »Jungen Wilden«, die sechsstellige Summen kosteten und über Nacht für modischen Krempel gehalten wurden, um danach rapide auf ihren Materialwert zusammenzuschrumpeln. Es ist das Spekulationstrauma des Kunstmarkts, und in letzter Zeit hatte sich in die Artikel über deutsche Maler der Gegenwart ein besorgter Tonfall eingeschlichen, weil sich alle fragten, ob die Geschichte sich wiederholen könnte.

Wer spekulieren will, so viel hatte ich auf dem Goldmarkt verstanden, darf nicht nur auf das Potenzial von Einzelwerten – Scholl oder Rauch? Gold oder Silber? Weizen oder Wasser? – achten. Er muss versuchen zu antizipieren, wie sich eine Anlageklasse entwickeln wird. Märkte, das wusste ich dank der jahrelangen Lektüre der Goldseiten, verhalten sich auf eine bestimmte Weise zu Ereignissen des Weltgeschehens und zueinander. So kann es in Zeiten von Hunger und Not vorkommen, dass Leinwände für ein paar Rubel einen neuen Besitzer finden, der damit den Grundstock einer Sammlung legt, die bald Millionen wert ist, während der Erlös des Verkäufers einer, sagen wir, Währungsreform zum Opfer fällt. Nur ältere Leute und die notorisch auf Untergang gestimmten »Gold-Bugs« können mit dieser Herangehensweise etwas anfangen. Wir Jüngeren können uns eine komplette Umwälzung aller Werte einfach nicht vorstellen: dass der nette Mann von der Sparkasse uns unser Geld nicht ausbezahlen wird oder dass man von diesem Geld einen Schubkarren voll brauchen könnte, um sich eine Packung Zigaretten zu kaufen, während Neo Rauch auf dem Dachboden vermodert. Aber es kann passieren. Es hat in der Geschichte viele solcher Umwertungen gegeben, und so landet, wer sich über einen Kunstkauf Gedanken macht, schnell bei der Frage, um die es beim Sammeln wie beim Spekulieren eigentlich geht: In welcher Zeit leben wir eigentlich? Und: Was wird kommen?

Die Prognosen für den Kunstmarkt waren verhalten, insbesondere für zeitgenössische Werke, die in den letzten Jahren die Impressionisten im globalisierten Wettbieten abgelöst hatten: Im Grunde, schreibt die Kunsthistorikerin Piroschka Dossi in ihrem Buch *Hype*, seien die Preise, die für Gegenwartskunst bezahlt würden, eine Spekulation auf die Zukunft, in der schließlich die offene Frage nach ihrer Qualität beantwortet würde. Bilder werden teuer, wenn genügend Menschen glauben, dass spätere Generationen glauben werden, dass sie etwas Signifikantes über ihre Zeit ausdrücken. Sie behalten ihren Preis oder steigen sogar, wenn sich diese Wette bewahrheitet. Es sei diese Hoffnung auf die Zukunft, behauptet Dossi, die die Preise bereits heute in gefährliche Höhen getrieben habe. »Ähnlich wie bei den Blue Chips genannten Standardwerten des Aktienmarkts hat sich die Preisspanne zwischen Realität und Potenzial bereits geschlossen.« Mit anderen Worten: Vielleicht waren all die Doigs und Rauchs und Hirsts bereits heute so hoch bewertet, wie sie es in dreißig oder hundert Jahren sein würden – im günstigsten Fall.

Mit solchen Makrotheorien im Kopf trieb ich mich ein paar Abende in der Berliner Kunstszene herum. Ein junger Künstler im Parka erzählte mir von einem Freund, der gerade im Auftrag des Berliner Museums »Hamburger Bahnhof« eine riesige Fotografie des überaus hoch gehandelten Andreas Gursky zerschneide. Sobald die Farben eines seiner Werke verblichen seien, werde es gegen ein neues Exemplar ausgetauscht. »Wir könnten im Müll nach Einzelteilen fischen und sie bei Ebay versteigern«, schlug er vor.

»Unterbewertet sind zur Zeit eher die Expressionisten«, sagte ein junger Rechtsanwaltstyp mit Hornbrille. »Kokoschka. Wurde neulich für 50 000 versteigert. Da muss ich kein Experte sein, um zu sehen, dass das billig ist.«

Bei einer Vernissage sprach ich Judy Lybke an, den Galeristen von Neo Rauch, und fragte ihn, was sich seiner Ansicht nach »kurzfristig gut entwickeln« würde. Er riet mir, bei einem Budget von unter 2000 Euro eine Zeichnung von Tim Eitel zu kaufen, der wie Neo Rauch zur Leipziger Schule gehörte und dessen Hauptwerke seit Jahren für sechsstellige Summen verkauft wurden.

Ich war überrascht. Ich kannte Eitels Bilder, sie hatten mir immer sehr gut gefallen, aber auf eine andere Weise als damals Neo Rauch. Als ich Rauchs ostige Traumlandschaften das erste Mal gesehen hatte, waren sie mir vorgekommen, als habe da jemand Bilder für ein Gefühl gefunden, das vielen vertraut war, aber für das es bis dahin keinen Ausdruck gegeben hatte. Eitels Motive hingegen sprachen mich auf dieselbe Weise an wie Modefotos. Berlin-Mitte-Bewohner waren darauf zu sehen, die mit Umhängetaschen über Ostseestrände zogen, dreißigjährige Mädchen, die leicht x-beinig in Galerien standen. Sollte es Eitels Absicht sein, das Oberflächliche dieser Generation abzubilden, dachte ich, dann wäre er viel zu verliebt in die Posen, die Mädchen, in all die glücklich vergeudeten Sonntagnachmittage, um es wirklich zu durchschauen.

Ich erzählte Stefan von der Idee.

»Er hat dir *was* empfohlen?«, sagte er. »Bei Eitel darfst du, wenn überhaupt, kein unbedeutendes Nebenwerk kaufen und auf keinen Fall ein Aquarell.« Dann murmelte er noch: »Lybke ist ein Fuchs.«

Ich traf Petra, eine befreundete Fotografin, die gerade einen »Projektraum« in Mitte eröffnet hatte, und fragte sie, wie sie die weitere Entwicklung einschätze.

»Es ist schon anmaßend zu glauben, dass wir erkennen können, was in der Welt von morgen von Bedeutung sein wird«, sagte sie streng.

»Aber wir wissen doch auch nicht, ob die Welt von morgen Münchener Immobilien oder Sojabohnen oder Dollarnoten oder den Renminbi hoch schätzen wird. Trotzdem versuchen wir, das zu antizipieren.«

»Ich kann nur sagen, dass es vermutlich Sachen sein werden, für die sich jetzt kaum jemand interessiert. Die Galerie von Peter Doig hat die Sammler am Anfang zum Kauf einer seiner Arbeiten fast überreden müssen. In Leipzig sollte nach der Wende der Lehrgang Malerei mit Dresden zusammengelegt werden. Viele Künstler, die heute berühmt sind, waren zu Lebzeiten arm!«

»Das Prinzip ›Buy low, sell high‹: Gilt für alle Märkte«, sagte ich. »Warum sollte man nicht bei der Kunst versuchen zu erkennen, wer heute unterschätzt ist?«

»Dazu musst du selbst zur Sammlerin werden. Da gibt es zwei Varianten. Entweder es geht dir um Geld und Prestige, dann musst du dem Markt folgen. Oder es geht dir darum, etwas herauszufinden, vor allem auch über dich selbst. Dieser Weg verlangt viel Geduld. Dafür hast du dann aber irgendwann eine tolle Sammlung, die eine Tiefe hat, weil sie persönlich ist. Ich kann dir nicht garantieren, dass du damit reich wirst. Aber ich würde sagen, das ist etwas wert.«

Nach dieser Predigt (und angesichts der sowieso schon überhitzten Preise) gab ich meine Suche auf. Dennoch hatte sich durch meine Ausflüge auf einen Markt namens Kunst etwas geändert. Seit ich Galerien nicht mehr mit der Haltung betrat, mit der man eine Kirche betritt, sondern sie durchstreifte wie einen Gemüsemarkt, sah ich die Kunst mit anderen Augen. Mit einem Mal erkannte ich in den Schaufenstern der Linienstraße, in den Lobbys der Banken und Anwaltskanzleien nur noch ein buntes Geklebe und Geflatter, handwerklich gut gemacht, sicher, aber letztlich womöglich nicht von Bestand. Ich sah Berge von verwackelten und hyperscharfen Fotos, ich sah Videos ohne Handlung, ich sah Figuratives, wie ich es tausendmal gesehen hatte, und hier und da auch Abstraktes, wie ich es schon lange nicht mehr gesehen hatte. Ich sah Krepp auf Alu und Holz auf Holz und irgendwo sah ich auch Brotreste. 600 Euro für eine kleine Bleistiftzeichnung eines unbekannten Künstlers? 1800 Euro für ein Nebenwerk von Tim Eitel? 2000 Euro für die reizende Fotografie eines Kunsthochschulabsolventen, der eine *Sporthose über eine Nachttischlampe gehängt hatte?* Es kam mir mit einem Mal irre vor. Und es gab so viele davon. Angeblich hat sich die Zahl der Kunstsammler in den letzten Jahren verfünffacht, leben allein in Berlin zehntausend Künstler, von denen an einem beliebigen Tag in Berlin-Mitte Hunderte von Werken ausgestellt sind. Konnte man wirklich erwarten, dass auch nur ein Bruchteil von ihnen etwas über unsere Zeit zu sagen hatte, etwas, das länger als ein paar Monate haltbar war? Und was, dachte ich plötzlich, wenn man irgendwann auf unsere Zeit zurückblicken würde und erkennen, dass das Besondere daran war, dass unglaublich viele Leute noch mit Schere und Papier herumspielten, als sie schon graue Haare hatten?

Ich weiß, dass sich Kunstgeschmack nicht an fünf Nachmittagen bildet. Aber ich verstand plötzlich, dass Preise, obwohl sie so wohl kalkuliert dastehen wie das Ergebnis einer Formel, auch das Ergebnis total irrationaler Prozesse sind. Wie schnell sich alles als Schwindel herausstellen kann. Und ich meine, dass dieses Bewusstsein zu den wichtigsten Eigenschaften gehört, die man als Spekulantin haben kann.

Irgendwann in diesen Wochen rief ich meinen alten Neo-Rauch-Freund an, um ihn zu warnen. Er erzählte, dass er sein Bild fürs Erste habe versichern lassen. Von der Irrationalität der Kunstpreise wollte er nichts hören. Er habe sich entschlossen, nicht über den Marktwert nachzudenken, sagte er.

»Du stehst an der Kreuzung zwischen Gier und Angst, an der alle Spekulanten irgendwann stehen!«, sagte ich.

»Du überinterpretierst da was«, sagte er. Er habe sich entschieden, es aus demselben Grund zu behalten, aus dem er es damals gekauft habe: weil er es gerne ansehe.

»Klaro. Weil es dich überfordert«, sagte ich.

»Das ist deine Meinung«, sagte er.

»Es ist dir so unangenehm, dass du dich innerlich davon distanzierst, indem du dir einredest, es sei dir egal«, sagte ich.

»Ich bin ganz entspannt«, sagte er. »Du bist es nicht.«

Und dann wiederum gibt es Dinge, die ändern sich nie.

## 7 Meine ersten 100 000

Das Zentrum meiner Finanztransaktionen war ein kleines Erdgeschossbüro im Berliner Stadtteil Prenzlauer Berg. Ich hatte mich für die Dauer meines freien Jahres hier eingemietet, in eine ehemalige Zahnarztpraxis mit gefliesten Wänden, fleckigen Teppichen und einer Küche, in der Teebeutel in allen Stadien des Kreislaufs der Natur lagen. Sechs andere Journalisten arbeiteten hier. Von meinem Schreibtisch sah ich auf einen baumbestandenen Platz, auf dem Kinder spielten und Althippies mit ihren Hunden auf Tischtennisplatten herumsaßen. Alle halbe Stunde gab das Alphatier einen dröhnenden Urwaldlaut von sich, der von einem anderen mit einem Grölen beantwortet wurde.

»Rrrrääh.«

»Uuuuh.«

Unter meinem Fenster wurden den ganzen Tag kleine Kinder von ihren Müttern und Vätern weitergezogen, und manchmal stellte sich eines von ihnen auf die Zehenspitzen, hämmerte gegen meine Scheibe und rief: »Waß machßt du?«

Nun. Ich handelte nach wie vor mit virtuellen Calls auf Gold. Ich konnte noch immer keine echten Optionsscheine kaufen, weil ich zuerst Wochen auf die Unterlagen gewartet hatte, dann ein paar Tage zum Ausfüllen brauchte, zur Bank ging, erfuhr, dass ich ein falsches Formular ausgefüllt hatte. Auf diese Weise verpasste ich drei wunderbare Wochen, in denen sich das Gold zum bislang höchsten aller Gipfel aufschwang. Mein Internetdepot, randvoll mit Calls, gedieh prächtig: aus 100 000 Euro Spielgeld waren innerhalb weniger Wochen 200 000 geworden.

Eine Bekannte, die 20 000 Euro Schulden hatte, fragte mich um Rat. Ich schlug ihr vor, sich einfach 5000 Euro von ihren Eltern zu leihen, dann könne ich ihr sagen, wie daraus bald 10 000 (oder mehr) werden würden. Mir sei klar, dass sich das unglaublich anhöre, sagte ich, ich könne es selbst nicht fassen, aber dem sei so. Die einzige Erklärung, die ich ihr geben könne, sei, dass ich zwei Leute kenne, »unabhängige Köpfe«, die seit Jahren mit jeder ihrer Prognosen recht behielten, weil sie etwas vorausgesehen hätten, wovor der Rest der Welt lieber die Augen verschließe. Das Zauberwort heiße Gold, die »älteste Währung der Welt«, die immer dann im Wert steige, wenn die Regierungen Geld »druckten«, was die Gefahr einer Hyperinflation heraufbeschwöre, Stichwort Bankenkrise, Stichwort Weimar.

Ihre Augen glänzten fiebrig. Das klinge in der Tat unglaublich, sagte sie, aber sie vertraue mir, und wenn ihre Eltern 5000 Euro übrig hätten, würde sie sofort… Für einen Moment überlegte ich, ihr das Geld einfach für ein paar Wochen auszuleihen. Denn dass der Goldpreis weiter steigen würde, kam mir mittlerweile vor wie ein Naturgesetz.

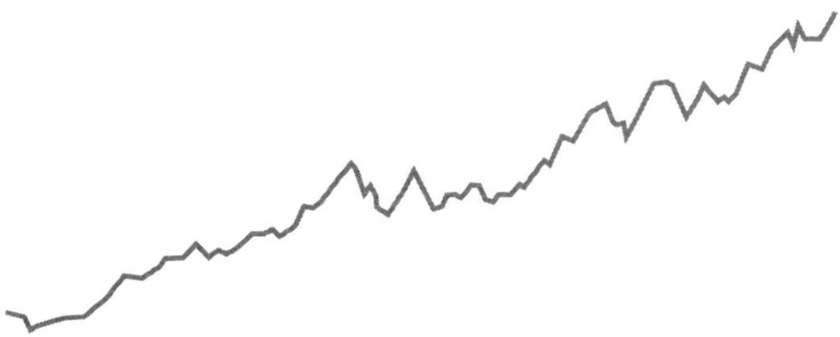

Goldpreis September bis März

Was es natürlich nicht war. Es war nur die Panikreaktion des Marktes auf Dinge, die in Amerika passierten. Es hing zusammen mit Wörtern wie »Immobilienkrise« und »Subprime«, die seit Monaten durch die Wirtschaftsteile geisterten, ohne dass ich mich näher mit ihnen beschäftigt hatte, weil sie nichts mit meiner Anlagestrategie, meinem Geld, meinem Leben zu tun zu haben schienen. Aber in diesen Märztagen wurde mir klar, dass sie es gewesen waren, die den seltsamen Höhenflug des Goldes ausgelöst hatten, dass ich Geld verdiente, weil das Finanzsystem am Abgrund stand. Immerhin stand das Finanzsystem nicht am Abgrund, weil ich Geld verdiente. Das hatte das Finanzsystem ganz alleine geschafft.

Überall auf der Erde wankten plötzlich die Banken. In ihren Bilanzen implodierte eine bestimmte Sorte von Wertpapieren, die einer breiteren Öffentlichkeit gerade als »Asset Backed Securities« und »Collaterized Debt Obligations« bekannt wurden. Es handelte sich dabei, wenn ich es richtig verstand, um Schuldscheine, die in alle Welt verkauft worden waren und hinter denen eigentlich amerikanische Immobilien standen. Und als in Amerika die Hauspreise sanken, brach auch der Wert der daraus abgeleiteten Papiere zusammen. Und aus soliden Banken wurden plötzlich Bankrottunternehmen.

Das war die Kurzfassung – aber wieso konnte die Tatsache, dass irgendwo in Maine oder Nevada die Häuser zehn Prozent weniger kosteten, die ganze Finanzwelt in Probleme stürzen? Ich las die *Financial Times*, das *Wall Street Journal*, die *New York Times*. Ich sprach mit einem silberhaarigen Gentleman aus Hamburg, der einst der Deutschland-Chef einer großen amerikanischen Bank gewesen war. Ich las das Buch des deutschen Volkswirtschaftsprofessors Max Otte, der den Crash vorhergesagt hatte, und die eben erschienene Beichte des amerikanischen Hypothekenhändlers Richard Bitner. Ich brauchte ein paar Tage, aber dann setzte sich ein Bild zusammen: In Amerika hatte es einen Immobilienboom gegeben, befeuert durch die niedrigen Leitzinsen, mit denen Greenspan das Platzen der New-Economy-Blase abzumildern gehofft hatte. So war in den Jahren seit 2001 sehr viel Geld in die Welt gekommen, das angelegt werden wollte und fortan nicht nur in Aktien, sondern auch in Immobilien floss. In den folgenden Jahren verdoppelte sich deren Preis, das Geschäft war so lukrativ, dass bald »House Flipper« auf der Bildfläche erschienen, reine Spekulanten, die die Häuser nicht mehr kauften, um darin zu wohnen, sondern um sie innerhalb von Monaten zu einem höheren Preis weiterzuverkaufen.

Ein Haus zu besitzen ist Teil des amerikanischen Traums. Im neuen Jahrtausend schien er sich nun für immer mehr Amerikaner zu erfüllen. Arme und Arbeitslose, Leute, die von den staatsnahen Hypothekenbanken Fanny Mae und Freddy Mac zuvor niemals als kreditwürdig eingestuft worden wären, erhielten jetzt Darlehen, für die weder Eigenkapital noch Einkommen notwendig waren. Denn schon bald, so die Idee, würde der Wert ihres Hauses den aufgenommenen Kredit übertreffen und den Besitzern würde auf diese Weise ganz automatisch Eigenkapital zuwachsen. Wenn das Geld knapp würde, könnten sie bei steigendem Wert ihrer Immobilie einfach einen neuen Kredit aufnehmen und ihre Schulden damit abbezahlen, das war das Versprechen.

So waren die Dienstmädchen des 21. Jahrhunderts zu einem Eigenheim (und zu Schulden) gekommen. Ich las von Leuten wie jenem mexikanischen Erdbeerpflücker in Bakersfield, Kalifornien, der kaum ein Wort Englisch sprach, 14 000 Dollar im Jahr verdiente und dem eine Bank eine kreditfinanzierte Villa im Wert von 720 000 Dollar spendiert hatte. Oder von einem demenzkranken Fünfundachtzigjährigen aus Brooklyn, der 1100 Dollar Rente im Monat bekam und dessen Tilgungsraten für seinen neuen Kredit zunächst bei null, schon bald aber bei 2400 Dollar liegen sollten. Oder von der sechsundachtzigjährigen Rentnerin Addie Polk aus Akron, Ohio, die ihr vor langer Zeit abbezahltes Häuschen mit 45 000 Dollar beliehen hatte, um ihre Einkünfte aufzubessern – abzutragen bis zum Jahr 2034. Als die alte Dame ihre Schulden nicht mehr bedienen konnte und schließlich der Sheriff ihr Haus umkreiste, um es räumen zu lassen, schoss sie sich mit einer Pistole in die Brust.

Und auch das Arsenal der Darlehensformen, die für diese Menschen erfunden worden waren, klang, als käme es aus dem Reich des magischen Realismus: »Option ARMs«, bei denen der Schuldner selbst bestimmen durfte, wie viel er in einem Monat zurückzahlen wollte; »Teaser Rates«, bei denen die Tilgung anfangs verlockend niedrig war; »Nina-Credits«, die an Leute mit »no income, no assets« verkauft wurden, und »Ninja-Credits« für jene, denen auch noch ein Job fehlte. Wenn man gar nichts über den Schuldner wusste, wurde einfach ein »Low Documentation Loan« daraus.

Aus der Rückschau klingt es naiv, aber ich verstand zu dieser Zeit so wenig von diesen Dingen, dass ich mich erst an den Gedanken gewöhnen musste, dass die Vergabe eines Kredits nicht ein Gefallen war, den die Bank ihren Kunden tat, sondern die Art und Weise, wie Banken Geld verdienen. Das war zu begreifen. Aber dass Banken irgendwie gehofft hatten, Geld mit Krediten zu verdienen, die sie ganz offensichtlich nicht zurückbekommen würden, erschien mir widersinnig. Erst mit der Zeit wurde mir klar, dass der leichtsinnigen Kreditvergabe eine Erfindung vorausgegangen war, die sich im Englischen »Securitization« und im Deutschen »Verbriefung« nannte: Lange Zeit waren Häuserdarlehen ein Geschäft zwischen zwei Parteien gewesen, dem Schuldner und der Bank. Beide hatten Interesse daran, dass die Schuld beglichen wurde. Bis in den achtziger Jahren »Finanzingenieure« die Idee hatten, Darlehen zu großen Paketen zusammenzufassen, in verschiedene, mit unterschiedlichem Risiko behaftete Tranchen zu bündeln und weiterzuverkaufen. Eine Kette aus Nutznießern entstand: Makler vergaben Kredite gegen Gebühr, reichten sie an kleinere Hypothekenbanken weiter, die ebenfalls Prozente nahmen und die Kredite dann an Fannie und Freddy oder eine Investmentbank verkauften. Dort (und das war die große Neuigkeit) wurden die Kredite zusammengefasst und in Standardprodukte umgewandelt, die frei handelbar als

Asset Backed Security oder Collateral Debt Obligation, ABS und CDO, in den Büchern von deutschen Landesbanken, arabischen Staatsfonds, Versicherungen, Hedgefonds auftauchten und nun Probleme machten, weil dahinter Werte standen, die im Grunde überhaupt nicht existierten.

Weshalb sich keiner für die Schuldner hinter den Papieren interessierte? Weil mit den Krediten auch das Risiko immer weitergereicht wurde – und das trugen die Endabnehmer.

Warum die Endabnehmer es kauften? Weil die Derivate eine höhere Rendite abwarfen als andere Papiere und trotzdem als supersicher galten.

Wie man auf die Idee kam, dass die Schuldscheine armer Amerikaner supersicher sein könnten? Dafür sorgten die Rating-Agenturen, die auch die halbseidensten CDOs und ABS noch mit »AAA« bewerteten, einem Prädikat, das sonst nur für Anleihen von Schuldnern wie Coca Cola oder Deutschland vergeben wird.

Warum die Rating-Agenturen dies taten? Weil sie an der Bewertung von Immobilienpapieren mehr verdienten als beispielsweise an der von Staatsanleihen und weil eine strenge Beurteilung nur dazu geführt hätte, dass die Bank das Geschäft an eine andere Agentur vergeben hätte. Sie wurden von denen bezahlt, deren Risiko sie abschätzen sollten.

Bemerkte der Chef der zuständigen amerikanischen Regulierungsbehörde denn gar nichts? John Reich, so las ich in der *Washington Post,* war kein Freund von Regulierung. Es gebe neue mathematische Modelle, hieß es, die es erlaubten, Risiken einzugehen, die einem Bankier alter Schule vielleicht noch unsolide vorgekommen wären. Jetzt sei man klüger.

Es war ein System, von dem alle eine Zeitlang auf märchenhafte Weise profitierten, und auch das Personal, das diese Welt bevölkerte, wirkte wenig geeignet, sie kritisch zu hinterfragen. In den Geständnissen des »Subprime Lenders« Richard Bitner tummeln sich naive Hauskäufer; Immobilienbroker, die zuvor

Mafiosi, Schüler, Kosmetikerinnen gewesen waren; Hypothekenbanken, die alle Hände voll zu tun hatten, die allzu offensichtlichen Betrugsversuche ihrer Broker aufzudecken; Investmentbanker, die sich nicht dafür interessierten, was sie da verpackten. Und natürlich Greenspan, in dem auch Bitner den eigentlichen Übeltäter sah. »Immer wenn die Fed neue Zinssenkungen ankündigte, jubelte ich«, schreibt Bitner, der die ständige Verbilligung des Rohstoffes Geld dafür verantwortlich machte, dass es immer unseriöseren Kandidaten aufgenötigt wurde. Als der Hypothekendealer von einem Nagelstudio hörte, das nebenbei Darlehen vermittelte, war für ihn das Signal zum Ausstieg gekommen. Er hatte Glück: Schon wenig später sollte eine Zinserhöhung der Zentralbank die schöne neue Welt zum Einsturz bringen.

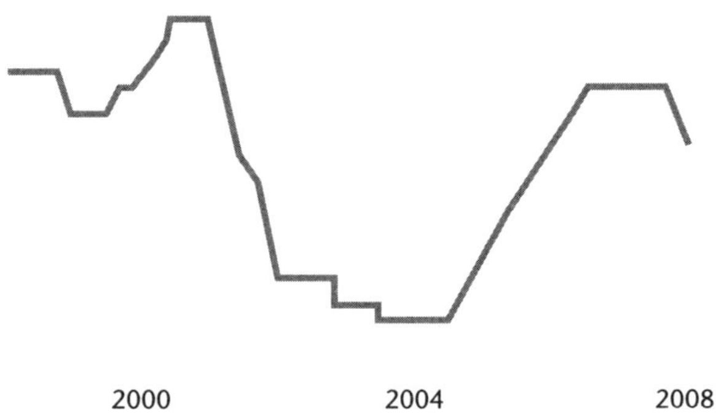


Leitzins der amerikanischen Zentralbank

Zinserhöhung, Immobilienkrise, Bankenkrise: Das war die Kettenreaktion, die dem Anstieg des Goldpreises vorausgegangen war. Sie bescherte mir diese wunderbaren Monate, in denen mir das Spekulieren wie ein Kinderspiel vorkam. Leider hatte ich noch immer keine Termingeschäftsbefähigung und musste weiterhin mit Spielgeld auf Gold spekulieren. Aber mein Musterdepot bewies mir, dass ich offenbar gut in diesen Dingen war. Ich hatte nie daran gezweifelt, aber dass es so einfach war, überraschte mich doch.

Am Donnerstag, den 13. März, kostete die Feinunze Gold zum ersten Mal in der Geschichte mehr als 1000 Dollar. Die Zeitungen setzten das Thema auf die Titelseiten, Zahnärzte verteuerten ihre Goldkronen. »Das Gold kommt aus allen Ritzen«, sagte ein Pfandleiher im Diamond District in Manhattan, der sich vor Altgold nicht mehr retten konnte, in der *New York Times*. In derselben Ausgabe war zu lesen, dass der größte Goldschatz der Welt, den die Federal Reserve Bank of New York 25 Meter tief unter der Südspitze Manhattans lagert, nun 242 Milliarden Dollar wert sei. Auch meine eigenen Reserven, in den Verliesen der Vereinigten Sparkassen waren mittlerweile fast 80 000 Euro wert.

Edelmetalle, schrieb die *FAZ*, böten Zuflucht vor den verunsicherten Finanzmärkten. »Unter Beobachtern«, las ich im *Handelsblatt*, »gilt der rasante Anstieg des Goldpreises als ein wichtiges Signal für den bedenklichen Zustand der Weltwirtschaft.« »Gold ist noch immer der einzige Rohstoff, der wie Geld eingesetzt werden kann«, sagte der Bergbauspezialist einer großen New Yorker Fondsmanagementgesellschaft.

Am Freitag, dem 14. März, überprüfte ich ein letztes Mal vor dem langweiligen Wochenende, an dem ja leider nicht gehandelt wurde, den Goldpreis. An diesem Tag wurden die amerikanischen Inflationszahlen gemeldet, sie waren besser als erwartet. Ich stellte mich innerlich auf ein leichtes Schwächeln meines Musterdepots ein, aber bevor es abwärts gehen konnte, gab es Nachrichten von der amerikanischen Investmentbank Bear Stearns, von der ich bis dahin gerade mal den Namen kannte. Dass die Bank besonders viele fragwürdige Hypothekenpapiere in ihren Bilanzen hatte, war den Händlern offenbar schon seit Monaten klar gewesen. Aber dann war plötzlich Panik ausgebrochen. In den letzten Tagen hatten immer mehr Gläubiger der Bank ihr Geld zurückgefordert, weil sie an deren Zahlungsfähigkeit zweifelten, es gab Gerüchte, dass mehrere Großbanken ihre Handelsabteilungen angewiesen hatten, keine Geschäfte mehr mit Bear Stearns zu machen.

Eine Bank, jede Bank, hat immer nur einen kleinen Teil der ihr anvertrauten Summen vorrätig. Sie verleiht das Geld, das sie von ihren Anlegern bekommt, zu höheren Zinsen weiter, das ist das Geschäftsmodell, und es funktioniert nur, solange nicht alle Anleger gleichzeitig ihr Geld abheben.

Genau das war Bear Stearns passiert, und nun fehlten der Bank die Mittel, um den Run zu bewältigen. Ich lag längst im Bett, als sich (wie ich am nächsten Morgen erfuhr) ein gewisser Alan Schwartz plötzlich in meine Vermögensverhältnisse einmischte. So hieß der Chef des taumelnden Bären. Während ich geschlafen hatte, hatte er ein sehr unangenehmes Telefonat geführt. Um 19 Uhr amerikanischer Zeit hatte er die Geburtstagsparty von Jamie Dimon stören müssen, dem CEO von J. P. Morgan, einer sehr viel größeren Bank. Jamie Dimon habe mit seiner Familie in einem griechischen Restaurant in der Nähe des Times Square seinen zweiundfünfzigsten Geburtstag gefeiert, rekonstruierte das *Wall Street Journal*. Auch dass er ungehalten gewesen sei, dass es jemand gewagt hatte, einen Anruf durchzustellen. Doch der Notfall war echt: Bear habe Probleme, seine täglichen Geschäfte zu finanzieren, sagte Schwartz, und brauche einen Kredit, ohne den das Überleben der Bank gefährdet sei. Dimon, mittlerweile auf dem Sidewalk vor dem Restaurant stehend, insistierte, dass diese Krise zu groß sei, um sie unter den beiden Bankchefs auszumachen, und bestand darauf, die Zentralbank einzuweihen. Eine Pleite von Bear würde andere Bankpleiten nach sich ziehen, der Aktienmarkt abstürzen und Anleger auf der ganzen Welt würden das Vertrauen in die Banken, das Finanzsystem, ihr Weltbild verlieren.

In dieser Nacht stand der Kapitalismus, wie mir später klar wurde, das erste Mal in diesem Jahr am Abgrund. Amerikanische Zentralbanker diskutierten bis in den frühen Morgen, ob sie eine Pleite von Bear zulassen könnten, und bevor der Handel in New York losging, trafen sie eine Entscheidung: Sie reaktivierten ein Gesetz aus der Ära der Großen Depression, das es ihnen erlaubte, für einen Kredit zu bürgen, den J. P. Morgan der kleineren Bank bereitstellen würde.

Als am Morgen die Börse eröffnete, halbierte sich der Aktienkurs von Bear Stearns sofort.

Für Alan Schwartz und einige andere Banker in New York muss es ein schrecklicher Tag gewesen sein.

Für mich war es ein guter Tag. Der Goldpreis stieg, getrieben von der Panik, auf einen neuen Rekord von 1007 Dollar. Dass sogar George Bush zu der Entwicklung Stellung nahm, wertete ich nicht als beruhigendes Zeichen: »Die Ereignisse haben sich an diesem Tag sehr beschleunigt«, analysierte er. »Aber der Vorsitzende der Bundesbank und der Finanzminister haben die Lage im Griff und werden die notwendigen Schritte einleiten.«

Man musste keine Expertin sein, um zu verstehen, dass es überhaupt nicht gut aussah.

Samstag: Nachlese zur großen Krise im Café. In der *Süddeutschen Zeitung* las ich ein »Streitgespräch« zwischen zwei Großbankern, Thema: Sind Banknoten noch zeitgemäß? Brauchen wir einen neuen Goldstandard?

Gute Laune.

Im Lokalteil der *Süddeutschen Zeitung* wird an diesem Tag ein Schmuckdesigner zum Wert des Goldes interviewt. Die *Berliner Zeitung,* seit Jahren ihrerseits in den Fängen eines Finanzinvestors, erklärt die Herkunft und Geschichte des Goldes (»Die ältesten Goldobjekte stammen aus Königsgräbern von Ur-Mesopotamien, 2500 v. Chr.«).

Auch interessant.

Die *taz* kümmert sich um das Goldförderland Südafrika, stellt den »Bergbaugiganten« AngloGold Ashanti vor, den zweitgrößten Goldförderer der Welt. Ich erfahre zu meiner Überraschung, dass der Aufbau der Schürfindustrie eine schwarze Unternehmerschicht gefördert und damit zur Beseitigung der Apartheid beigetragen habe. Schön. Ich lerne auch: »Goldförderung ist ein schmutziges Geschäft – vor allem dort, wo sie nicht in industriellen Minen betrieben wird, sondern im Tagebau oder gar von Goldwäschern, die in mühseliger Kleinarbeit Erde aus Flussbetten waschen.« Notiz in meinen Rechercheunterlangen: Ethische Aspekte überprüfen!

Später.

Derzeit bin ich mit Organisatorischem ausgelastet. Termin bei einer etwas heruntergekommenen Filiale meiner Bank im Prenzlauer Berg. Ich möchte dringend mit echten Optionsscheinen handeln, aber der nette Ostberliner Bankberater erklärt mir, dass die Prüfung der Unterlagen ergeben hat, dass ich nicht die nötige Erfahrung besitze. Ich spare mir eine Bemerkung über die Abenteuer, die ich in den letzten Tagen bestanden habe, über mein prächtiges Musterdepot voller fetter Optionsscheine auf Gold und gebe mich vernünftig. Der Bankberater nimmt ein neues Formular und zwinkert mir bei jeder Frage zu: Er und ich wissen, dass die Antworten erfunden sind. Offiziell handele ich also seit Jahren mit Aktien und habe dabei Gewinne gemacht, aber auch erfahren, was es bedeutet, Verluste zu erleiden. Ich habe gelernt, dass ein Call auf steigende und ein Put auf fallende Kurse wettet, und mir ist nicht entgangen, dass man mit Optionsscheinen alles verlieren kann. Ich unterschreibe alles. Bereits am nächsten Tag soll mein Depot freigeschaltet sein.

Bear Stearns wird an diesem Tag, trotz der angekündigten Übernahme, noch gehandelt. Wann immer ich von der Bank lese, erscheint vor meinem geistigen Auge mittlerweile das Bild eines alten, sehr mitgenommenen Teddybären. Ich frage mich, wie es Alan Schwartz gehen mag, da drüben in New York City. Im *Wall Street Journal* habe ich gelesen, dass er morgens, bevor er in seiner Limousine von Connecticut ins Auge des Sturms chauffiert wird, immer eine Stunde auf seinem Hometrainer läuft. Ich bin voller Bewunderung. Ich selbst wäre definitiv hysterisch, wenn ich Chefin einer Firma wäre, die das Weltfinanzsystem bedroht. Ich frage mich auf welchen Psychopharmaka der Mann ist, um noch die Disziplin zu haben, Sport zu machen. Beziehungsweise, ich staune darüber, dass die Gattung Mensch so unterschiedliche Naturen hervorbringt wie Schwartz und mich.

»Alles nur PR«, sagt meine Freundin Elisabeth, mit der ich am Abend zum Joggen verabredet bin. »Der ist vollgepumpt mit Xanax, und das mit dem Hometrainer würde ich auch nicht glauben. Der Hometrainer gehört fest zur offiziellen Darstellung eines amerikanischen Managerlebens.« Wir jedenfalls laufen fünf Kilometer durch den frisch renovierten (von welchem Geld eigentlich?) Volkspark Friedrichshain, und ich bin beschwingt von der Aussicht, dass Gold an diesem Tag ein neues Hoch erreicht hat: Eine Investmentbank namens Lehman Brothers habe dieselben Probleme wie Bear Stearns, heißt es, nur dass die Bank noch größer sei und deshalb nicht einfach von einer anderen aufgekauft werden könne. »Die Konsequenzen wären unvorstellbar«, schreibt die *Financial Times*, und in der Tat: Ich habe tatsächlich nicht die geringste Vorstellung, was eine Pleite von Lehman Brothers bedeuten würde. Obwohl überall von einer Katastrophe die Rede ist, ist mir der Niedergang der Banken egal. Wie die meisten Leute denke ich immer noch, dass hier Geld verdampft, das sowieso nur in virtueller Form vorhanden war. Who cares!

Interessanter: Gold kostet an diesem Tag 1030,80 Dollar pro Feinunze, ein neuer Rekord.

Dienstag. An der Wallstreet verbessert sich die Stimmung, nachdem Lehman Brothers bekannt gibt, dass ihre Gewinne im ersten Quartal weniger stark gesunken sind als erwartet.

Der Goldpreis bleibt über 1000 Dollar.

Mein Depot ist immer noch nicht freigeschaltet. Vermutlich ein technisches Problem, sagt mein netter Ostberliner Bankmann, ich solle beim Telefonbanking anrufen, wofür ich aber nicht angemeldet bin. Ich beschließe, am nächsten Tag vorbeizugehen, um das Nötige in die Wege zu leiten. Denn dann, da bin ich mir sicher, wird der Goldpreis weiter steigen, weil die amerikanische Bundesbank am Abend tagt, um den neuen Zinssatz bekannt zu geben. Ich gehe, wie alle Welt, davon aus, dass sie den Leitzins von drei auf zwei Prozent senken wird. Irgendwo steht: »Die Aussicht auf drastisch sinkende Zinsen in den USA lässt die Anleger ins Gold fliehen.« Was mir recht ist. Da, wo alle hinwollen, bin ich bereits.

Am Mittwoch wache ich mit der Nachricht auf, dass die Zentralbank ihre Zinsen zur allgemeinen Überraschung nur um 0,75 Prozentpunkte gekürzt hat. Die *Financial Times* schreibt: »Die Investoren interpretierten die Zurückhaltung der Fed in dem Sinne, dass die Dinge offenbar nicht so schlimm standen, wie befürchtet worden war.«

Wie bitte? Eben noch hatte man den Zusammenbruch des ganzen Systems befürchtet, aber nun steigen die Bankaktien wieder und der Dollar ebenso, weil die Zinsen *weniger stark als erwartet* gesenkt wurden? Ich bleibe zunächst entspannt, weil die Krise des Systems ja offensichtlich ist, aber dann stürzt das Gold aus unerfindlichen Gründen auf 944,70 Dollar ab.

Am Abend erfahre ich, dass es der größte Fall des Goldpreises seit achtundzwanzig Jahren war. Als Gründe werden genannt: die Überraschungsentscheidung der Fed, der härtere Dollar, die »anhaltenden Konjunktursorgen«, die auf den Rohstoffnotierungen lasteten. Aber es gibt auch eine gute Nachricht: Mein Depot ist jetzt für den Handel mit echten Optionsscheinen freigeschaltet. Leider weiß ich nicht, was zu tun ist. Nachdem wochenlang alles nach Plan lief, verstehe ich zum ersten Mal in meiner kurzen Laufbahn als Spekulantin die Welt nicht mehr. Am nächsten Tag bricht der Goldpreis auf 905 Dollar ein.

In den folgenden Wochen betrat ich jeden Morgen mein kleines Büro am Helmholtzplatz und tat: nichts. Ich las die *Financial Times*, ich checkte die Kurse, ich sah mich nach neuen Anlagemöglichkeiten um, aber ich handelte nicht. Ich telefonierte mit meiner Freundin Utta, die mir riet, es ihr nachzutun und »Banken- und Versicherungswerte« zu kaufen, weil diese »historisch günstig bewertet« seien, was mich aber nicht beeindruckte, denn George Soros, mein Vorbild, sagte in der *New York Times*, dass es die größte Krise sei, die er je erlebt habe. Im Alter von siebenundsiebzig Jahren war er ein paar Monate zuvor noch einmal aus dem Ruhestand zurückgekehrt, den man in diesem Fall wirklich als wohlverdient bezeichnen kann, um seinen gigantischen Fonds durch den Orkan zu steuern.

Ich verfolgte, wie das Gold stieg und wie es wieder fiel, es tauchte sogar hinunter in die Achthunderterzone, die mir noch vor kurzer Zeit, auf der Goldmesse, wie eine Sensation erschienen war. Wie schnell sich die Dinge ändern. Jetzt interessierte mich ein Goldpreis um die 800 Dollar nicht mehr. Die Prognosen für die kommenden Monate waren unterschiedlich, mal war von einer kurzfristigen Korrektur die Rede, dann wieder von einer Konsolidierung, einer Bodenbildung, von der aus sich das Gold in den nächsten Monaten erholt zu neuen Höhen aufschwingen würde.

Der Österreicher von der Goldmesse fiel mir ein. Ich beschloss, zumindest was mein oberpfälzisches Schatzkästlein betraf, mich nicht abschütteln zu lassen. Aber um einen Optionsschein zu kaufen, dazu war mir die Lage zu unübersichtlich.

Irgendwann im April schrieb die *Süddeutsche Zeitung*, dass der steigende Dollarkurs schuld sei, dass das Gold unter Druck geraten sei: »Am empfindlichsten reagieren die Edelmetalle.«

Jedoch: »Der Kakaopreis klettert höher.«

Kakao? Kakao. Warum eigentlich nicht?

## 8 AngloGold Ashanti

Christian Wolf wartete auf der Treppe des Weidener Bahnhofs auf mich. Groß, kahl und sehnig stand er da, wie immer im Anzug, ihm gegenüber zwei kleinere Männer in Lederhosen und Filzhüten. Er gestikulierte, sie sahen zu ihm auf. Sie wurden mir als zwei ehemalige Fußballkameraden vorgestellt, auf dem Weg zu einem Polterabend. Wolf war inzwischen eine lokale Berühmtheit: Die beiden Fonds, die er mit Bergold zusammen managte, hatten parallel zum Goldpreis neue Höchststände erreicht, Christian Wolf hielt Vorträge in München, während Uwe Bergold immer häufiger in Börsensendungen auf *n-tv* und *Bloomberg* zu sehen war. Seit das Gold alle Rekorde brach, waren sie gefragte Leute. Sogar der Ölpreis hatte sich so verhalten, wie sie es prophezeit hatten. Er hatte gerade die Hundert-Dollar-Marke überschritten, ein Rekord, den die beiden schon als Dozenten der »Sparkassenakademie« in Landshut vorausgesagt hatten (als das Öl bei zwanzig stand). Damals hatte man ihnen dafür den Laufpass gegeben: zu irre, zu extrem, zu außenseiterisch.

»Was für eine verrückte Zeit«, sagte ich zu Wolf, als ich mich neben ihn in den Autositz fallen ließ. Nach den chaotischen Ereignissen der letzten Wochen konnte ich es kaum erwarten, endlich seine Einschätzung zu hören. Zu meiner Überraschung begann er eine Tirade: dass es besser gewesen wäre, man hätte den Bären zugrunde gehen lassen, Sozialismus sei das, wenn man nun Leuten, die vernünftig gewirtschaftet hätten, das Geld wegnehme und es umleite zu denen, die alles andere als vernünftig gewirtschaftet hätten.

»Aber was hätten die Politiker denn machen sollen? Die Welt in den Abgrund stürzen, nur damit eine Bank bestraft wird?«, fragte ich, ohne zu wissen, wie dieser Abgrund eigentlich ausgesehen hätte (ich stellte mir Bankenerstürmungen, rußbedeckte, hohlwangige Gesichter vor Suppenküchen, südamerikanische Zustände vor).

»Soin ses retten, solongs no kinna«, stieß er nur düster aus. »Es werd nur nix höffa.«

Das war ihre Kernthese: Seit Jahren versuchten die Amerikaner, Börsencrashs abzumildern, was die Situation nur verschlimmere, weil durch die Zinssenkungen, die auf jeden Abschwung gefolgt seien, immer mehr Geld ins System gelangt sei, das zu immer neuen Booms geführt habe und die unvermeidliche »Bereinigung« immer weiter hinauszögere. Die Federal Reserve war in den Augen von Wolf und Bergold ein »Heroindealer«, der einen schwerkranken Süchtigen mit Stoff (also billigem Geld) versorge und den Entzug so immer schmerzhafter mache. Dass man jetzt auch noch Banken, die nach den Gesetzen des Kapitalismus niemals überlebt hätten, mit Staatsgeldern rettete, war nur ein weiterer Beleg ihrer These. Es kam mir alles sehr logisch vor, wenngleich ich nicht unfroh darüber war, dass die Politiker uns das Ende mit Schrecken vorerst ersparten.

»Es war' für uns alle besser, mir legata falsch«, sagte Wolf, als er in wütenden Temposchüben zu ihrem Büro fuhr.

Global Resources Invest war in einem grünen Spitzgiebelhäuschen in der Altstadt von Weiden untergebracht. Es knackte laut, als Wolf die Tür öffnete. Im Halbdunkel lag unbesetzt eine Rezeption. Aus einer Vase ragte eine phallische Riesenblume. Ein groß gewachsener, blasser Mann mit Brille und Seitenscheitel kam mir mit hallenden Schritten entgegen und streckte mir seinen Arm entgegen: Herr Stopfer, der Assistent von Bergold und Wolf. Er war der einzige Mitarbeiter, der an diesem Tag noch da war, alle anderen arbeiteten im Außendienst oder halbtags, wurde mir erzählt. »Wir schützen und vermehren das Vermögen unserer Kunden auch in stürmischen Zeiten«, das war ihre Mission, so stand es jedenfalls in ihrer Broschüre.

Ich war gekommen, weil ich glaubte, dass mir Bergold und Wolf mit einer neuen Spekulationsidee weiterhelfen könnten, weil mit Gold derzeit nicht viel zu holen war. Seit dem Rekord im März verhielt sich der Markt völlig irrational, und ich verstand nicht, wie es sein konnte, dass der Preis »Seitwärtsbewegungen« vollzog, obwohl sich in den Wirtschaftsteilen der Zeitungen immer mehr die Meinung durchzusetzen schien, dass es sich bei dem konjunkturellen Einbruch nicht nur um eine »Rezession«, sondern sogar um eine »Depression« handeln könnte. Hatte es nicht geheißen, dass Gold ein »Krisenmetall« sei?

Ich erzählte ihnen von jenen wunderbaren Wochen im Februar, als ich die Märkte noch verstanden hatte und bei meinem Zertifikatespiel innerhalb weniger Wochen 100 000 Euro mit Spielgeld-Calls auf Gold verdient hatte.

Sie lachten.

»So werns angefixt«, sagte Wolf. »Und dann glams, dos imma so leift.«

Ich sei mit meinem Musterdepot in einen der ungestörtesten Aufwärtstrends des Goldes seit 1980 geraten, und außerdem sei es mit Spielgeld leichter, die Nerven zu behalten. Wenn man echtes Geld einsetze, zerrten ganz andere Kräfte an einem, Zweifel, Ängste, dazu der Spott oder die Anschuldigungen von Freunden, falls man in einem Moment der Euphorie noch andere in seine Anlagen eingeweiht habe.

»Zum Glück habe ich ja Profis an meiner Seite«, sagte ich.

»Mir dürfen Ihnen fei keine Tipps geben«, sagte Bergold.

»Ist klar«, erwiderte ich. Ich kannte sie. Sie platzten vor Sendungsbewusstsein, Wut, Mitleid mit verlorenen Kleinanlegerseelen, die das Jüngste Gericht vielleicht nicht überleben würden, und ich war mir sicher, dass ihnen früher oder später etwas herausrutschen würde. Ich musste sie nur, was keine Kunst war, reden lassen.

Fürs Erste erhielt ich eine ideologische Auffrischung, Kapitel Volkswirtschaft für Anfänger. Wir saßen in ihrem viel zu großen Konferenzzimmer, das einst eine Deutsche Bank und zuletzt einen Schneider beherbergt hatte. Bergold lehnte sich zurück und warf mit einem Projektor Kurven an die Wand, von denen ich längst nicht mehr überzeugt werden musste. Er ließ sein Laserpünktchen über irgendwelche Zacken wandern, in denen sich »Kurssignale« verbargen, die einen Anstieg der Goldminenaktien »auslösen« würden, der unmittelbar bevorstehe, weil die dem Goldpreis traditionell folgten und derzeit krass »unterbewertet« seien. Nicht nur die »Fundamentaldaten« deuteten darauf hin, also die grundsätzlichen volkswirtschaftlichen Zusammenhänge, sondern auch die »Charttechnik«, das Zickzack der Kurse, aus dem geübte Fachleute die Zukunft herauslesen könnten. Ich hatte davon gehört, und ich wusste, dass es neben der Fundamentalanalyse die zweite anerkannte Methode war, mit deren Hilfe Fondsmanager Entscheidungen trafen. Dass Wolf und Bergold sich offenbar in beiden Techniken auskannten, stärkte mein Vertrauen in sie noch mehr.

»Also kaufe ich Goldminen?«

»Goldminen werden laufen«, sagte Bergold und ließ das rote Laserpünktchen über besonders aussagekräftige Abschnitte im Kurs zittern.

»Noch in diesem Jahr?«, fragte ich.

»Ein Jahr ist ein kurzer Zeitraum. Wir beraten in langfristigen Strategien.«

»Und bis wann, meinen Sie, würde es passieren, wenn es passiert?«

Sie sahen sich kurz an.

»Saison ist allgemein im Frühling...«

Sie lenkten das Gespräch wieder auf die übergeordneten Themen: Wie die kommende Inflation die Massen »zwangsenteignen« werde, der Staat uns immer mehr ausnehme und kontrolliere, dass es sowieso das Beste sei, einen Bauernhof zu kaufen, um sich von dem ganzen Chaos, in das die Welt demnächst stürze, unabhängig zu machen. Bergold erzählte wieder von seinem Stück Wald, das er notfalls verfeuern könne, Wolf von seinen Obstbäumen, die ihn und seine Familie ernähren sollten. Ich hatte sie politisch noch nie einordnen können, aber an diesem Tag oszillierten ihre Ansichten besonders stark. In einem Moment dachte ich, sie seien Anhänger einer fundamental-ökologischen Bewegung, die im Einklang mit der Natur leben und zum Tauschhandel zurückkehren wollte, dann wieder klangen sie wie Linke, denen es darum ging, möglichst viele kleine Leute zu retten, um gleich darauf wie Rednecks zu reden, die sich vom Staat lossagen, mit einer Pistole auf dem Land verschanzen und ihre Kinder selbst unterrichten wollten.

Ich sah mich in dem weitläufigen Konferenzzimmer um. Die Bücher in den Regalen gaben keinen Aufschluss: eine Genscher-Biografie, die Kissinger-Memoiren, ein *Schwarzbuch Kommunismus* und ein Titel namens *Der Weg zur Knechtschaft*. Dazu *Der Vatikan, Die Habsburger,* Heimatkundliches. Immerhin nichts über Freimaurer oder die jüdische Weltverschwörung. Es schien mir der typische, nach allen Seiten wuchernde Kanon bildungshungriger Spätabiturienten zu sein, vielleicht mit einem gewissen Hang zur Paranoia.

»Wo sehen Sie sich eigentlich politisch?«, fragte ich irgendwann.

»Österreichische Schule der Nationalökonomie«, sagte Bergold, halb stolz, halb verschämt, mit einem schnellen Blick in meine Richtung, als fürchte er meine Reaktion.

»Aha«, sagte ich. »Sagt mir jetzt gerade nichts.«

Sie sahen sich an und nannten mir ein paar Namen, die bei mir nichts auslösten, Hayek, Schumpeter, Mises, offenbar alle tot. Ich schrieb sie in mein Blöckchen und beschloss, mich bei nächster Gelegenheit damit zu beschäftigen, in der Hoffnung, dass ich die theoretischen Grundlagen meiner Glaubensbrüder so sympathisch finden würde wie sie selbst.

Nachmittags lud mich Christian Wolf in einen Weidener Bierkeller ein. Er grüßte knapp nach allen Seiten, bevor wir uns setzten. Dann begann er im Flüsterton die Vor- und Nachteile verschiedener Goldförderregionen zu erläutern. Besonders interessant war derzeit offenbar Südafrika, weil die südafrikanischen Goldminen im Vergleich zum Goldpreis besonders schlecht dastünden und somit besonders stark profitieren würden, sobald sie ihre Probleme gelöst hätten. Wolf nannte Reserven, Dependancen, Fördermengen, er schien diese Minen zu kennen, als handele es sich dabei um Betriebe des oberpfälzischen Mittelstands.

»Die Amerikaner *in-ter-venieren* gegen den Rand«, sagte er verschwörerisch, während er sich über den Tisch beugte.

»Was heißt das«, fragte ich, »intervenieren?«

»Der Rand steigt gegenüber dem Dollar viel zu stark. Er wird künstlich gepusht. Über den Terminmarkt.«

»Sicher?«, flüsterte ich, ohne das Problem genau zu umreißen.

»Beweisen kann man's nicht. Aber wenn man sich jahrelang mit dem Markt beschäftigt, könnte man zu dem Schluss kommen.«

»Was bedeutet das für uns?«

»Gold wird in Dollar bezahlt, die Lohnkosten in Rand … aber irgendwann wird sich der Markt wie immer durchsetzen und dann wird der Dollar wieder stärker und damit …«

»… steigen erst die Gewinne und dann die Kurse der Südafrikaner?«

»… steigen? Die Kurse werden ex-plo-die-ren!«

»Meinen Sie, es wird bald passieren?«

»Wenn's passiert, dann passiert's im Frühling.«

»Sicher?«

»Sicher ist man am Markt nie, Frau Faller!«

»Aber Sie sind doch Fondsmanager …«

»Es reicht, wenn ich mit 51 Prozent meiner Entscheidungen richtig liege.«

Wolf setzte seinen Vortrag über die Lage in Südafrika fort, und ich hörte ihm einfach zu, still hoffend, dass früher oder später ein Tipp für mich abfallen würde. Er sprach über die problematische Stromversorgung der Goldminen (die nur 90 Prozent ihrer benötigten Energiemenge bekämen!), über Grubenunglücke, über die Tatsache, dass mittlerweile nicht nur die Gewerkschaften, sondern auch die Direktoren die Parole ausgegeben hätten, Sicherheit gehe über Profit.

Das war bemerkenswert. Ich hatte die Ethikfrage ausgeblendet, seit ich in Gold investiert war. Damals, vor vielen Jahren, bei meinem allerersten Besuch in der Sparkasse, hatte ich sie danach gefragt, und sie hatten mir zu verstehen gegeben, dass sich auch hinter Anlagen, die viele für moralisch unbedenklich hielten, meist ein Problem verberge, wenn man nur tief genug in die Materie einsteige: Solarzellen produzierten Sondermüll, Saubere-Energie-Fonds förderten Wassermonopole und so weiter. Wenn man es ernst meinte, musste man im Grunde jeder einzelnen Firma hinterherrecherchieren, was mir angesichts der generellen Unübersichtlichkeit des Themas damals wirklich zu viel verlangt schien. Nun war eine gute Gelegenheit, es noch mal anzusprechen.

»Ist es überhaupt ethisch vertretbar, in südafrikanische Goldminen zu investieren?«, fragte ich.

»Ethisch?«, sagte Wolf und stieß sein bitterstes Lachen hervor. »Ist es überhaupt ethisch, in Rohstoffe zu investieren? Die meisten Produkte, die weltweit gefördert werden, werden unter den gleichen Bedingungen wie Gold gefördert. Ist es ethisch, Auto zu fahren, wenn das auch aus Stahl besteht, was wiederum aus Eisenerz besteht ... Ist die Bankbranche ethisch? Ist es ethisch, Kunden Anlagen zu verkaufen, die ich selbst nie kaufen würde?«

Ich ließ das Thema gleich wieder. Ich verstand zu wenig von diesen Dingen, um ihm etwas entgegnen zu können, und davon abgesehen wusste ich noch immer nicht, welche Mine ich nun kaufen sollte. Ich lenkte das Gespräch wieder auf Südafrika, und irgendwann fiel der Name eines Unternehmens, von dem er offenbar glaubte, dass es besonders stark von den bevorstehenden Ereignissen profitieren würde. Erst als ich später wieder im Zug saß, schrieb ich ihn in meinen Block: Der Konzern, auf dem meine Hoffnungen von nun an ruhen würden, hieß AngloGold Ashanti.

Am 25. April eröffnete ich schließlich die erste Position meines Spekulantenjahres. Für 2500 Euro kaufte ich Optionsscheine mit einem Hebel von zehn auf Anglo, den, wie ich mittlerweile wusste, drittgrößten Goldförderer der Welt. Das war ein Viertel des Kapitals, das ich in meinem Spekulantenjahr einsetzen wollte. Falls der Kurs der Mine um nur 20 Prozent stieg, würde sich der Wert meines Scheines verdreifachen, sodass aus den 2500 bis zum Sommer eventuell schon 7500 Euro geworden wären. Das größte Problem bei Optionsscheinen war offenbar, dass es, wenn sie sich gut entwickelten, schwierig war, rechtzeitig auszusteigen, bevor einen die Gier übermannte. Ich hatte gelesen, dass es deshalb wichtig sei, sich vorher (solange man bei klarem Kopf war), ein »Kursziel« zu setzen, eine Marke, bei der man den Spieltisch verlassen würde. Ich beschloss, dass ich mich zufriedengeben würde, wenn mein Optionsschein auf AngloGold Ashanti auf 10 000 Euro angewachsen wäre.

Wie ich mich verhalten würde, wenn der Kurs von Anglo sank, darüber machte ich mir keine Gedanken. Es wäre sowieso sinnlos gewesen: Wenn bei einem Optionsschein mit einem Zehner-Hebel die Aktie von Anglo nur um ein paar Prozentpunkte nach unten ging, war alles weg.

**Depot April**

| | |
|---|---|
| **Offene Positionen** | |
| Call AngloGold Ashanti | 2500 Euro |
| **Liquide Mittel** | |
| Cash | 7500 Euro |
| **Kontostand** | 10 000 Euro |

# 9 Die Börse von Bagdad

Sitzen vier Männer an der Bar eines irakischen Fünfsternehotels vor ihren Whiskys. Sie sprechen über den Krieg, die Frauen, die Grundstückspreise in Bagdad. Einer von ihnen bin ich.

Es hatte mich nach Erbil verschlagen, in die Hauptstadt des kurdischen Irak. Ich war auf der Suche nach einem »Emerging Market«, weil ich gehört hatte, dass sich in den neuen aufstrebenden Volkswirtschaften dieser Erde fantastische Gewinne erzielen ließen. Natürlich hatte ich dabei zuerst an China gedacht, denn mir war nicht entgangen, dass die Börsenkurse in Schanghai und Hongkong im letzten Jahr in die Höhe geschossen waren. Kleinanleger hören immer nur von den Preisexplosionen, egal ob es sich dabei um China, Brasilien, Windenergie oder Ölbilder der Leipziger Schule handelt. Aber ich wusste ja um diesen klassischen Anfängerfehler, der sich in

Semper Augustus, die damals am höchsten gehandelte Tulpenart

der Geschichte ständig zu wiederholen scheint und als dessen ältestes Beispiel die Amsterdamer Tulpenhysterie aus den Jahren nach 1630 gilt. Damals hatte eine Amour fou der Holländer zu der neu importierten Blüte aus dem Orient dazu geführt, dass sich ihr Preis innerhalb weniger Jahre verfünfzigfachte. In den späten Tagen des Wahnsinns wurden Tulpenzwiebeln mit Häusern bezahlt. Bis sich, im Winter 1637, zu den hohen Kursen keine Käufer mehr fanden, die Preise sanken, die Händler Panik bekamen und Tulpenzwiebeln schließlich an einem einzigen Tag 95 Prozent an Wert verloren. Heute wissen wir, dass es die klassische Verlaufskurve einer Marktpanik war, wie sie sich in der Geschichte oft wiederholt hat.

Warum aber kommen Menschen überhaupt auf die Idee, dass eine Tulpenzwiebel so wertvoll sein könnte wie ein Haus? Weil es in dem Moment, in dem ein Markt in seine spekulative Phase eingetreten ist, nicht mehr um den Wert der Dinge geht, sondern nur noch um ihren Preis, dessen jüngste Steigerungsraten in die Zukunft hochgerechnet werden. Meine bayerischen Berater nannten diesen sehr menschlichen Irrtum »Rrrrückspiegel-Mentalität«: »Weil's in der Vergongenheit glaffa is, glams, dos ah in Zukunft laffa werd.« Die Vergangenheit einer Anlage lässt keine Schlüsse auf ihre Zukunft zu, wollten sie damit sagen. Das ist leicht zu verstehen, aber schwer umzusetzen, denn es widerspricht allen Erfahrungen, die Menschen sonst in der Welt machen. Wenn es um die Wahl eines Lebensgefährten, Haustiers oder Fußballstürmers geht, schließen wir aus der Vergangenheit auf die Zukunft, häufig zu Recht. Wir erwarten nicht, dass jemand seinen Charakter grundlegend ändern kann, und deshalb widerstrebt es uns, in Märkte einzusteigen, die seit Jahren nur schlechte Nachrichten produzieren, oder uns von Anlagen zu trennen, mit denen es toll läuft. Weil ich vom unglaublichen Aufschwung chinesischer Aktien gelesen hatte, verlangte in diesem Frühling jede Faser meines Körpers nach chinesischen Aktien, und allein weil ich die Rückspiegel-Regel kannte, verbot ich mir ein China-Investment, zumal Experten dem Land für das nächste Jahr sowieso nichts Gutes verhießen: China habe Inflationsprobleme, es sei mittlerweile so eng mit dem Weltmarkt verknüpft, dass eine Finanzkrise im Westen auch eine Krise in Asien nach sich ziehen werde.

Also suchte ich nach dem nächsten China, nach einem Land, das ein riesiges Wachstumspotenzial hatte, aber von der Masse der Anleger noch nicht entdeckt worden war. Dessen Aktien also billig waren.

»Vietnam ist da, wo China vor fünf Jahren stand«, las ich irgendwo.

»China wird sich erholen. Olympia. Der Konfuzianismus. Die schiere Masse an Menschen«, erklärte ein Sinologe.

»Es gibt kein nächstes China. Oder fällt dir noch ein unterentwickeltes Land mit einer Milliarde Einwohnern ein, das gerade den Kapitalismus einführt?«, sagte Utta.

Irgendwer sagte: »Kasachstan!«

In der *Herald Tribune* las ich kurz darauf einen Artikel über Investmentchancen in sogenannten Frontier-Märkten, also in Ländern, die kurz davor stehen, Emerging Markets zu werden. Es ging um drei Fonds, die sich jeweils auf Aktien aus Nigeria, Kenia und dem Irak spezialisiert hatten. Ich war überrascht, dass es dort überhaupt Börsen gab. Speziell vom Irak erwartete ich zu dem Zeitpunkt nichts als Explosionen und Chaos. Ich hatte aufgehört, mich mit den Details des Krieges zu beschäftigen, seit Jahren schweifte meine Aufmerksamkeit sofort ab, wenn es in der *Tagesschau* um Sunniten oder Schiiten ging. In diesem März war der viertausendste amerikanische Soldat im Irak ums Leben gekommen, das »Nation Building« galt als gescheitert, die irakische Mittelschicht war geflohen, und ich konnte mir für das Land keine andere Zukunft vorstellen, als dass es in immer schnellerem Tempo seinem Verderben entgegenrasen würde. Ein Flecken Wüste, auf dem Männer in abgerissenen Militäruniformen sich gegenseitig so lange umbrachten, bis noch ein paar einsame Rauchfäden aus den Ruinen der alten Paläste stiegen. Vielleicht wäre dann endlich Frieden.

Hier investieren? Es kam mir vor, als würde man sein Geld den Flammen übergeben.

In dem Artikel über die Frontier-Fonds wurde die Lage aber viel differenzierter beschrieben: Zwar sei die Situation in all diesen Ländern instabil, die Börsenkurse stünden dementsprechend niedrig. Doch gebe es ökonomische Unterströmungen, die günstig seien. In Kenia sei eine Mittelklasse entstanden, für den Irak werde wegen des Ölreichtums selbst bei weiterhin schwieriger politischer Lage ein Wirtschaftswachstum von durchschnittlich zehn Prozent im Jahr erwartet. Außerdem biete, so erfuhr ich, gerade die Abgeschiedenheit dieser Märkte einen überraschenden Vorteil: Sie lägen jenseits der globalen Geldströme und damit auch jenseits der Finanzkrise, die sich im Westen gerade ausbreitete. Völlig unbeachtet vom großen Geld, wurstelten an entlegenen Orten der Welt offenbar autarke Börsen vor sich hin. Klar: Wer kam schon auf die Idee, dass sein Geld in Nairobi besser aufgehoben sein könnte als in Zürich oder New York? Neben dem Artikel war ein Foto zu sehen, auf dem ein Afrikaner im kurzärmeligen Hemd die Kurse auf einer Tafel notierte.

Ich entschied mich schließlich für den Irak, weil der Manager eines Fonds mit dem Namen »Babylon« der Einzige war, der zurückrief. Die Eckdaten klangen so zwielichtig wie faszinierend: ein unregulierter Hedgefonds, der auf den British Virgin Islands gemeldet war, aus Luxemburg gemanagt wurde und im Irak Profite machen wollte. Der Manager war ein Schwede namens Björn Englund. Ich stellte mich als Journalistin vor. »Wir haben absolut nichts zu verbergen«, sagte er ungefragt zu Beginn unseres Telefonats, »ich respektiere die Pressefreiheit.« Er erzählte, dass er internationale Ökonomie und Politik studiert und mit dreiundzwanzig sein Studium unterbrochen habe, um sich als UN-Soldat in Kuwait zu verdingen. In den postkommunistischen Ländern der alten Sowjetunion hatte er, bevor er dreißig war, ein Vermögen gemacht. »I'm a frontier man«, sagte er. Ob ich bei ihm investieren könne, fragte ich. Sein Fonds habe leider eine Mindestanlagesumme von 100 000 Euro, sagte er, aber er reise demnächst nach Erbil, in die sichere Hauptstadt der kurdischen Provinz, wohin ich ihn gerne begleiten könne. Dort würde er mich mit dem wichtigsten Börsenhändler Bagdads bekannt machen, einem gewissen Ahmed. »Ahmed ist Mr. Iraq«, sagte er. »Wenn jemand weiß, mit welchen Aktien du dein Geld verdoppeln kannst, dann er.«

Ansonsten wolle er auf der Reise einen finnischen Investor mit dem Land vertraut machen, einen Mann, den er als »ultra high net worth individual« bezeichnete und der nicht nur selbst sehr reich war, sondern auch andere sehr reiche Landsleute in Finanzdingen berate. Um ihn vom Irak zu überzeugen, müsse der Finne im Grunde nur ein Gefühl für den Irak jenseits der Katastrophenmeldungen bekommen, und dazu müsse er einfach »das Essen essen, die Luft atmen, die Menschen treffen«.

Ein paar Wochen später stand ich am Airport Kopenhagen am Check-in-Schalter eines Fluges über Beirut nach Erbil. Björn war ein blonder Typ Anfang vierzig, der als Bordlektüre eine Zeitschrift namens *Terrorism Monitor* dabei hatte. Der Finne hieß Juha, hatte eine blasse, etwas teigige Haut und hellblaue Augen und sah auf eine spezifisch finnische Weise fertig aus, wobei er die ganze Zeit hintersinnig lächelte. Für die Reise hatte er sich ein Buch über Poker mitgebracht. Im Schlepptau hatte er einen ältlichen Rollkoffer einer No-Name-Marke.

»Dieser Juha – was macht er noch mal genau?«, fragte ich Björn, als der Finne auf die Toilette gegangen war.

»Lass dich nicht von seinem Äußeren täuschen«, sagte Björn, der offenbar erraten hatte, weshalb ich fragte. »Je reicher die Leute, desto nachlässiger ihre Anzüge. Richtig makellos sehen in unserer Welt nur die Account Manager aus, das sind die Leute mit dem Kundenkontakt. Bereits ich erlaube mir kleine Unachtsamkeiten.«

Er hielt mir seine karierte Krawatte entgegen.

»Karo zu Nadelstreifen. Würde ein Account Manager sich nie erlauben.«

Dann hob er einen Fuß, der in einem polierten Budapester steckte. »Aber meine Schuhe sind okay.«

Juhas Schuhe hingegen waren abgewetzt und ein wenig abgetreten. Aber mehr noch als sein Äußeres überraschte mich seine totale Offenheit in Gelddingen. In den ersten Minuten unseres Kennenlernens hatte ich ihm von meinem Projekt erzählt, einen Geldbetrag innerhalb eines Jahres zu verdoppeln. Er hatte nur ernst genickt: »Verdoppeln. In einem Jahr. Okay. Lass mich nachdenken.« Dann hatte er die Augen geschlossen, ein paar Sekunden geschwiegen und schließlich gesagt: »Ich kenne eine Papiermühle in Nordfinnland. Sie ist extrem unterbewertet. Sie hat ernste Probleme. Der Kurs ist stark gesunken. Wenn sie überlebt, sind fünfzig Prozent Rendite möglich. Für hundert Prozent brauchst du Leverage. Kennst du Leverage?«

Ich nickte stolz.

Der Begriff war mir bereits begegnet, als ich mich mit der Immobilienkrise beschäftigt hatte. Leverage bedeutet, durch Aufnahme eines Kredits die Rendite seines Eigenkapitals zu erhöhen. Bis vor kurzem hatte ich geglaubt, dass Schulden ein großes Unglück sind, eine Notlösung, zu der man gezwungen ist, wenn einem das Geld ausgeht. Aber bei meinen ersten Schritten als Finanzinvestorin war mir aufgegangen, dass die größten Schuldner die Reichen waren, weil sie hofften, durch die Aufnahme von Fremdkapital noch mehr Geld zu verdienen, eine Technik, die man »Leveraging« nennt. Sie funktioniert etwa so: Angenommen, ein Fondsmanager investiert 100 Euro und macht einen Gewinn von 11 Euro. Dann hätte ihm sein Kapital eine Rendite von 11 Prozent beschert. Diese könnte er sogar noch erhöhen, wenn er zusätzlich zu den 100 Euro noch einen Kredit von, sagen wir, 200 Euro aufnehmen würde, zu 10 Prozent Zinsen. Das eingesetzte Geld, insgesamt 300 Euro, brächte ihm ebenfalls eine Rendite von 11 Prozent. Dann hätte er 33 Euro verdient, von denen er 20 Euro Kreditkosten abziehen müsste. Summa summarum hätte er also, dank Leverage, 13 Euro gemacht und auf sein eingesetztes Eigenkapital, 100 Euro, eine Rendite von 13 statt 11 Prozent erzielt.

Hedgefonds, Banken, aber auch Hauskäufer machen sich diese Hebelwirkung von Fremdkapital zunutze, eine Technik, die sich immer dann aufdrängt, wenn die Kreditzinsen besonders niedrig sind. Auch Juha erwähnte Alan Greenspans Politik des billigen Geldes, die dazu geführt habe, dass sämtliche Investoren in den letzten Jahren mit extrem viel Fremdkapital operiert hätten. Was natürlich nur dann funktioniere, wenn die Rendite tatsächlich höher ausfalle als die Kreditkosten. Im umgekehrten Fall, wenn sich die Kreditzinsen verteuerten oder der Gewinn nur ein klein wenig sinke, werde aus dem Wunderwerkzeug Leverage schnell ein Bankrott.

»Das klingt nicht so, als ob ich das nachahmen sollte«, sagte ich.

»Aber ohne Leverage wirst du 100 Prozent nicht schaffen.«

»Schulden sind mir unheimlich«, sagte ich. Außerdem vertraute ich nach den Erfolgen der letzten Jahren darauf, dass ich auch aus eigener Kraft eine Rendite von hundert Prozent erwirtschaften könnte.

»Ich hätte gerne bald eine halbe Million«, hörte ich mich sagen. »Ich will von den Zinsen leben. Ohne jetzt gierig klingen zu wollen, aber hältst du es für möglich, dass ich aus 80 000 in ein paar Jahren 500 000 machen kann?«

Ich weiß nicht mehr, was genau er darauf geantwortet hat. Aber ich erinnere mich, dass seine hellen Augen abenteuerlustig funkelten. Fast so, als betrachte er mich bereits als eine von ihnen: eine Macherin, ein Gewinnertyp, ein Frau mit Unternehmergeist.

Und so fühlte ich mich auch an diesem Abend. Die Frage war nur, warum ich diese Ader in mir so spät entdeckt hatte.

Von Beirut nach Erbil hatte uns Viking Air in die älteste Maschine verfrachtet, die ich jemals betreten hatte. Die Trennwände der ersten Klasse waren eine Orgie aus braunem und orangefarbenem Plastik, und aus den Lautsprechern sickerte Abba. Das Flugzeug sah aus wie eine angesagte Berliner Retro-Bar, nur dass das Servicepersonal aus einer Truppe schnauzbärtiger Kurden bestand. Der Finne ruckelte nervös an der Verschalung der Innenwand, die sich prompt lockerte. Er blickte vorwurfsvoll in Björns Richtung.

Ich nutzte den Nachtflug, um mich einzulesen. Ich erfuhr, dass es im Irak die drittgrößten, möglicherweise sogar die zweitgrößten Erdölvorkommen der Welt gab und dass mindestens ein Viertel davon in Kurdistan lagerte. Zwar konnten sich ausländische Firmen nicht in die staatlichen Ölfelder einkaufen, aber sie profitierten indirekt, über Förderverträge und Reserven, die sie sich in die Bilanzen schreiben konnten. Ich verstand, dass die Iraker westliches Geld und westliche Technik brauchten, um den Schatz zu heben, und dass die Ölfirmen wiederum ein gewisses Maß an Stabilität benötigten, das ihre Mitarbeiter, Pipelines und Verträge schützt. Wären diese Bedingungen erfüllt, könnte der Irak eines Tages ein mehr oder weniger stabiler, mehr oder weniger demokratischer, auf jeden Fall aber sehr reicher Ölstaat sein. Das war die Hoffnung, und nirgendwo im Land schien dieser Traum so kurz davor, sich zu erfüllen, wie in Kurdistan, wo die Politiker bereits von einem neuen Dubai sprachen. Es gab eine funktionierende Provinzregierung, deren Soldaten zuverlässig Anschläge verhinderten, und in den Bergen hinter Erbil sickerte das Öl aus der Erde. In den Zeitungen erzählten Bauern von überirdischen Ölseen, und Schafhirten klagten darüber, dass sie die Hufe ihrer Tiere von klebrigem Schwarz reinigen mussten. Die Botschaft war klar: Dieses Land fließt über vor Reichtum. Und die Welt war begierig, ihn endlich abzuschöpfen.

Wir waren nicht die Einzigen, die auf die Idee gekommen waren. Als wir am Morgen übernächtigt in die Lobby des Hotels Erbil International wankten, saßen bereits überall Geschäftsleute. Männer in Anzügen, Westler, Kurden, Araber, die sich gemeinsam über Papiere beugten oder mit gesenktem Kopf kleine Kreise zogen, das Handy am Ohr. Dazwischen lungerten bärtige Typen in Cargopants. Manchmal traten sie in kleinen Gruppen aus dem Hotel in die bleiche kurdische Frühlingssonne und verschwanden in einem der weißen SUVs, die akkurat auf dem Hotelparkplatz aufgereiht waren. Türen schlugen. Staub wirbelte. Dann waren sie verschwunden. Wohin? Gen Norden, vermutete ich, in die Berge, dorthin, wo das Öl war, die Quelle des künftigen Reichtums.

Nach einer Ruhepause hatte uns Björn in die Lobby bestellt. Juha machte Fotos von den Bombendetektoren am Eingang. »Für meine Investoren«, sagte er. Ich nutzte die Gelegenheit, mein neu erworbenes Wissen an Björn zu testen. Ich hatte in der *New York Times* einen Kommentar gelesen, in dem vermutet wurde, dass die Amerikaner gar keinen befriedeten Irak wollten, weil sie bessere Vertragsbedingungen aushandeln könnten, wenn ihre Verhandlungspartner zerstritten wären und die Regierung schwach sei.

»Unsinn«, sagte Björn. »Die Amerikaner wollen vor allem, dass das Öl zuverlässig fließt, und es ist auch so sehr billig hier.«

»Sie bekommen es im Irak billiger? Ich dachte, der Ölpreis ist überall auf der Welt …«

Er lächelte nachsichtig. »Für die Förderfirmen ist der Anteil an den Profiten im Irak deutlich höher als anderswo auf der Welt. In Südamerika bekommst du heute vielleicht noch acht Prozent an den Ölverkäufen. Im Irak um die sechzehn.«

»Weil die Iraker in einer schwachen Verhandlungsposition sind?«

»Nein. Einfach: hohes Risiko – hohe Gewinnchance. Das ist das Gesetz des Kapitalismus.«

In anderen Situationen wären mir solche Sätze unsympathisch gewesen, aber hier draußen, in der unübersichtlichen Welt eines Frontier-Marktes, hörte ich sie gerne. Es war beruhigend, mit einem Alphamann unterwegs zu sein, der die Gesetze des Dschungels kannte und wusste, was er tat. Björn hatte noch immer den trainierten Körper eines ehemaligen Soldaten, seine Bewegungen waren fließend und präzise. Obwohl wir die Nacht eingezwängt in einem voll besetzten Flugzeug verbracht hatten, war er gut gelaunt und konzentriert. Hotelangestellten schenkte er genau dieselbe Aufmerksamkeit wie seinem finnischen Großinvestor. Er strahlte eine freundliche Männlichkeit aus, die mich an Feuerwehrleute oder Industriekletterer erinnerte, an Männer, die ungehindert von weiblicher Konkurrenz oder widersprüchlichen Rollenerwartungen tun können, was Männer offenbar glücklich macht: in den Dschungel gehen und nach bestandenen Abenteuern zurück in die Höhle kommen.

Irgendwann klappte er seinen Geldbeutel auf und zeigte Juha und mir Fotos seiner Kinder: Sein vierzehnjähriger Sohn trug eine Brille und sah aus wie ein schüchterner Zauberlehrling. Seine Tochter glich einer kleinen blonden Schönheitskönigin, nur ohne Lippenstift. Man ahnte, dass die Mutter sehr schön aussah.

»Mein Frau sagt, ich bin viel zu selten zu Hause«, sagte Björn.

Juha nickte nur ernst. Im Flugzeug hatte er eine Exfrau erwähnt.

Ich sagte gar nichts. Ich vermutete, dass Björns Sohn aus einer früheren Beziehung stammte, die in die Brüche gegangen war, weil Björn jung war und ein Frontier-Man sein wollte. Dann hat er Geld verdient, dachte ich, und eine Schönheitskönigin geheiratet, die jetzt gut versorgt, aber genervt mit der Familie in Schweden sitzt. Ich kannte die humorlose Variante dieses Themas aus Frauensicht. Trotzdem war mir Björn sympathisch. Alphamänner sind toll, dachte ich, solange man nicht die Frau ist, die verlangt, dass sie zum Abendessen pünktlich nach Hause kommen. Weil ich übermütig war und weil ich ihn beeindrucken wollte, sagte ich: »Das nächste Mal fahren wir dann nach Bagdad!«

»Ich musste meiner Frau versprechen, Bagdad nie zu betreten«, sagte er.

»Dann halt in einen Vorort von Bagdad.«

»Ein Versprechen ist ein Versprechen«, sagte Björn ernst.

Jetzt willst du aber mich beeindrucken, dachte ich.

Am nächsten Abend stiegen wir zusammen in einen der weißen SUVs, um in die Berge hinter Erbil zu fahren, zu einem Restaurant, das ein Freund von Björn dort eröffnet hatte. Zu Saddams Zeiten war die zerklüftete Landschaft das Erholungsgebiet reicher Iraker gewesen, hatte ich gelesen. Vor den Wüstensommern Bagdads seien sie in den kühlen Norden geflohen, wo schattige Wälder und tiefe Bergseen Erholung spendeten. Doch die Landschaft, durch die wir fuhren, war karstig und gelb. Abgeholzt von den Kurden, erklärte Björn, die Anfang der neunziger Jahre unter einem doppelten Embargo (der UN gegen den Irak und Saddams gegen die Kurden) gelitten hatten und die Bäume mit den Wurzeln ausgraben mussten, um genügend Brennholz zu haben. Zurückgeblieben war eine Mondlandschaft, durch die wir nun auf einer nagelneuen Autobahn rasten. Alle zwanzig Kilometer ein Schlagbaum, krumme Gestalten lehnten daran, Zigarettenpunkte glommen auf, irgendwer hob die Hand, verlangte Papiere. Auf halber Strecke hielt einer meinen Pass unter eine Taschenlampe und bedeutete mir auszusteigen. Er trug eine wattierte Tarnjacke und Plastiksandalen und führte mich ein paar Meter ins Dunkel. Schweigend blätterte er in meinem Pass.

»Hannover«, sagte er schließlich.

»Hannover?«, sagte ich.

»Ich Arbeit. Expo. Kennen Expo?«

»Leider verpasst«, sagte ich.

»Nicht gut«, sagte er. »Hannover?«

»Nur den Bahnhof«, sagte ich, »leider.«

»Gute Stadt. Gutes Land, Deutschland«, sagte er und schrieb mir seine Telefonnummer auf. »Wenn Problem, anrufe.«

»Danke«, sagte ich und schämte mich. Er hatte meinem Land seine Arbeitskraft gegeben, ich wollte nur Rendite von seinem. Ob er wusste, warum ich hier war?

Dann wurden wir durchgewinkt, im Rückfenster zahnlos lachende Männer, alte Soldaten, die übermütig winkten wie kleine Kinder. Nach Jahrzehnten des Guerillakriegs, gegen Saddam, gegen die Iraner, gegen die Türken, gegen sich selbst, bewachten die Peschmerga nun endlich das Land, für das die meisten von ihnen ihr Leben lang gekämpft hatten. Was sie wohl über uns dachten, wenn sie ihre gegerbten Gesichter in unser Autofenster steckten. Ob sie uns für Kriegsgewinnler hielten, für Profiteure ihrer Armut?

»Gibt es irgendetwas, was du nicht tun würdest?«, fragte ich Björn, als ich wieder im Warmen saß.

»Letzte Woche hat mich ein Deutscher gefragt, ob ich in eine irakische Zigarettenfirma einsteigen will. Solche Geschäfte mögen wir nicht.«

»Wobei Lungenkrebs wahrscheinlich für die meisten Iraker nicht das größte Risiko ist.«

»Okay, anderes Beispiel: Wir kaufen im Irak keine privaten Immobilien, weil so viele Leute auf der Flucht sind, die ihre Grundstücke loswerden müssen. Wenn du heute ein Kurde in Bagdad bist, der im falschen Viertel lebt, oder ein Christ in Mosul …« Er überlegte. »Das wäre etwa so, als hätte man zu einer gewissen Zeit einem Juden in Deutschland seine Wohnung in München für ein paar Reichsmark abgekauft.«

»Andererseits – wenn wir schon bei den Gesetzen des Kapitalismus sind: Nachfrage erhöht den Preis …«

»Du hast recht«, sagte er. »Es ist ein Dilemma. Aber wir wollen nicht in einem Markt agieren, in dem die Teilnehmer unter

Druck handeln. Es gibt so viele Möglichkeiten in anderen Bereichen, die eine Win-Win-Win-Situation sind.«

»Win-Win-Win?«, fragte ich. (Ich kannte bisher nur das Win-Win-Geschäft zum beiderseitigen Vorteil.)

»Für den Investor, für den Fondsmanager, für die irakische Gesellschaft.«

»Ist es nicht trotzdem ein merkwürdiges Gefühl«, fragte ich, »in so einem armen Land zu investieren? Nur weil die Rendite hier höher ist?«

»Ach, weißt du«, sagte er. »Es geht bei solchen Investments nicht nur um die Rendite. Wer im Irak investiert, tut dem Land etwas Gutes. Meine Investoren besitzen zehn, 15 Millionen Euro. Wenn du so viel Geld hast, dann musst du es nicht um jeden Preis vermehren. Du willst kein Geld verlieren, das natürlich nicht. Aber du willst auch etwas Besonderes damit anfangen.«

»Du willst sagen, deine Investoren stecken ihr Geld in den Irak, weil sie es origineller finden?«

»Zunächst mal suchen sie natürlich einen Markt, der möglichst wenig mit der Weltwirtschaft korreliert. Aber ja, der Partyfaktor dürfte für manche unserer Investoren durchaus eine Rolle spielen.«

Zum Beispiel sei einer seiner Kunden ein Weinsammler. Einmal habe Björn ihm aus Kurdistan eine Flasche mitgebracht, die eine Familie dort heimlich zu Hause gekeltert habe. »Der Wein war vermutlich längst Essig«, sagte Björn, »und er war ganz sicher der billigste im Keller meines Investors. Aber der Mann war glücklich. Es war die beste Geschichte in seiner ganzen Sammlung, und darauf kommt es an, wenn du alles hast: Du willst etwas Einzigartiges, etwas, das man nicht kaufen kann.«

Ich war schon fast überzeugt. Ich hielt eine Weile mein Gesicht in den Fahrtwind, versöhnt mit dem Kapitalismus, begeistert von den Abenteuern, die er mir bescherte.

»Aber Björn«, sagte ich irgendwann.

»Ja.«

»Was meinst du mit ›Gutes tun‹? Ist das nicht ein bisschen übertrieben?«

»Sagen wir so: Wenn Leute sagen, ich hätte diesen Fonds, um reich zu werden oder um den Irak auszubeuten, dann sage ich: Ich verdiene damit vielleicht 20 Prozent meines Einkommens, aber er nimmt 80 Prozent meiner Zeit in Anspruch und 100 Prozent meiner Sorgen. Es muss also einen anderen Grund geben, warum ich das tue. Dieser Fonds ist mein Baby. Wir hissen die irakische Flagge an der Wallstreet. Und der Irak schreit nach westlichem Geld.«

Ich hatte kein Argument mehr. Wenn man glaubt, dass der globalisierte Kapitalismus die beste aller Wirtschaftsordnungen ist, dann war der Aufbau des Babylon-Fonds wahrscheinlich wirklich eine gute Tat, die dabei half, dass der Irak an dieses System angeschlossen wurde.

»Die Frage ist vermutlich überflüssig«, sagte ich, »aber warst du eigentlich für den Krieg?«

»Ich war für die Invasion. Wenn es keine Invasion gegeben hätte, wäre die kurdische Bevölkerung in ein paar Jahren tot gewesen. Wir reden hier über drei bis fünf Millionen Menschen. Die Leute stürzen sich immer nur auf die einfachen Argumente, und das eingängigste ist nun mal die Öl-Geschichte. Aber man sollte nicht vergessen, dass die westliche Welt zuvor ein langes Sündenregister angehäuft hatte. Es war ein Fehler, in Somalia nicht einzugreifen oder in Ruanda. Und als sie es schließlich getan haben, in Jugoslawien, war das Ergebnis gar nicht schlecht.«

»Und wann kam dir zum ersten Mal der Gedanke, dass du im Irak investieren könntest?«

»Ich habe vor dem Krieg gedacht, dass ich es gerne versuchen würde, sobald der Irak befreit wäre. Ich hatte schon Erfahrung damit, weil ich als Soldat in Kuwait ein paar Iraker kennengelernt hatte, mit denen ich gemeinsam eine Wohnung in Bagdad gekauft habe.«

»Und?«

»Ich habe ihnen meinen Anteil ein paar Jahre später überlassen.«

»Mit Gewinn?«

»Mit einem kleinen Gewinn.«

Juha beugte sich vom Rücksitz nach vorne.

»Er ist ein Abenteurer«, sagte er. »Du solltest ihm auf keinen Fall dein Geld geben, Heike.«

Ich verstand in diesem Moment, dass Kapitalismus für Björn vielleicht einfach die interessanteste Art war herumzukommen. Bei seinem ersten Trip als Babylon-Manager hatte er in einem kurdischen Bergdorf bei einer Familie auf dem Fußboden übernachtet. Aus früheren Zeiten hielt er Anteile an einem Trockendock in Sewastopol, einer Ölpipeline in Sibirien, lettischen Fischerbooten, einer Internetfirma in Estland, und er besaß »Bohrrechte in Aserbaidschan«, was immer man sich darunter vorzustellen hatte.

»Alle Menschen sind nett, wenn du ihnen als Tourist begegnest«, war sein Motto. »Aber wirklich kennen lernst du sie erst, wenn du Geschäfte mit ihnen machst. Du fängst klein an, schaust wie es läuft, ob du ihnen vertrauen kannst. Und dann machst du vielleicht ein größeres Geschäft.«

Der Mann, der am dritten Abend die Lobby des Hotels Erbil International betrat, schien mir alles andere als vertrauenswürdig. Ahmed W. Ahmed trug einen dunkelgrauen Anzug, eine silberne, diamantenbesetzte Uhr und ein kleines Schnauzbärtchen, das nicht darüber hinwegtäuschen konnte, dass er ein verwöhnter Millionärssohn war. Björn hatte mir erzählt, dass bereits sein Vater Händler an der Bagdader Börse gewesen war, woraus ich schloss, dass die Familie unter Saddam zu den Privilegierten gehört hatte, was mich nicht gerade für ihn einnahm. Den Krieg hatten sie in einer in Villa in Dubai überlebt. Der Mann, den Björn als den wichtigsten Börsenhändler

Bagdads angekündigt hatte, war ein pausbäckiges Kind von Anfang dreißig.

Ahmed hatte eine Präsentation auf seinem Laptop vorbereitet. Seine Argumente für den Kauf irakischer Aktien waren leicht zu verstehen: Der Irak sei groß und reich, aber seine Börse sei klein und illiquide, kleiner sogar als die palästinensische Börse (deren Existenz mich abermals überraschte). In den nächsten Jahren werde die Iraqi Stock Exchange, an der derzeit dreiundneunzig Unternehmen notiert seien, deshalb dramatisch wachsen.

»Vor ein paar Jahren lag der Preis einer Aktie bei 250 Dinar«, sagte Ahmed, »direkt nach dem Einmarsch waren es 300, jetzt sind es 20.«

Björn und Juha nickten andächtig.

Im Geiste erhöhte ich die geplante Anlagesumme von 1000 auf 2000, auf 5000 Euro.

»Zum Beispiel das Babylon-Hotel«, sagte er. »Es wurde in den Achtzigern gebaut, aus italienischem Granit. Vom Boden bis zur Decke. Es hat vierhundert Zimmer, liegt direkt gegenüber der Green Zone, in einem der besten Viertel von Bagdad ...«

»Aber was, wenn Aufständische das Babylon-Hotel in einen Granitberg verwandeln?«, fragte Juha.

»Kein Problem«, sagte Ahmed. »Der Börsenwert des Hotels liegt im Moment bei nur 16,4 Millionen Dollar. Bereits das Viertausend-Quadratmeter-Grundstück des Hotels sollte bald so viel wert sein.«

»In Nizza bekommt man dafür gerade mal ein Apartment«, sagte Björn in meine Richtung.

»Unsere Villa in Dubai«, sagte Ahmed, »kostet schon zehn Millionen.«

Zwar sei Bagdad im Moment ein weitaus unangenehmerer Ort. Deshalb sei es ja dort so billig. Aber selbst wenn das Land so instabil bliebe wie im Moment, selbst wenn im Irak keine Demokratie entstünde: Solange die Lage nicht völlig außer Kontrolle gerate, weil etwa eine Mullah-Regierung alles verstaatliche, sei ein Grundstück im Herzen der Hauptstadt des zweit- oder drittgrößten Öllandes der Welt schon bald ein Vielfaches wert, erklärte er. Außerdem solle die irakische Börse demnächst auf Online-Handel umgestellt werden, was bedeute, dass man dann ohne bürokratische Hindernisse Aktien übers Internet ordern könne. Allein dadurch werde sich das Handelsvolumen vervielfachen, und die Kurse würden sich über Nacht sofort verdoppeln.

»Verdoppeln?«, rutschte es mir heraus.

Ahmed schien mich das erste Mal überhaupt wahrzunehmen. Er sah mich mitleidig an.

»Wir können natürlich nicht garantieren, dass sich etwas verdoppelt«, sagte er. »Wir können allenfalls sagen, dass wir damit rechnen.«

Abends saß ich mit Ahmed, Björn und Juha an der Hotelbar. Wir tranken Whisky und führten Männergespräche.

Ahmed hatte sein Outfit jetzt gegen einen silbermetallic schimmernden Anzug eingetauscht, dazu trug er eine aufgeblähte goldene Uhr. Unverändert blieben nur seine Augen. Sie hingen, wann immer er mich sah, auf einem gelangweilten Halbmast. Ich war mir nicht sicher, was genau ihn an mir am meisten abturnte: die Mikrobeträge, mit denen ich in der Welt der Börsenspekulanten mitspielen wollte, oder meine ganze Person. Ich war eine Kleinanlegerin aus einem zerfallenden Industriestaat namens Deutschland, die 2000, vielleicht 3000 Euro an der irakischen Börse anlegen wollte, einen Betrag, der in den Augen eines Multimillionärs, der in einer Villa in Dubai lebte und von dort aus angeblich den größten Teil des irakischen Börsenhandels abwickelte, lächerlich wirken musste.

Ich hatte mehrmals versucht, einen Termin bei ihm zu bekommen, und er hatte mich drei Mal in die Lobby bestellt, war aber nie erschienen. Der Mann hatte Wichtigeres zu tun, das war offensichtlich. Oder lag es an meinen Trekkingklamotten, meinem Fleecepulli, meinen Wanderschuhen, meiner Gore-Tex-Jacke, dass er mir überhaupt keine Beachtung schenkte? Ich war einen halben Kopf größer und fünf Jahre älter als Ahmed und fühlte mich von Tag zu Tag klobiger. Es war ein Fehler, den ich immer wieder beging, wenn ich als Journalistin in ein Kriegs- oder Krisengebiet fuhr: Weil ich mir darunter zu Hause nichts anderes vorstellen konnte als Staub und Gefahr, packte ich je nach Klimazone Wandersachen oder beigefarbenes Kolonialzeug ein, um dann vor Ort festzustellen, dass ich so viele Treffen mit lokalen Berühmtheiten hatte, wie zu Hause in hundert Jahren nicht. Am Ende fühlte ich mich dann jedes Mal underdressed und snobistisch gleichzeitig.

Nach jeder Reise nahm ich mir vor, den Fehler nicht wieder zu begehen. Aber auch beim Packen für den Irak war ich außerstande gewesen, mich mir dort in Bluse und Ballerinas vorzustellen. Zur Strafe war ich nun für Ahmed unsichtbar.

»Ich sollte heiraten«, seufzte Ahmed jetzt. »Bald. In einem Jahr.«

»Wieso warten …«, sagte Juha lahm.

»Ich bin noch nicht reif. Ich muss mich noch austoben.«

Ich versuchte, mir unter dem Begriff »Austoben« etwas anderes vorzustellen als Nachtclubs. Aber welches Vergnügen sollte sich ein reicher Araber in Dubai nach der Eheschließung sonst versagen? Pferdewetten? Alkohol?

»Dann warte doch, bis du so weit bist«, sagte ich.

»Meine Freundin. Ich kann sie nicht ewig warten lassen. Versteh mich nicht falsch. Sie ist ein attraktives Mädchen, aus einer guten Familie …«

»Warte, bis du so weit bist«, wiederholte Björn. »Keine falsche Eile.«

Ahmed starrte verzweifelt zur Decke. »Ich muss zur Ruhe kommen«, seufzte er. Dann drehte er langsam seinen Kopf und richtete seine müden, müden Augen auf mich.

»And you? Are you mahrrrried?«

»I hope«, sagte ich unbestimmt.

»Can you find German girl for me?«, sagte Ahmed plötzlich.

»Ahmed weiß nicht, was er will«, seufzte Björn und stand auf, um seine Frau anzurufen.

»Und deine Freundin?«, fragte ich.

»Meine Familie verbringt die Sommer immer an der Côte d'Azur«, sagte Ahmed. »Mit einem irakischen Pass dauert der Visumsantrag jedes Mal Monate. Außerdem mag ich Europäerinnen.«

»Verstehe«, sagte ich. Ich ließ sämtliche Studentinnen Revue passieren, die aus welchen Gründen auch immer einen Millionär aus Dubai heiraten würden. Mich selbst zog ich nicht in Erwägung. Zum einen wollte ich mir die Peinlichkeit eines Korbs ersparen. Zum anderen hätte ich es sowieso nicht gemacht.

Ich glaube, wir taten uns beide nicht gut, Ahmed und ich. Ich hielt ihn für einen Macho, er mich für einen Wanderschuh. Hätten sich unsere Lebenswege auf diesem Planeten unter anderen Umständen gekreuzt, was unwahrscheinlich war, hätten wir uns ignoriert und nie wieder miteinander zu tun gehabt. Aber wir wollten Geschäfte miteinander machen, und deshalb versuchte ich, mir vorzustellen, mit welcher Art von Deutschen man ihn glaubwürdig verkuppeln könnte. Ich dachte an junge Frauen mit Migrationshintergrund, weil eine solche Verbindung sowohl im Leben als auch vor der Ausländerbehörde vielleicht eher Bestand haben würde, als wenn Ahmed den Bund fürs Leben mit einer Attac-Studentin schlösse.

»Ich kenne eine Türkin, die Schwester eines guten Freundes«, sagte ich vorsichtig.

»Türkinnen mag ich nicht.«

»Oh. Sorry. Araberinnen kenne ich in Berlin leider nicht, aber da lässt sich bestimmt was ...«

»Arabischen Frauen traue ich nicht. Kennst du keine deutschen Mädchen?« Er trommelte ungeduldig mit den Fingern auf die Tischplatte, und für einen Moment befürchtete ich, er könnte glauben, dass ich ihn nicht für gut genug hielt für ein deutsches Mädchen.

»Ich könnte eine Weile nach Deutschland ziehen«, sagte er.

Ich wusste nicht, wie ich ihm klarmachen könnte, dass deutsche Studentinnen, die knapp bei Kasse sind, in halb renovierten Altbauwohnungen mit Ofenheizung wohnten und in Clubs gingen, die eingerichtet waren wie alte Flugzeuge, in die er aber trotzdem nicht mitgenommen würde.

»Berlin ist eine ganz andere Stadt als Dubai«, sagte ich. »Es gibt keine Luxusapartments mit Türstehern und Klimaanlagen.«

»Es gibt keine Luxusapartments in der Hauptstadt von Deutschland?«, sagte er überrascht und schaute mich zum zweiten Mal, seit wir uns kannten, an.

»Doch, doch. Ein oder zwei. Im Zentrum.«

»Ich kaufe dort eine Wohnung, und das deutsche Mädchen muss nicht mehr im alten Gebäude leben.«

Ich fragte mich, wie ich ihm begreiflich machen könnte, dass das nicht der Lebensstil war, den junge Berlinerinnen für erstrebenswert hielten.

»Viele deutsche Studentinnen sind eher links eingestellt«, sagte ich.

»Links?«, fragte er verblüfft.

»Kommunisten«, sagte ich.

Er schnalzte anerkennend mit der Zunge, als würde es sich um Anhänger einer besonders exotischen sexuellen Spielart handeln, die in den Nachtclubs des Persischen Golfs unbekannt war und die auszuprobieren ihm ein ganz besonderes Vergnügen wäre.

Dann sah er auf seine Uhr. Bevor er aufstehen konnte, sagte ich schnell: »Bestimmt lässt sich ein deutsches Mädchen finden, Ahmed. Ich kümmere mich darum, sobald ich zurück in Berlin bin.«

Zum ersten Mal, seit wir uns kannten, lächelte Ahmed. »Ist gut. Und wenn sie süß ist«, sagte er, »wer weiß …«

Am nächsten Tag nahm er sich den halben Vormittag für mich Zeit. Wir saßen im Konferenzraum des Hotels, und er empfahl mir Aktien des Babylon-Hotels und einer Bank, die Ahmed aus irgendwelchen Gründen für besonders zukunftsfähig hielt.

Eine Hand wäscht die andere. Wie sagte Björn immer? Du fängst klein an, schaust, wie es läuft, lernst dich ein bisschen kennen, machst noch einen Deal, und dann machst du ein ganz großes Geschäft.

## 10 Im Casino

Nicht, dass ich Roulette für eine besonders intelligente Form der Geldanlage gehalten hätte. Aber an den echten Märkten war in diesen Tagen nicht viel zu holen, die Lage auf dem Goldmarkt war weiterhin zu unübersichtlich, um eine Position zu eröffnen, und im Irak konnte ich nicht aktiv werden, weil Ahmed nichts von sich hören ließ. Und auch AngloGold Ashanti ließ sich mit dem Höhenflug Zeit. Aber mein Geld sollte sich endlich vermehren und dazu schien mir das Casino durchaus geeignet. Es wäre auch eine Gelegenheit, sich mit dem Verhältnis von Risiko und Chance vertraut zu machen, mit der Mathematik, die am Werk ist, wenn aus Geld mehr Geld wird. Beim Roulette liegt sie so nackt vor einem wie ein Getriebe.

Es heißt außerdem, dass man beim Glücksspiel sich selbst kennenlerne, erfahre, wie man angesichts märchenhafter Gewinne oder Furcht einflößender Verluste reagiert, ob man seine Strategie gegen alle Widrigkeiten durchhalten und wieder aufhören kann, wenn man im Plus ist. Roulette war für mich also auch ein Charaktertest, der mir beweisen sollte, dass ich die Eigenschaften besaß, die es braucht, um an den Finanzmärkten erfolgreich zu sein. Es war einer der ersten heißen Tage des Jahres, als ich schließlich in Baden-Baden ankam.

In meinem Rucksack trug ich 7500 Euro, gestückelt in fünfzehn violette 500-Euro-Scheine. Auf der Zugfahrt von Berlin nach Baden-Baden hatte ich das Bündel ab und zu über meinen Daumen laufen lassen, hatte verstohlen daran geschnuppert. Frische Banknoten verströmen einen ganz eigenen Geruch, nasser Karton mit einem Hauch Trüffel, der mich wach und glücklich machte. Ich war aufgeräumt, optimistisch, vielleicht ein klitzekleines bisschen nervös, weil mir im (unwahrscheinlichen) Fall eines Totalverlusts das Kapital für alle weiteren Spekulationen fehlen würde. Aber im Grunde vertraute ich meinem System.

Ich habe es oft um kleine Summen gespielt, in Las Vegas und in Monaco, auf der Reeperbahn in Hamburg und im siebenunddreißigsten Stock des Hotels am Alexanderplatz in Berlin. Ich habe Freunde davon überzeugt, die damit ebenfalls nur gewannen, ich habe mir vom Barkeeper eines Casinos bestätigen lassen, dass es die einzig sinnvolle Art ist zu spielen. Ich habe es an Spielzeugroulettes an Wohnzimmertischen vorgeführt, und es hat mich nie im Stich gelassen, aber ich wusste auch, dass es nicht ewig gut gehen würde.

Die Sonne stand hoch, als ich aus dem Zug stieg. Ich trug Rock und Sandalen, einen leichten Sommerblazer. Ich betrat das kleine Bahnhofsgebäude, das um diese Tageszeit so lichtdurchflutet und heiß war, dass ich mich in die hohen, kühlen Räume des Cafés flüchtete. Dort wollte ich mich fürs Casino zurechtmachen und auf die Ankunft meines Sekundanten warten. Ich hatte in einem Anfall von Größenwahn den Träger der Fields-Medaille angeschrieben und ihn gebeten, mir am Spieltisch beizustehen. Das war hoch gegriffen, weil es sich bei der Fields-Medaille um die größte Ehrung handelt, die einem in der Mathematik, einem Fach ohne eigenen Nobelpreis, zuteilwerden kann. Und der Zufall wollte es, dass einer der aktuellen Preisträger, ein neununddreißigjähriger Franzose namens Wendelin Werner, die Medaille mit Berechnungen von Wahrscheinlichkeiten errungen hatte. Zu meiner Überraschung hatte er wohlwollend auf meine E-Mail reagiert. Er habe, schrieb er, um diese Zeit sowieso die Teilnahme an einer Konferenz im Schwarzwald geplant und nichts dagegen, das berühmte Casino von Baden-Baden einmal von innen zu sehen und dabei ein wenig mit mir zu plaudern.

Nun braucht man, um beim Roulette Erfolg zu haben, keine höhere Mathematik. Denn es verhält sich einfach so, dass man entweder auf eine Zahl zwischen Null und 36 setzt und mit einer Wahrscheinlichkeit von 1:37 den 36-fachen Einsatz zurückbekommt. Oder aber man entscheidet sich für Rot oder

Schwarz (Gerade oder Ungerade) und bekommt bei 18 roten und 18 schwarzen Zahlen sowie einer grünen Null mit einer Wahrscheinlichkeit von beinahe 50 Prozent das Doppelte zurück. (Ich sage beinahe, denn wenn die Kugel sich auf der grünen Zero niederlässt, erhält man in europäischen Casinos die Hälfte des Einsatzes wieder ausbezahlt.) Niedrige Chance – hoher Gewinn; hohe Chance – niedriger Gewinn, voilà le secret, c'est simple, non? Es ist das Grundgesetz, das allen Investitionen zugrunde liegt, die Urformel des Kapitalismus, und der mathematische Wendelin sollte mir helfen, meine Chancen in Bezug auf meinen Einsatz zu errechnen. Es war natürlich eine grobe Unterforderung, eine Kapazität wie ihn vor derartige Anfängeraufgaben zu stellen. Andererseits hat die Beschäftigung großer Mathematiker mit dem Glücksspiel eine lange Tradition. Ich hoffte, dass Wendelin Werner ein wenig mit der Banalität der vor ihm liegenden Aufgabe versöhnt würde, wenn er sich an die beeindruckende Ahnenreihe großer Mathematiker erinnerte, die vor ihm an Spieltischen gestanden hatten, um der Natur des Schicksals auf die Spur zu kommen.

Gewürfelt wurde seit Menschengedenken, jedoch ohne dass es einem der alten Ägypter, Griechen oder Römer eingefallen wäre, hinter dem Fall der Würfel eine Regelhaftigkeit zu vermuten. Die Wissenschaft kam erst mit der Renaissance ins Spiel, und zwar im Jahr 1494, als der italienische Mönch und Mathematiker Luca Pacioli ein Rätsel formulierte: Zwei Männer spielen ein Glücksspiel, bei dem beide die gleichen Chancen haben. Sieger soll sein, wer als Erster sechs Runden gewonnen hat. Das Spiel wird abgebrochen, als der eine fünf und der andere drei Runden gewonnen hat. Wie, so lautete nun die Frage, die Pacioli in seinem Meisterwerk *Summa de arithmetica, geometria, proportioni et proportionalità* formulierte, sollen die Einsätze zwischen beiden verteilt werden?

Die Lösung sollte für die nächsten einhundertfünfzig Jahre im Dunkeln bleiben. Dennoch ging der Mönch in die Mathematikgeschichte ein, weil bereits seine Frage eine neue Idee der Zukunft entwarf, nach der nicht Zufall oder höherer Wille die Ereignisse bestimmte, sondern Naturgesetze. Regeln, die zwar nicht mit Sicherheit auf jeden einzelnen Wurf wirkten, aber mit einer bestimmten Wahrscheinlichkeit auf eine große Zahl von Versuchen. Und obwohl Paciolis Rätsel erst 1654 gelöst werden sollte (in einer Korrespondenz zwischen dem Mathematiker Blaise Pascal und dem Universalgelehrten Pierre de Fermat), so hatte er die Zukunft damit doch zu einer berechenbaren Größe gemacht, darstellbar in einem Bruch, der die Anzahl der günstigen Ereignisse durch die Anzahl der möglichen Ereignisse teilte.

Ich bestellte einen Cappuccino ohne Koffein. Wendelin Werners Zug sollte eine halbe Stunde nach meinem eintreffen. Mein Puls war leicht erhöht, mir war heiß. Um mich der Gültigkeit meines Systems zu vergewissern, spielte ich es abermals mit einer Münze durch. Vor den hohen Fenstern des Bahnhofscafés bogen sich sanft die Bäume im Wind. Ich konnte nicht erkennen, ob es eher ein sorgenvolles Wiegen war (»Mädchen, Mädchen, was ist nur aus dir geworden«) oder ein gleichgültiges Wogen, quasi das ewige Hin und Her der Natur, der es egal war, ob ich diese kleine Stadt ein wenig reicher oder mit nichts in der Tasche verlassen würde. Denn einer dieser beiden Fälle würde eingetreten sein, so viel stand fest, wenn dieser heiße Nachmittag irgendwann zu Ende war, wenn ich Baden-Baden um 18.37 Uhr wieder mit dem Zug Richtung Berlin verließ.

Ich hätte ihn natürlich auch in Paris treffen können. Für Baden-Baden hatte ich mich entschieden, weil einiges dafür spricht, dass es das Vorbild abgegeben hat für das fiktive Städtchen »Roulettenburg« in Dostojewskis Roman *Der Spieler*. Ich hatte das Buch zur Vorbereitung gelesen, hatte in immer schnellerem Tempo die Seiten umgeblättert und verfolgt, wie ein Grüppchen haltloser russischer Adliger fantastische Reichtümer erspielt hatte, um kurz darauf alles wieder zu verlieren. Beim

Lesen hatte ich etwas von dem Wahn gespürt, der einen Menschen erfasst, der einen hohen Betrag gesetzt hat und dessen Zukunft für ein paar Umdrehungen des Rouletterades zwischen allem und nichts hängt. Nicht, dass ich vorgehabt hätte, mich so davontragen zu lassen. Im Gegenteil. Mein »System« basiert vor allem auf Selbstbeherrschung: bescheiden zu bleiben, wenn man gewinnt, und stoisch weiterzumachen, wenn das Schicksal (zunächst) gegen einen ist.

Ich hatte es vor über zehn Jahren in Las Vegas entdeckt, wo ich ein paar Tage im Cesars Palace eingebucht war, um eine Reportage über einen sonderbaren Immobilienboom zu schreiben, der sich damals in der Wüste von Nevada ausbreitete. Glücksspiel lag mir zu der Zeit fern. Brav hatte ich tagelang einen Bogen um die grünen Tische und die lärmenden Münzmaschinen gemacht und mich allein für die architektonischen und soziologischen Aspekte dieses Unortes interessiert, für die bedauernswerten Rentnerinnen in Jogginganzügen, die mit den Slotmachines wie verwachsen waren. Offenbar wollten sie nicht wissen, was ich wusste: dass am Ende immer das Casino gewinnt.

Irgendwann am Fünf-Dollar-Frühstücksbüfett dann ein überraschender Gedanke: Könnte ich mir die Ausgaben für mein Frühstück nicht relativ risikolos beim Roulette erspielen, wenn ich fünf Dollar auf Rot oder Schwarz setzte und – falls die richtige Farbe käme – ohne Umwege zum Büfett marschierte? Falls ich danebenläge, müsste ich einfach den doppelten Betrag riskieren, um im Falle eines Gewinns (zehn Dollar) abzüglich des bereits Verlorenen (fünf Dollar) wieder auf einen Reingewinn von fünf Dollar zu kommen. Falls ich erneut falsch läge, würde ich 20 setzen, dann 40, dann 80 und im allergrößten Notfall eben 320 oder – in Runde acht – 640 Dollar. Spätestens dann sollte ich mir mein Frühstück erspielt haben, denn dass man sieben Mal hintereinander falsch liegen könnte, war wohl äußerst unwahrscheinlich.

Im Gegensatz zum Casino konnte ich aufhören, wenn ich im Plus war, und weiterspielen, solange ich im Minus war. Der Trick bestand also allein darin, im festen Glauben an den Endsieg so lange zu verdoppeln, bis ich gewonnen hatte, und den Gewinn, der mich nach den Gesetzen der Wahrscheinlichkeit früher oder später ereilen würde, auch mitzunehmen.

Ich habe in Las Vegas nie wieder für mein Frühstück bezahlt. Es fiel mir nicht schwer aufzuhören, wenn ich meine fünf Dollar in der Tasche hatte, und es fiel mir nicht schwer weiterzuspielen, wenn ich im Minus war. Ich besaß offenbar die richtige Mischung aus Mut und Bescheidenheit, die mich beim Glücksspiel zu einer sicheren Siegerin über das Casino machte, denn alleine darum ging es beim Roulette: um Charakterstärke.

Bei meinen Vorbereitungen auf Baden-Baden fand ich genau diesen Gedanken in einem Brief von Dostojewski, den er 1863 an seine Schwägerin geschrieben hatte. Er beauftragte sie darin, einen Teil seiner Gewinne an seine Frau weiterzuleiten. »Bitte glauben Sie nicht, ich sei, da ich nicht verloren habe, nun so zufrieden mit mir selbst, dass ich prahlerisch behaupten wolle, das Geheimnis des Verlierens und Gewinnens zu kennen. Doch dieses Geheimnis ist mir tatsächlich bekannt, es ist schrecklich kindisch und einfach und besteht daraus, einen kühlen Kopf zu bewahren, ganz gleich wie das Spiel steht, und niemals nervös zu werden. Das ist das ganze Geheimnis, und es macht Verlieren schlichtweg unmöglich und Gewinnen zur Gewissheit.«

Man muss dazu sagen, dass Dostojewski in dem Jahr, in dem er diesen Brief schrieb, das Glücksspiel gerade entdeckt hatte. Ein Jahr später starben seine Frau, sein Bruder und sein bester Freund, und bereits im nächsten Sommer verspielte er in Wiesbaden seine Reisekasse, um für das nächste Jahrzehnt einer fürchterlichen Spielsucht anheimzufallen.

Ich selbst neigte nicht zu derartigen Exzessen. Seit meiner Entdeckung in Las Vegas ging ich mit der Regelmäßigkeit einer Heizungsableserin einmal im Jahr irgendwo auf der Welt in ein

Casino und spielte um 20 oder 50 Euro. Wenn ich sie gewonnen hatte, ging ich. Aber ich wusste natürlich in einem Winkel meines Gehirns, dass irgendwann der Tag kommen würde, an dem das Unwahrscheinliche einträte.

In einer E-Mail hatte ich Wendelin Werner von meinem System berichtet.

»Ich weiß, dass mein ›System‹ nicht hundertprozentig sicher ist«, hatte ich ihm geschrieben, »aber so oft ich es mit einer Münze oder am Spielzeugroulette oder um kleine Beträge gespielt habe, habe ich am Ende gewonnen.«

»Weil Sie es nicht oft genug gespielt haben«, hatte er geantwortet.

Er hatte schwarze Locken und einen arglosen und zugleich hellwachen Blick, wie ich ihn öfter an Extrembegabten bemerkt habe: als seien sie so beschäftigt damit, ein Übermaß an Informationen aufzunehmen und zu verarbeiten, dass sie keine Kapazität mehr für eitle oder bösartige Gedanken haben. Er sei noch nie im Casino gewesen, sagte er, als wir uns zur Begrüßung die Hand schüttelten, gut, dass ich ihn erinnert habe, ein Sakko mitzunehmen, es entspreche nicht seiner normalen Arbeitskleidung. Er sprach Deutsch mit einem ganz leichten Akzent, als Kind war er mit seinen deutschen Eltern nach Frankreich gezogen.

»Wollen wir zunächst noch ein wenig über Mathe reden?«, sagte er.

Wir nahmen den Bus in die Stadt und ließen uns in einer kleinen badischen Wirtsstube nieder. Eine Kellnerin mit Heidizöpfen brachte uns Maultaschen und Kartoffelküchle und sprach dabei in einem so gemütlichen badischen Singsang mit uns, dass man sich kaum vorstellen konnte, dass die Bewohner dieses Kleinstädtchens am Rande des Schwarzwaldes es wirklich zulassen würden, dass in ihrer Mitte ein Mensch sein gesamtes Vermögen loswurde.

»Ich habe 7500 Euro hier in diesem Rucksack, mein ganzes restliches Budget für mein Spekulantenjahr«, sagte ich zu Wendelin, der seinen Blick senkte. »Und ich möchte heute mit einem Gewinn von 500 Euro nach Hause gehen.«

Er schwieg.

»Ich setze also 500, und wenn ich verliere, setze ich 1000, wenn ich noch mal verliere, setzte ich 2000, beim dritten Mal 4000. Sie verstehen das Prinzip natürlich.«

Er nickte, noch immer schweigend.

»Damit ich alles verliere, müsste also viermal hintereinander die falsche Farbe kommen«, sagte ich. »Und das passiert so gut wie nie.«

Kein Widerspruch.

»Gestern Abend war ich bei meiner Schwester«, fuhr ich fort. »Wir haben es wieder und wieder am Spielzeugroulette durchgespielt, und jeder von uns ist immer noch rechtzeitig ins Plus gekommen. Meine Schwester, die gerade ein Haus gebaut hat und jeden Euro gebrauchen kann, war begeistert. Ihr Mann hat die ganze Zeit besorgt vom Sofa herübergeschaut, und ich hatte am Ende richtig Mühe, sie zu überzeugen, dass es nicht ewig gut gehen wird«, erzählte ich.

Wendelin hörte weiterhin nur zu, vielleicht mit einer Spur Besorgnis im Blick. Als kenne er den Zufall, dieses unberechenbare Monster, als habe er schon erlebt, was es bedeutete, wenn es zuschnappte und seine Beute riss.

»Ihr System sagt: Man kann oft ein bisschen gewinnen«, sagte er schließlich. »Aber manchmal verliert man alles.«

»Ich weiß«, beeilte ich mich zu sagen. »Das einzige Mittel, das ich bisher gegen den Totalverlust gefunden habe, ist, dass ich das Schicksal selten herausfordere. Ich würde nur gerne wissen: Wie hoch ist die Wahrscheinlichkeit, dass die Katastrophe eintritt?«

»Am Anfang haben Sie 7500 Euro. Sie hören entweder auf, sobald sie 7500 plus 500 Euro haben oder sobald sie null

Euro haben, wenn Sie die Reserve verspielt haben, ist das korrekt?«

Ich nickte.

»Wenn ich Sie richtig verstanden habe, interessiert Sie die Wahrscheinlichkeit für Ihren Ruin.«

Er holte einen Kugelschreiber aus seiner Anzugtasche.

»Gehen wir also von einem fairen Spiel aus, ohne die grüne Null. Das heißt, im Durchschnitt haben Sie 7500 Euro, wenn sie heute Nachmittag aus dem Casino gehen.«

»Wie meinen Sie – im Durchschnitt?«

»Bei einem fairen Spiel machen Sie auf lange Sicht wie beim Münzwurf weder Gewinn noch Verlust. Im Durchschnitt liegen Sie genauso oft richtig wie falsch und gehen mit demselben Betrag nach Hause, mit dem Sie gekommen sind: 7500 Euro.«

»Alles klar.«

»Das heißt in der Mathematik eine Martingale. Die Sache ist einfach: Am Schluss hat man entweder null Euro, wenn man alles verloren hat, oder 8000 Euro, wenn man gewonnen hat. Aber im Durchschnitt haben Sie 7500 Euro. Wonach Sie fragen, ist, wie hoch die Wahrscheinlichkeit ist, dass Sie mit 8000 Euro nach Hause gehen, richtig?«

»Genau.«

»Nennen wir die Wahrscheinlichkeit zu gewinnen $p$. Mit der Wahrscheinlichkeit $p$ hat man 8000 Euro. Im Durchschnitt macht das also $p$ mal 8000 Euro, und wir haben ja gerade gesagt, dass man zum Schluss im Durchschnitt 7500 Euro hat. Also ist $p$ mal 8000 gleich 7500, sodass $p$ gleich 7500 durch 8000 ist, also« – er kritzelte ein paar Zahlen auf die Serviette – »das sind 93,75 Prozent. Das sieht nicht so schlecht aus. Sie verlieren heute mit 6,25 Prozent Chancen 7500 Euro.«

Ich kniff die Augen zusammen.

»Können Sie das auch anders herleiten«, fragte ich ihn, »etwas langsamer, zu Fuß sozusagen?«

»Die Wahrscheinlichkeit eines Verlustes beträgt in jeder Runde 18/36, also 1:2«, sagte er. »Die Wahrscheinlichkeit, dass einmal die falsche Farbe kommt, beträgt 50 Prozent. Die Wahrscheinlichkeit, dass zweimal hintereinander die falsche Farbe kommt, beträgt 50 Prozent mal 50 Prozent, also 25 Prozent. Die Wahrscheinlichkeit, dass viermal hintereinander die falsche Farbe kommt, beträgt 0,5 mal 0,5 mal 0,5 mal 0,5. Das sind 6,25 Prozent.«

(Wann immer ich Freunde mit meinem System vertraut gemacht habe, kam an dieser Stelle der Einwand, den man ihnen im Mathematikunterricht eingebläut hatte: dass der Würfel keine Erinnerung habe, die Chance bei jedem Spiel aufs Neue, also immer fifty-fifty sei. Was richtig ist – bezogen auf einen Wurf. Doch die Wahrscheinlichkeit, dass viermal hintereinander die falsche Farbe kommt, ist deutlich geringer, sie beträgt besagte 6,25 Prozent.)

»Wenn ich an hundert Tagen ins Casino ginge, würde ich also mit meinem System theoretisch an 6,25 Tagen meinen gesamten Einsatz verlieren?«, sagte ich.

»So ist es. Jeder sechzehnte Tag ist Ihr Ruin – im Durchschnitt. Aber jeder Tag kann so ein Tag sein. Alles ist möglich, aber nur eines wird wahr«, sagte er geheimnisvoll. »Überlegen Sie es sich noch einmal. Sie müssen nicht spielen.«

Wir aßen weiter.

»Wenn ich also doppelt so viel Geld einsetzen würde, könnte ich eine fünfte Runde spielen?«, sagte ich.

»Genau.«

»Mit jeder neuen Runde halbiere ich die Wahrscheinlichkeit zu verlieren?«

Er nickte. »Je höher die Reserven, desto geringer die Wahrscheinlichkeit, alles zu verlieren, desto höher aber der Verlust, wenn der immer unwahrscheinlicher werdende Fall eintritt«, sagte er.

»Ich erkaufe also ein geringeres Risiko mit einem potenziell höheren Verlust«, sagte ich.

»So ist es.«

»Und wenn ich eine Million hätte, würde ich mein ganzes Leben lang nie verlieren?«

»Besser, Sie hätten eine Milliarde«, sagte er. »Mit einer Million verlieren Sie wahrscheinlich irgendwann. Aber das stimmt nur für ein faires Spiel.«

Wir begannen nun über jenes kleine Hindernis zu sprechen, das wir bislang vernachlässigt hatten: die grüne Null. Sie ist der Grund dafür, warum Roulette kein Nullsummenspiel ist, warum es heißt, dass das Casino auf Dauer gewinnt.

»Wenn die grüne Null herauskommt, dann erhält man nur die Hälfte seines Einsatzes zurück«, sagte Wendelin. »Die Wahrscheinlichkeit zu verlieren ist also nicht 18:36, sondern ungefähr 18,5:36,5. Teilt man 18,5 durch 36,5 wird aus einer fairen Fifty-fifty-Chance eine etwa 50,7-prozentige Verlustwahrscheinlichkeit.«

Wendelin kritzelte wieder ein paar Zahlen aufs Papier.

»Bei vier Spielrunden bedeutet das, dass Sie heute mit einer Wahrscheinlichkeit von 6,6 Prozent alles verspielen«, sagte er, fast triumphierend.

»Und mit einer Wahrscheinlichkeit von 93,4 Prozent gewinne ich heute 500 Euro. Das ist doch eine gute Chance«, sagte ich, um mich zu beruhigen. »Reizt es Sie nicht?«

»Ich persönlich würde es nicht tun«, sagte er. »Außerdem werden viele Leute süchtig ...«

»Machen Sie sich keinen Sorgen«, sagte ich. »Ich bin eine erfahrene Spielerin. Ich bin nicht gierig, und wenn ich gewonnen habe, dann gehe ich.«

»Bei 50 Euro ist es egal«, sagte er, »es ist wie beim Bergklettern. Die Gefahr muss groß genug sein. Süchtig wird man nach der Aufregung, nicht nach Geld.«

Womit er recht hatte. Die fünf oder 50 Euro, um die ich bislang gespielt hatte, verursachten bei mir keine so große Euphorie, dass ich sie immer wieder spüren wollte; umgekehrt regte es mich kaum auf, wenn ich einmal mit ein paar hundert

Euro in Vorlage gehen musste, um zu gewinnen. Ich war in meinem Leben vielleicht zehnmal im Casino gewesen, aber ich war niemals auch nur in die Nähe jenes Gefühls gekommen, das Dostojewski Jahre seines Lebens zu einem spielsüchtigen Wrack gemacht hatte. Das einzige, milde Glück, das ich aus meinen Casinobesuchen gezogen hatte, war das Unverdiente an meinen kleinen Gewinnen. Aber was ich für Charakterstärke gehalten hatte, hing, das wurde mir jetzt bewusst, mit der Höhe des Einsatzes zusammen. Ich hatte, gefühlsmäßig betrachtet, um nichts gespielt. Ich war emotional nicht investiert gewesen.

An diesem Tag war es anders. Wenn ich viermal hintereinander falsch läge, hätte ich 7500 Euro verloren. Bei meinem Steuersatz wäre das ein Bruttoverdienst von 15 000 Euro, die Arbeit mehrerer Monate, nicht zu vergessen drei Viertel des Kapitals meines Spekulantenjahres. Der Gedanke, dass ich mich in einer 6,6-prozentigen Gefahr befand, es zu verspielen, schien mir plötzlich irre, und ich bekam zum ersten Mal eine Ahnung davon, wie es sein würde, wenn ich am Roulettetisch stünde und nach drei Fehlversuchen 4000 Euro setzen müsste: Ich würde es nicht schaffen.

»Kann sein, dass mir jetzt doch etwas mulmig wird«, sagte ich.

»Sie müssen so viel riskieren, wie Sie verlieren können, und bei dem Gewinnbetrag aufhören, der Ihnen etwas bedeutet. Das ist Ihre emotionale Grenze«, sagte er.

»Wissen Sie was«, sagte ich, »ich merke gerade, dass ich nicht die Nerven habe, in der vierten Runde 4000 Euro hinzulegen. Was halten Sie davon, wenn ich einfach zwei Spiele um jeweils 250 Euro mache? Dann müsste ich nach dem dritten Fehlversuch nur 2000 Euro setzen, und ich hätte sogar noch einen fünften Versuch gut, notfalls. Ich glaube, das ist meine emotionale Grenze.«

Wendelin sah jetzt unglücklich drein. »Sie müssen versuchen, Ihren Gewinn mit so wenigen Zügen wie möglich zu erreichen, weil Sie bei jedem Spiel im Durchschnitt etwas an die Bank abgeben. Je länger sie spielen, desto mehr wirkt sich diese Ungerechtigkeit zu Ihren Ungunsten aus.«

»Die grüne Null, schon klar«, sagte ich. »Aber wird diese kleine Steuer, die das Casino sich jedes Mal abknappst, nicht aufgewogen durch die Tatsache, dass ich, wenn ich mit einem kleineren Betrag anfange, länger im Spiel bleiben kann, weil ich erst im fünften Versuch meine Reserven aufbrauche?«

Er rutschte nervös auf seinem Stuhl hin und her.

»Nein. Die Tatsache, dass Sie länger im Spiel bleiben können, wird zunichtegemacht durch die Tatsache, dass Sie zweimal Ihr Geld riskieren müssen, um Ihre 500 Euro zu bekommen.«

Ich schwieg.

»Wenn Sie nicht so viel setzen wollen, dann spielen Sie nur ein Spiel und gehen mit 250 Euro Gewinn«, bot er an.

»Darüber freue ich mich nicht genug«, sagte ich. »Ich fange erst ab 500 Euro an, mich zu freuen.«

Er wirkte langsam ein wenig ungeduldig. Bestimmt waren seine Studenten rationaler. Ich wollte den Fields-Preisträger nicht verärgern oder ihm das Gefühl geben, dass seine Erklärungen bei mir auf taube Ohren stießen.

»Mein Kopf sagt mir, dass Sie recht haben«, sagte ich, »mathematisch betrachtet. Aber Sie dürfen die Psychologie nicht vergessen: Mir ist gerade klar geworden, dass ich einen Nervenzusammenbruch haben werde, wenn ich 4000 Euro auf eine Farbe setzen soll, und dass ich mich über 250 Euro Gewinn nicht genug freue. Man sollte hier ja nicht nur die Mathematik berücksichtigen, sondern auch die eigene psychologische Verfassung. Was hilft uns die Theorie, wenn ich in der vierten Runde einfach aussteige?«

Er sah mich jetzt sehr, sehr unglücklich an, der Quasinobelpreisträger der Mathematik.

»Wenn man gewinnt, dann geht man sehr schnell«, sagte er eindringlich.

»Ich habe Sie verstanden«, sagte ich. »Aber ich muss auch mich selbst respektieren, meine Gefühle, und ich spüre gerade sehr deutlich, dass ich nicht in der Lage wäre, 4000 Euro hinzulegen.«

»Roulette ist ein einfaches Spiel«, sagte er. »Sie brauchen dazu keinen Mathematiker. Das Einzige, was ich zu Ihrer Strategie beitragen kann, ist, Ihnen zu sagen, dass Sie Ihr Spiel so schnell wie möglich machen müssen. Wenn Sie anders spielen, war es sinnlos, dass ich gekommen bin.«

»Aber Spielen ist mehr als Mathematik«, beharrte ich. »Stellen Sie sich vor, Sie müssten um etwas sehr, sehr Wertvolles spielen. Sagen wir, Ihren Arm. Sie würden Ihren Arm verlieren, wenn Ihre Reserven, in diesem Fall 7500 Euro, aufgebraucht wären. Und Sie dürften ihn behalten, sobald Sie 500 Euro gewonnen hätten, auf welchem Weg auch immer. Würden Sie nicht lieber viele kleine Spiele machen, statt zu riskieren, dass Sie bereits bei vier Fehlversuchen hintereinander Ihren Arm verloren hätten? Würden Sie – bei aller Wahrscheinlichkeit, die ich ja verstehe – tatsächlich in der Lage sein, Ihren ARM dem Risiko auszusetzen, ihn bei VIER Fehlversuchen zu verlieren?« Ich war ein wenig laut geworden.

»Ich würde sogar so spielen, wenn es um mein Leben ginge«, sagte er nur ruhig. »Der einzige Nachteil meiner Methode ist, dass ich schneller erfahre, dass ich mein Leben verloren habe, und bei Ihrer Methode wissen Sie es eben später.«

Dann lieber später, dachte ich trotzig, sagte aber nichts.

Es war vier Uhr nachmittags, als wir schließlich das Casino betraten. Ein Herr im Rentenalter begutachtete unsere Pässe, auch er sprach Badisch, was mich beruhigte. Die Gäste waren ebenfalls alle Rentner, wobei um diese Tageszeit offenbar vor allem Menschen spielten, die den festen Boden der Mathematik bereits verlassen hatten. Ältere Ehepaare liefen mit dicht beschriebenen Blöcken zwischen den Tischen hin und her, auf der Jagd nach sogenannten »Permanenzen«, Spieltischen, an denen sich über Stunden oder Tage ein vermeintlicher »Überschuss« an bestimmten Zahlen oder Farben gebildet hatte, der nach ihrer Logik wieder »abgebaut« werden musste. Es ist eine Form des magischen Denkens, dem die meisten Spieler ihrem Mathematikunterricht zum Trotz irgendwann verfallen. Das Casino fütterte den Wahn auch noch, indem es am Eingang gegen eine kleine Gebühr Handbücher mit »Permanenzen« anbot.

»Glauben Sie, solche Permanenzen bringen etwas?«, fragte ich scherzhaft einen gütig aussehenden, graumelierten Angestellten.

Wendelin blickte peinlich berührt zur Seite.

Der Mann sah von mir zu ihm und wieder zurück zu mir, als versuche er festzustellen, ob wir bereits dem Wahnsinn anheimgefallen waren.

»Na ja«, sagt er. »Manche Leute glauben das.«

Wendelin war bereits ein paar Schritte vorgegangen.

»War nur ein Test«, sagte ich schnell, damit er sich nicht vorzeitig verabschiedete.

Wir tauschten fürs Erste nur 2000 Euro in Hunderter-Jetons um, die mir fast aus der Hand glitten, weshalb Wendelin sie mir abnahm. Auch er hatte feuchte Hände. Wir sahen dem Spiel ein paar Minuten zu, aber weil ich es hinter mich bringen wollte und weil ich bei Wendelin nicht den Verdacht erwecken wollte, dass ich heimlich selbst auf Permanenzen schielte, nahm ich ihm schon nach wenigen Runden zwei Hunderter-Jetons aus der Hand und setzte sie auf Schwarz. Ich hatte beschlossen, meine Gefühle mehr zu respektieren als die Gesetze der Wahrscheinlichkeit und zweimal um 200 Euro zu spielen und dann, je nachdem, wie ich mich fühlte, noch einmal um 50.

Die Kugel drehte sich schon, aber mein Herz war ganz ruhig. Ich spürte nur, dass irgendwo eine unterdrückte Nervosität in mir lauerte, die ich mir erst in dem Moment gestatten würde, in dem die Kugel liegengeblieben war. Da griff Wendelin an mir vorbei und erhöhte das Häufchen auf 500 Euro. Es war mir zu peinlich, die Jetons wieder wegzunehmen, und ich wusste auch nicht, ob die Regeln das erlaubt hätten, und so sah ich ihn nur entsetzt an, und dann starrten wir beide auf die rasende Roulettescheibe, und ich weiß noch, dass ich dachte, dass es, wenn ich gleich 500 Euro verspielt hätte, zumindest eine spannendere Geschichte wäre. Dann blieb die Kugel liegen. Es dauerte einen Moment, bis sich das Rad so sehr verlangsamt hatte, dass wir erkennen konnten, wo.

»Gehen wir«, sagte Wendelin und zog mich am Arm.

Es war die schwarze Achtzehn gewesen. Ich hatte keinerlei Bedürfnis weiterzuspielen.

Wir gingen zur Bar, von der aus man auf einen wunderschönen Wintergarten blickte, und tranken Cappuccino und Mineralwasser und sprachen, als ob nichts gewesen sei, über andere Themen. Ab und zu tastete ich nach meinem Geldbündel, das jetzt aus sechzehn violetten 500-Euro-Scheinen bestand. Moder und Trüffel, noch immer. Ja, ich mochte diesen Geruch, er erfüllte mich mit leiser Zufriedenheit, aber nicht mit dem unwiderstehlichen Verlangen weiterzuspielen. Solange ich den Gewinn nicht gegen etwas anderes eintauschte, einen neuen Wintermantel zum Beispiel oder einen Küchentisch oder unverschämt teure Schuhe, blieb er abstrakt, machte keinen Unterschied in meinem Leben.

Auf der Rückfahrt nach Berlin las ich ein Buch, das der britische Journalist Edward Chancellor über die Geschichte der Finanzspekulation geschrieben hat. So erfuhr ich, wie es mit der Wahrscheinlichkeitsrechnung nach Pacioli, Fermat und Pascal weitergegangen war: Als irgendwann die Statistik hinzukam, konnte man die neu entdeckten Gesetze nicht nur auf Zufallsspiele anwenden, sondern auch auf den Ausgang komplexerer Unternehmungen. Wer sich im 17. Jahrhundert an einer Schiffsexpedition in die Kolonien beteiligte, konnte nun seine potenziell märchenhafte Rendite mit dem Risiko eines Untergangs vergleichen und sich in einem Londoner Kaffeehaus namens Lloyd's dagegen versichern. Und als im Jahr 1687 das Expeditionsschiff eines Captain William Phipps mit 32 Tonnen Silber an Bord – das mithilfe einer Taucherglocke aus einem in der Karibik gesunkenen Schiff geborgen worden war – nach England zurückkehrte, wurden alle Anteilseigner mit einer Rendite von 10 000 Prozent überschüttet. Dass nüchterne Zeitgenossen warnten, der Silberfund sei »gegen alle Wahrscheinlichkeit« gewesen, verhinderte nicht, dass in der City of London der erste massenhafte Handel mit Aktien ausbrach, dass die Beteiligung an Schatzexpeditionen und Taucherglockenherstellern zu einem Volksvergnügen wurde. Von einer revolutionären Technologie war die Rede, einem neuen Zeitalter. Waisen und Witwen lösten ihre Ersparnisse auf, um Aktien zu kaufen, Kredite wurde vergeben, die Kurse vervielfachten sich, und so nahm der erste Aktienhype der Geschichte die Dramaturgie aller künftigen Booms vorweg. Als die Preise implodierten und mit ihnen über die Hälfte der neuen Unternehmen, regulierte das englische Parlament die Geschäftspraktiken der Spekulanten. »Der Erfolg von Aktienmärkten und der Aktiengesellschaften über andere Formen der Kapitalsammlung«, schreibt Edward Chancellor, »liegt in der Tatsache begründet, dass sie Elemente des Glücksspiels enthalten. Schon in den Anfängen des Finanzkapitalismus spielte die Vernunft eine untergeordnete Rolle, trugen Gier und Spieltrieb zum Erfolg seiner Institutionen bei.«

Im Zug überfiel mich ein Hunger, den ich sonst nur von Bergwanderungen kenne. Ich aß eine Roulade, gefolgt von einem Bienenstich, und während ich wie erschlagen im ICE-Restaurant saß, begriff ich, warum der Ausdruck »sein Geld für sich arbeiten lassen« falsch ist. Es ist ein irreführendes Bild, denn es impliziert, dass ein Mensch, der investiert, nichts für seinen Gewinn tut. Aber das stimmt nicht. Wer sein Geld für sich arbeiten lässt, stellt es einer Bank, einem Unternehmen, einem

Land zu Verfügung in der Erwartung, dass andere einen Gewinn damit erwirtschaften, mit dem Risiko, dass er es nicht zurückbekommt. Am Roulettetisch kann man diesen Vorgang sehen: Wer investiert, gibt sein Geld aus der Hand. Er legt es auf einen Tisch und setzt es dem Lauf des Schicksals aus.

**Depot Juni**

| | |
|---|---|
| **Offene Positionen** | |
| Call AngloGold Ashanti | 1900 Euro |
| **Liquide Mittel** | |
| Cash | 7500 Euro |
| Gewinn Baden-Baden | 500 Euro |
| **Kontostand** | 9900 Euro |

# 11 Bliss

Kurz nach unserem Zusammentreffen in Erbil hatte ich Ahmed eine Mail geschrieben. Es ging darin erst mal nicht um mein Anliegen, sondern um seine Suche nach einem deutschen Mädchen. Er sollte wissen, dass ich eine Geschäftspartnerin war, die ihre Versprechen ernst nahm. Ich hatte im Internet zur rechtlichen Situation von Ehen zwischen Deutschen und Ausländern recherchiert, allerdings nichts Ermutigendes gefunden: Die meisten Einträge handelten von Verbindungen mit Asylsuchenden, die bereits in Deutschland lebten. Von Leuten, die das Land noch nie betreten hatten, war nirgendwo die Rede. Trotzdem ließ ich meine E-Mail optimistisch klingen: Ja, es sei möglich, ein deutsches Mädchen zu finden, allerdings hätten meine Nachforschungen ergeben, dass man bereits zwei Jahre zusammengelebt haben müsse, bevor man heiraten könne. Falls er weiterhin Interesse habe, würde ich gerne nähere Informationen einholen.

Wochen später dann die Antwort:

*Hi Heike, How are you I hope u fine it is bliss that I heard this news from you I wish for you all the best. My best regards, Ahmed W. Ahmed, Dubai.*

Ich rief Björn an. Er lachte laut. »Nimm's nicht persönlich«, sagte er.

»Er verwechselt mich mit einer dieser Europäerinnen, die in Dubai am Strand herumhängen auf der Suche nach einem reichen Araber«, sagte ich.

»Er ist ein viel beschäftigter Mann. Ruf ihn einfach an, du wirst sehen, er freut sich!«

»Und das E-Trading?«

»Im Moment heißt es, noch zwei Monate.«

Damit brachte er wiederum mich zum Lachen.

# 12 Im Superzyklus

Wenn meine Freundin Utta und ich uns trafen, klang es mittlerweile, als seien wir die Hauptfiguren in einer TV-Börsenshow, in der eine starrsinnige Aktienanlegerin auf eine starrsinnige Edelmetallanhängerin losgelassen wird. Sie führte unablässig ihre »Langfristcharts« ins Feld, »historisch einmalige Kurs-Gewinn-Verhältnisse«, ich hielt den »Rohstoffsuperzyklus« dagegen, bis Passanten sich umdrehten oder Tischnachbarn ihre Köpfe wandten und wir unsere Stimmen wieder senkten. Einig waren wir uns im Allgemeinen nur darin, dass die Niedrigzinspolitik des amerikanischen Zentralbankchefs Alan Greenspan die Ursache von so ziemlich allem war, mit dem wir (sie mehr als ich) heute zu kämpfen hatten.

Aber an diesem Abend auf ihrem Balkon in Schwabing war es anders. Meine alte Freundin war stiller als sonst, nicht so widerborstig, wie ich sie kannte. Es war ein heißer Sommertag gewesen. Wir tranken Wein und zogen an unseren Zigaretten, sie nervös, ich entspannt.

Um ihre Aktien stand es nicht gut. Der Dax war seit Anfang des Jahres immer nur gefallen und dem Dow ging es nicht besser, nur dass ihre amerikanischen Aktien zusätzlich noch unter der Dollarschwäche litten. Dafür hatte sich im Juli, langsam und ohne dass ich es zunächst bemerkt hatte, das Gold wieder in die 900-Dollar-Zone bewegt. Die Ruhepause war offenbar vorbei. Ich hatte mich nicht »abschütteln« lassen, stoisch hatte ich das Auf und Ab des Goldpreises ausgesessen, indem ich es einfach ignoriert hatte. Die Weltlage war nicht freundlicher geworden, die Bankenkrise nicht vorbei, sämtliche Experten sprachen von Inflation, von einem dauerhaft hohen Ölpreis. Alle diese Faktoren waren gut fürs Gold, und nun schien ich endlich recht zu bekommen. Meine Bank hatte mich mittlerweile für termingeschäftsfähig erklärt. Jetzt würde ich das, was mir im Winter mit Spielgeld gelungen war, mit echtem Geld wiederholen.

Der Goldpreis hatte sich bereits ein paar Tage über der 900-Dollar-Marke gehalten, als an der Wall Street Panik ausbrach. Ein Jahr nach dem Beginn der Immobilienkrise und drei Monate nach der Notschlachtung des Bären waren nun die zwei größten amerikanischen Hypothekenbanken ins Wanken geraten, die absurderweise auf die kindlichen Namen Fanny Mae und Freddy Mac hörten. Diese beiden Riesenbabys, die kleineren Banken die Hauskredite abgekauft hatten, standen kurz vor der Pleite. Das Problem hatte sich eigentlich abgezeichnet. Aber an diesem Montag genügte ein warnender Bericht, den ein Analyst über die beiden verfasst hatte, um an den Märkten Panik auszulösen. Am Ende der Woche hatten Fanny und Freddy bereits 70 Prozent ihres Aktienwertes eingebüßt.

Man muss kein Genie sein, um hier einen steigenden Goldpreis zu wittern. Krisen aller Art sind gut fürs Gold. Am besten aber sind Krisen des Geldes und der Banken, denn Gold ist die Währung, die zählt, wenn alles andere zusammenbricht. So hatte ich es gelernt. Und so kam es auch. Am Mittwoch stand Gold bei 930 Dollar, am Donnerstag bei 945, am Freitag bei 960, am Montag bei 970.

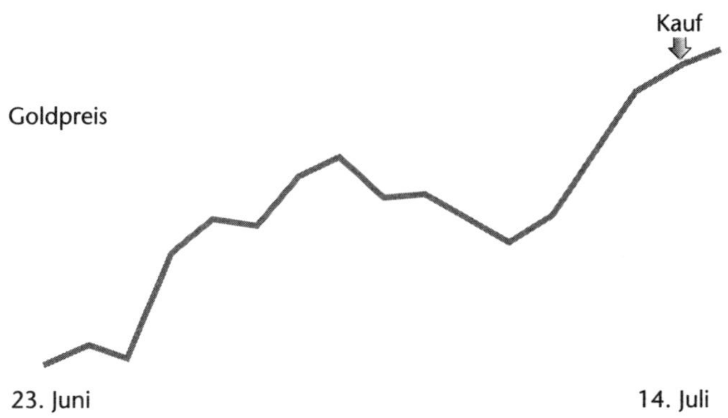

Am Nachmittag hatte ich an Uttas Computer zwei Call-Optionsscheine auf Gold gekauft. Der eine multiplizierte alle Aufwärtsbewegungen mit dem Faktor zehn, der andere hatte einen Hebel von vier. Den nervöseren der beiden nannte ich das »Reh«, den gemächlicheren den »Esel«. Seit vier Uhr nachmittags war ich wieder »long in Gold«, und als wir uns abends auf Uttas Balkon trafen, hatten mir die beiden Scheine im Wert von 2370 Euro bereits 150 Euro eingebracht, was ich ihr jedoch verschwieg.

Sie hatte andere Sorgen.

»Ich weiß nicht mehr, was ich machen soll«, jammerte sie. »Meine Allianz-Aktien sind noch weiter abgestürzt. Dabei geht es der Firma doch gut. Ich meine, der Allianz gehört hier in München jedes zweite Haus, und mit Hypotheken hat sie doch auch nichts zu tun. Die werden einfach in Sippenhaft genommen!«

»Ja, klar ist das ungerecht«, sagte ich, »klar ist das Sippenhaft. Aber so sind nun mal die Märkte. Wissen wir doch! Du musst in Anlageklassen denken, nicht in Einzelaktien. Mit Stockpicking vergeudest du nur deine Zeit, wenn du dich in einem fallenden Markt bewegst, Utta.«

Im Grunde hatte sich dies als meine Philosophie des Investierens herauskristallisiert. Das war der Standpunkt, von dem aus ich das Toben und Wogen der Märkte beobachten konnte, ohne von jeder Verlockung mitgerissen, von jeder Welle in Panik versetzt zu werden: Finde eine Anlageklasse, die grundsätzlich im Steigen begriffen ist, kaufe niedrig, lasse den Dingen ihren Lauf, steige rechtzeitig wieder aus. Und Aktien waren in meinen Augen (außer natürlich Goldminenaktien) fürs Erste tot, so tot wie sie es nach 1929 gewesen waren, als es bis in die fünfziger Jahre dauerte, bis die Kurse wieder die alten Höchststände erreichten, oder auch in der Zeit zwischen 1965 und 1980, als man mit Aktien Geld verlor, während sich der Goldpreis vervierundzwanzigfachte.

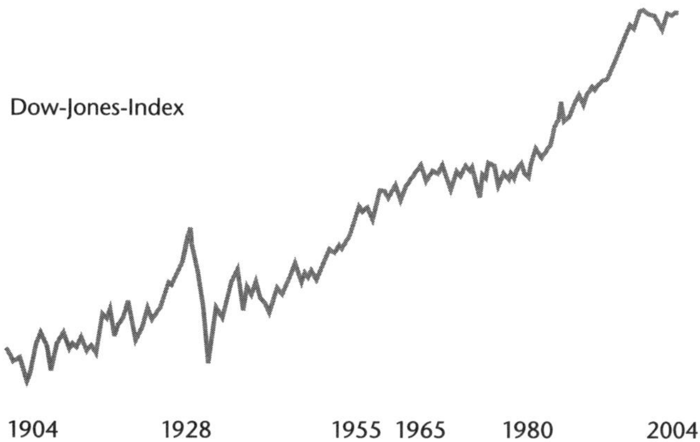


Nach solchen »Superzyklen«, wie Wolf und Bergold sie nannten, galt es Ausschau zu halten. So machten es die Bayern, so machte es George Soros, über den ein Mitarbeiter einmal sagte, er bevorzuge auch deshalb einen Panoramablick auf die Ökonomie, weil ihn die Analyse einzelner Unternehmen einfach nicht genügend stimuliere. Und so wollte auch ich es halten, statt wie die arme Utta immer noch verzweifelt nach Perlen im Standardaktienmarkt zu suchen. Geduldig hatte ich ein ums andere Mal versucht, ihr zu erklären, dass ihr Blickwinkel zu eng war, aber sie hatte darauf immer nur gekontert, dass man Aktien langfristig betrachten müsse, was natürlich vollkommen richtig war, wenn man Zeit hatte, hundert Jahre auf ein Happy End zu warten. Außerdem hätte man nach dem Hundertjahreschart, der von Mini-Buffetts wie Utta gerne herangezogen wurde, in den zwanzigjährigen Seitwärtsbewegungen inflationsbereinigt eine Menge Geld verloren, mal abgesehen von der Tatsache, dass die meisten Leute ihre Anlage verkaufen, wenn sie zwanzig Jahre nur Minus gemacht hat. Aber ich konnte sagen, was ich wollte: Utta kam nicht von den Aktien los.

An diesem Abend auf ihrem Balkon, an meiner Zigarette ziehend, schoss mir der Gedanke durch den Kopf, dass sie vielleicht auch nicht anders konnte.

Sie war jetzt dreiundvierzig Jahre alt. Mitte der achtziger Jahre war sie nach New York City gezogen und hatte als Au-pair-Girl miterlebt, wie Amerika dem Aktienrausch verfiel. In jenem Jahrzehnt hatte der Markt seinen scheinbar unablässigen Aufschwung begonnen, und bis auf zwei mittelgroße Crashs, 1987 und 2003, waren die Kurse seither immer nur gestiegen. Das ist der wahre Grund, weshalb Utta mir nicht zuhört, sondern weiter nach Aktien Ausschau hält, dachte ich. Meine unbelehrbare Freundin hatte immer nur einen aufwärtsstrebenden Dow gekannt. Sie war auf ihn fixiert wie ein Graugansküken auf seine erste Bezugsperson. Dass es auch andere Zeiten gab, konnte sie sich einfach nicht vorstellen. Genauso wie Leute, die nach dem Krieg geboren wurden, sich nicht vorstellen können, in einem Land zu leben, in dem am Ende nicht für alle gesorgt sein wird. Wir wissen zwar, dachte ich, an meiner Zigarette ziehend, dass die Welt vor uns schon alle möglichen Aggregatzustände angenommen hat, aber im Grunde erwarten wir immer nur das von der Zukunft, was wir aus der Vergangenheit kennen, aus unserer eigenen Vergangenheit.

Früher hätte ich an dieser Stelle einen langen Vortrag über den Kauf von Goldbarren und die positive Bilanz der Edelmetalle gehalten. Aber es war nicht der richtige Moment. Außerdem hatte mein Selbstvertrauen einen leichten Schaden erlitten, weil mein Optionsschein auf AngloGold Ashanti nicht gerade im Plus lag. Ich wollte mich nicht mit Ratschlägen aufdrängen, die vielleicht falsch waren.

»Ich habe mit Daniel telefoniert«, sagte Utta. Daniel war ihr superkonservativer New Yorker Bankerfreund, der ihr seit Jahren vorbetete, dass man mit Bescheidenheit und einem diversifizierten Portfolio am weitesten komme, weil es auf Dauer schlichtweg unmöglich sei, mehr aus den Märkten herauszupressen als fünf oder sieben Prozent im Jahr. »If we could all beat the markets, we would all be rich«, war immer Daniels Maxime gewesen. Aber neulich am Telefon habe er komisch geklungen, sagte Utta. Er habe sich geweigert, ihr einen Rat zu geben, und gesagt, das könne er auch in Zukunft nicht mehr tun. Er wisse auch nicht, wie das alles noch enden werde, sehe sich außerstande, die Märkte zu beurteilen. Er hatte, erzählte Utta, irgendein Apokalypse-Buch gelesen, das vor dem gleichzeitigen Zusammenbruch des Weltklimas, der Banken und der Papiergeldwährungen gewarnt habe. In Daniels Bank gehe außerdem das Gerücht um, dass die Chinesen ihre gewaltigen Dollarreserven abstoßen und damit den Dollar zum Einsturz bringen würden, um danach den Renminbi zur Weltleitwährung zu machen, der dann, so wie in alten Zeiten, mit Gold hinterlegt würde.

Ich schwieg.

»Was hältst du von Indexzertifikaten auf Gold?«, fragte sie plötzlich. Endlich! Ich hätte jubeln können. Ganz ohne mein Zutun war sie auf eine Anlageform gekommen, mit der man von der Preisentwicklung des Goldes profitieren konnte, ohne sich wirklich Gold ins Schließfach legen zu müssen. Indexzertifikate waren eine gute Möglichkeit, auf unkomplizierte Weise von der Rohstoffhausse zu profitieren, aber sie hatten auch einen kleinen Nachteil: Bei einer Bankpleite waren sie nicht geschützt. Und dass eine Bank pleitegehen könnte, das konnte sich mittlerweile selbst Utta vorstellen.

»Achte halt einfach darauf, bei welcher Bank du dein Zertifikat kaufst«, sagte ich beiläufig, um sie nicht zu verschrecken. Meine beiden Optionsscheine hatte ich sicherheitshalber von der Deutschen Bank gekauft, deren Bilanzen überraschend gut ausgefallen waren. »Wegen Bankenkrise und so. Am besten, du kaufst sie von verschiedenen Banken. Du weißt schon.«

»Irgendwas passiert hier gerade«, sagte Utta mit schwerer Zunge.

»Wie meinst du?«

»Irgendwas Historisches«, sagte sie. »Weißt du, ich habe immer geglaubt, dass meine Großmutter unter Verfolgungswahn leidet, weil sie ihr Geld in einer Plastiktüte aufbewahrt hat«, sagte sie. »Und jetzt reden wir plötzlich von Bankenpleiten, ich meine: hallo?«

»Oder die Resteaufheberei unserer Eltern«, sagte ich. »Was haben wir uns darüber lustig gemacht.«

»Dabei sind wir es, über die man lachen könnte«, sagte Utta.

»Ich glaube, wir bekommen gerade eine Ahnung davon, dass wir in Wahrheit historische Figuren sind«, sagte ich, inzwischen meinerseits weinselig.

»Wieso sollen wir denn historische Figuren sein?«, fragte Utta überrascht.

»Ich meine Figürchen, weißt du, die jederzeit von der Geschichte weggeschnippt werden können, Utti, verletzt, vom Spielbrett geschlagen. Gut, dass wir es noch rechtzeitig gemerkt haben.«

Ich überlegte, ob sie schon so weit war, dass ich ihr anvertrauen konnte, dass die Bayern sogar darüber nachdachten, sich als Selbstversorger auf Bauernhöfen zu verschanzen. Aber dann sagte sie: »Lass uns reingehen, Heiki. Wir sind betrunken, das ist alles. Die Welt wird nicht zusammenbrechen, wirst schon sehen.«

Es war nicht gerade beruhigend, dass dieser Satz von einer Person kam, die seit Jahren mit jeder ihrer Prognosen danebenlag.

Am nächsten Morgen fuhr ich zurück nach Berlin. Ich verbrachte den Tag im Zug lesend, ohne an den Goldpreis zu denken, getragen von der Gewissheit, dass mich am Abend eine schöne Überraschung erwarten würde. Et voilà: Im Lauf des Tages war Gold auf ein Viermonatshoch von 988 Dollar je Feinunze gestiegen. Am nächsten Morgen hatte es die Bankenkrise sogar auf den Titel der *Süddeutschen Zeitung* geschafft. »Bis zu dreihundert Banken in Gefahr«, stand da. Der Goldpreis war zwar wieder ganz leicht gesunken, was ich als normale Schwankung abtat, ein kleiner Rücksetzer in einem intakten Superzyklus, den optimistisch gestimmte Investoren gerne als »Nachkaufgelegenheit« bezeichnen. Und dieses Wort war auch der Inhalt meiner SMS, die ich am Tag nach meiner Rückkehr an Utta schickte. Ich hatte das Gefühl, dass sie von den Aktienverlusten inzwischen so zermürbt war, dass sie bereit war, in den Rohstoffsuperzyklus mit einzusteigen.

| | |
|---|---|
| **Depot Juli** | |
| **Offene Positionen** | |
| Call AngloGold Ashanti | 600 Euro |
| Call Gold (Reh) | 985 Euro |
| Call Gold (Esel) | 1385 Euro |
| **Liquide Mittel** | |
| Cash | 5630 Euro |
| **Kontostand** | 8600 Euro |

## 13 Verkaufssignale

Im Kalifornien der Großen Depression sitzt ein pensionierter Buchhalter über der Fieberkurve des Dow Jones, deren überraschender Verfall das Land gerade in eine Katastrophe gestürzt hat. Um die Gesundheit des Buchhalters steht es in diesen frühen dreißiger Jahren kaum besser: Ralph Nelson Elliott hat sich bei seinen Einsätzen für die amerikanische Regierung in Zentralamerika eine chronische Darminfektion zugezogen. Inzwischen ist er bettlägerig und entschlossen, eine Aufgabe zu lösen, die sich wohl nur ein Mann in seiner Situation stellen würde: Er will in den scheinbar zufälligen Bewegungen des Dow Jones Muster finden, Gesetzmäßigkeiten, aus denen sich ableiten lässt, wohin der Kurs als Nächstes ausschlagen wird.

Preiskurven bilden Veränderungen im Verhältnis von Angebot und Nachfrage ab. Überwiegt die Menge der verkauften Positionen, fällt die Kurve, im umgekehrten Fall steigt sie. Die Frage, ob ihr Verlauf zufällig ist, ist so alt wie der Dow Jones selbst. Seit der amerikanische Finanzjournalist Charles Henry Dow um 1880 herum begonnen hatte, die Kurse für die Aktien der größten Unternehmen zu einem Index zusammenzufassen, wurde in der Finanzwelt darüber diskutiert, ob dem Chart bestimmte Muster innewohnten, ohne belastbares Ergebnis. Nun, Anfang der dreißiger Jahre, vertiefte sich der schwer kranke Buchhalter Elliot in die Zackenformationen. Und ja: Nach Jahren der Versenkung, glaubte er im Auf und Ab der Kurve Muster zu erkennen.

Seine Grundthese war die: Jeder Trend, egal ob er sich über einen Tag oder über ein Jahr erstreckt, besteht aus fünf Wellen in Trendrichtung, die von drei gegenläufigen »Korrekturwellen« gebrochen werden, von denen jede einzelne wiederum aus acht ebensolchen, kleineren Wellen besteht.

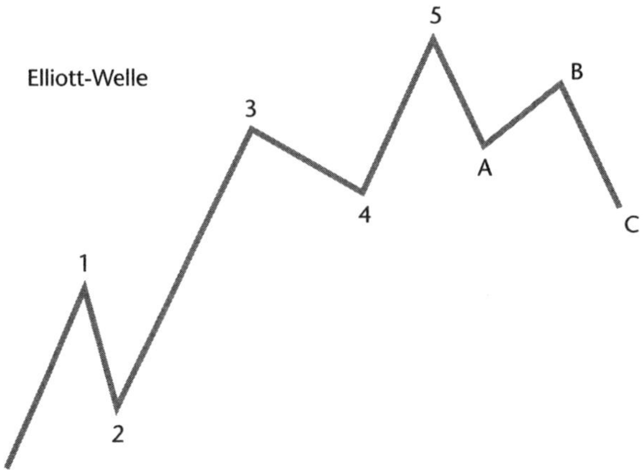


Ein Naturgesetz, glaubte Elliott, das sich sogar in Fieberschüben und Meereswellen zeige, vor allem aber im Verhalten von Menschengruppen. »Menschliche Emotionen sind rhythmisch«, schrieb er, »sie bewegen sich in Wellen einer bestimmten Anzahl und Richtung.« Börsenkurse bildeten demzufolge nicht allein die Reaktionen der Marktteilnehmer auf die Nachrichten ab, sondern sie reagierten auch auf den Kursverlauf selbst, der kollektive Stimmungsschwankungen verursache, die sich nach den Gesetzen der Massenpsychologie dann selbst verstärkten. Auf diesem Weg hinterließen sie typische Fährten, die Aufschluss darüber geben könnten, wohin es die Bestie als nächstes ziehe.

Elliott legte mit seinen Beobachtungen das Fundament für eine Disziplin, die sich »Technische Analyse« nennt. Bis heute wird sie von Banken und Fondsmanagern zur Vorhersage von Kursentwicklungen herangezogen. Sogar die Bayern nutzten sie. Mir war nicht entgangen, dass Technische Analysten ihre Prognosen in Finanzteilen veröffentlichten, und mir war klar, dass die meisten Hedgefonds Mathematiker und Physiker beschäftigen, die den Märkten mit naturwissenschaftlichen Methoden beizukommen versuchen. Dennoch hatte ich der Disziplin bisher keine große Bedeutung beigemessen. Ich hatte sie großzügig ignoriert, diese Männer, die in »Trendkanälen«, »Kopf-Schulter-Formationen«, »Wimpeln« und »Flaggen« dachten, die entlang der Tiefpunkte eines Kurses »Unterstützungslinien« einzeichneten, von denen dieser nach oben abprallen sollte. Ich hatte mich nicht weiter damit beschäftigt, denn bereits die Sprache der Technischen Analysten war mir bizarr erschienen, ihre Schlüsse irgendwie zirkulär: »Erst wenn es gelingt, nachhaltig über 13,37 Dollar anzusteigen, würde der aktuelle kurzfristige Abwärtstrend beendet werden. So lange aber bleibt die Gefahr, dass die Kurse weiter nach unten wegkippen, wobei Abgaben bis 12,29 Dollar möglich wären.«

Es klang nach einem typisch männlichen, letztlich natürlich vergeblichen Versuch, dem Chaos der Märkte einen Sinn abzuringen.

Davon abgesehen wollte ich meine Zeit nicht damit verbringen, obsessiv Kurse zu überprüfen. Ich wollte keine »Daytraderin« sein, deren Tage von kleinsten Kursschwankungen bestimmt wurden, keine »Swingtraderin«, die jedem kurzen Aufwärtstrend opportunistisch folgte, um Stunden später wieder abzuspringen. Im Stil von Soros hatte ich vorgehabt, mich allein für das große Ganze zu interessieren, für die langfristigen Entwicklungen, die

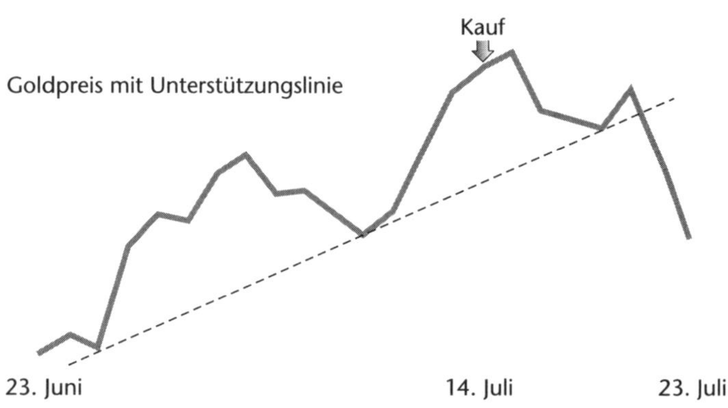

großen Erzählbögen der Geschichte. Das klitzekleine Problem war, dass meine Strategie nicht funktionierte. Seit ich aus München zurückgekommen war, drohten auch die Neuzugänge in meinem Portfolio kaputtzugehen. Eine Woche nach meinem Besuch bei Utta hatte der Esel 158 Euro verloren, und das Reh lag sogar 226 Euro im Minus, weil der Goldpreis, seitdem ich die beiden gekauft hatte, immer nur gesunken war.

Hatte nicht Ben Bernanke, der Chef der amerikanischen Zentralbank, in diesen Tagen vor einer Inflation gewarnt? Hatte ich nicht gelernt, dass jedes Schwächeln des Dollars die Anleger ins Gold fliehen ließ? Auf den Goldseiten hieß es, der Preis leide unter der nachlassenden Nachfrage der Schmuckhändler in der Türkei und Italien (wenngleich die Nachfrage aus Abu Dhabi Anlass zur Hoffnung gebe). Auch drücke der sinkende Ölkurs aufs Gold, außerdem habe Chevron die »Escravos Ölpipeline« in Nigeria wieder in Betrieb genommen, wodurch das Angebot gestiegen, der Preis gefallen sei ...

Dass der Goldpreis mit dem Ölpreis zusammenhing, wusste ich schon. Aber ich war mir sicher gewesen, dass die Inflationsnachrichten aus den USA schwerer wiegen müssten als die REPARATUR EINER PIPELINE IN NIGERIA, die nun direkt an mein Depot angeschlossen war, und zwar so, dass mein Geld, trotz Superzyklus, in großen Mengen durch sie abfloss.

Offenbar war es unmöglich, aus den Nachrichten Vorhersagen abzuleiten. Weshalb ich mich in diesem Juli zum ersten Mal an der Auswertung einer Chartanalyse versuchte. Gold habe eine wichtige »Unterstützung« bei 940 Dollar, hatte ein Technischer Analyst namens Harald Weygand auf den Goldseiten geschrieben. Könne es diese Linie nicht »verteidigen«, sei der »Boden nach unten offen«. Seine Prognose machte mir Angst. Wenn meine Optionsscheine implodierten, hätte ich nur noch 5500 Euro Eigenkapital. Es war schwer genug, aus 10 000 Euro in einem Jahr 20 000 zu machen, aber es war unmöglich, aus 5500 Euro in den sechs Monaten, die mir noch blieben, 20 000 zu machen. Sollte ich Reh und Esel verkaufen, solange sich die Verluste in Grenzen hielten?

Ich rief diesen Weygand an. Ich sei mit Hebeloptionen »long in Gold«, sagte ich, und wolle gern wissen, ob Gold die Unterstützungslinie denn nun verteidigen könne.

Er wand sich ein wenig. »Ich kann Ihnen nur so viel sagen: Ich habe einen Schein auf die Kinross Gold Corporation, den habe ich heute Morgen verkauft, bevor der Stop-Loss erreicht wurde. Heute Mittag kommt eine wichtige Nachricht in Sachen Öl, da könnte das Gold noch mal weiter deutlich zurückgehen. Was mich irritiert, ist außerdem die Platinpreisentwicklung ...«

Ich erwiderte, dass ich mir einen weiteren Verlust nicht wirklich erlauben könne. Ein Viertel meines Eigenkapitals sei bereits durch einen Optionsschein auf AngloGold Ashanti stark gefährdet.

»Wenn man über 25 Prozent im Minus ist, wird's schwierig«, sagte er. »Bei einem Minus von 50 Prozent müssen Sie ja schon 100 Prozent machen, um allein wieder auf Ihre Anfangssumme zu kommen.«

»Wenn ich jetzt schnell verkaufe, bin ich summa summarum knapp 25 Prozent im Minus.«

»Das geht noch. Die Frage, die immer am Anfang aller Überlegungen stehen muss, ist: Mit wie viel gehe ich in eine Position? Wo setze ich meinen Stop-Loss, wo mein Kursziel? Priorität hat der Kapitalerhalt.«

»Klingt logisch. Ich wünschte, ich hätte nicht ein Viertel meines Geldes auf Anglo gesetzt.«

»Das ist normal. Das geht selbst Profis so, dass sie hundertprozentig an eine Sache glauben.«

»Dann verkaufe ich die Gold-Calls jetzt also, bevor Gold die Unterstützung durchbricht?«, fragte ich.

»Ich möchte da jetzt keine Beratung machen, die Signale für Gold sind äußerst uneindeutig.«

»Das heißt, dann wäre es gerade für mich als Anfängerin besser, eine eindeutigere Situation abzuwarten?«

»Ja. Wobei ich Ihnen nicht versprechen kann, dass die kommt.«

Vermutlich wäre ich bei einem Spielgelddepot risikofreudiger gewesen. Wahrscheinlich hätte ich es einfach vergessen, bis es irgendwann wieder gute Nachrichten gegeben hätte. Aber nun fürchtete ich mich ein wenig davor, dass ich den Rest des Jahres damit zubringen würde, aus dem Tal herauszuklettern. Um dann am Ende, wenn ich Glück hatte, mit einer Rendite von 3,5 Prozent dazustehen.

Es war fünf vor zwei. Das Gold hatte die wichtige »Unterstützung« inzwischen tatsächlich durchbrochen, es stand bei 933 Dollar. In wenigen Minuten würde die New Yorker Börse eröffnen. Danach sackte der Goldpreis aus irgendeinem Grund häufig noch weiter ab. Das war das einzige Muster, das ich bislang in den Charts hatte erkennen können.

Etwas panisch rief ich Karsten Kagels an. Er analysierte die Charts nach einer »Ross-Trading-Methode« und veröffentlichte seine Ergebnisse ebenso wie Weygand auf meiner Lieblingsseite.

»Das nächste Kursziel haben wir im Bereich von 1000 Dollar gesetzt«, sagte er. »Das ist nicht erreicht worden. Kann sein, dass Gold jetzt deutlich runtergeht. Durchmarschieren wird es erst, nachdem es die magische Grenze von 1000 überwunden hat.«

»Das heißt, ich gehe jetzt einfach raus und erst wieder rein, wenn es die 1000 überwunden hat?«

Er lachte laut. »Wenn das so einfach wäre, dann wären wir alle superreich. Wenn Sie Pech haben, könnte es noch bis 600, 700 runtergehen.«

»Aber fundamental spricht doch einiges dagegen«, stammelte ich. »Ich meine, der Dollar wird sich doch nicht über Nacht erholen. Oder die Banken.«

»Das ist alles Psychologie, was da im Moment stattfindet. Klar gibt es fundamentale Gründe für den Auftrieb. Aber das meiste ist Massenpsychologie.«

»Aber was ist mit dem Rohstoffsuperzyklus?«, fragte ich, beinahe flehentlich.

»Unser Jahreschart für Gold ist bullish. Aber es kann auch ein, zwei Jahre eine Korrektur geben. Keiner weiß es. Wissen Sie, ich bin seit dreißig Jahren an der Börse und ich habe festgestellt: Mit Fundamentalanalyse kommt man nicht weiter.«

»Sie wissen aber auch, dass die Fundamentalanalysten dasselbe über die Technischen Analysten sagen?«, wagte ich einzuwerfen.

»Man kann ja beides kombinieren«, sagte Kagels. »Wenn Sie mit Fundamentalanalyse Geld verdienen – bitte!«

Um 14.34 Uhr notierte Gold wieder bei 940,80. An der Wallstreet lief der Handel jetzt schon eine halbe Stunde. Ich fragte mich, ob die Amerikaner dem Gold an diesem Tag ausnahmsweise zu einem Aufschwung verhelfen würden, ob es sich »erholen« und in den alten »Aufwärtskanal« über 940 Dollar zurückkehren würde.

Ich ging essen. Als ich zurückkam, war der Kurs auf 927 gesunken.

Ich beschloss, zumindest das nervöse Reh, das sämtliche Kursbewegungen mit dem Faktor zehn multiplizierte, abzustoßen, solange sich mein Minus noch in Grenzen hielt. Ich wollte keinen weiteren Totalverlust riskieren. Es war ein Fehler gewesen, ein Viertel meines Spekulantenbudgets auf AngloGold Ashanti zu setzen, aber ich hatte mir einfach nicht vorstellen können, dass die beiden Bayern danebenliegen könnten.

Nachdem ich mich in mein Depot eingeloggt hatte, lernte ich noch ein unangenehmes Börsenphänomen kennen: Der Kurs meines Scheines sank, während ich versuchte, ihn zu verkaufen. Als der Computer meine Verkaufsorder schließlich annahm, lag der Goldpreis bei 920 Dollar. In Worten: Ich war bei einem

Goldpreis von 970 eingestiegen (einen Tag vor seinem aktuellen Höhepunkt) und hatte neun Tage später bei einem Goldpreis von 920 verkauft. Das Reh, für das ich 985 Euro ausgegeben hatte, war nur noch 681 Euro wert. Auch der Esel sah mager aus. Aber ich behielt ihn, in der Hoffnung auf bessere Zeiten.

Am Abend rief Weygand an und erkundigte sich nach dem Befinden meines Depots.

»Hab doch verkauft«, sagte ich müde.

»Vielleicht macht es Sinn«, sagte er. »Aber vielleicht dreht sich der Kurs auch wieder. Vielleicht ärgern Sie sich morgen, dass Sie verkauft haben.«

»Alle die großen Spekulanten waren irgendwann pleite«, sagte ich entkräftet.

»Dann haben Sie heute Lehrgeld bezahlt, das ist normal. Solange es nicht zu viel ist.«

Es soll Chartanalysten geben, die mit kurzfristigen Kursschwankungen und einem vernünftigen »Money Management« über Jahre Geld verdienen. Aber ich hatte wenig Lust, mich in die Feinheiten ihrer Methode einzuarbeiten, zumal sich Mathematiker bis heute nicht einig sind, ob sie als Instrument der Vorhersage denn nun tauglich ist oder nicht. Ich fand Studien und Gegenstudien. Und obwohl die Spurenleser in den Finanzinstitutionen ihren festen Platz haben, werden sie oft mit Astrologen verglichen, und es gibt ernst zu nehmende Gegner. Ob man glaubt, dass Preise von Stimmungsschwankungen der Massen beeinflusst werden, oder ob man davon ausgeht, dass sie zu jedem Zeitpunkt die Nachrichtenlage widerspiegeln, hängt auch davon ab, welche Weisheit man den Märkten zubilligt. In den siebziger Jahren setzte sich als Gegenthese zur Technischen Analyse die Idee eines »Random Walk« durch. Deren Anhänger behaupteten, dass die jeweils nächste Kursbewegung nicht voherzusagen sei, weil alle Informationen, die den Marktteilnehmern Aufschluss über die künftige Entwicklung eines Wertes geben könnten, bereits in diesen eingepreist seien. Wenn heute vieles darauf hindeutet, dass morgen die Inflation ausbricht, dann wird der Goldpreis bereits heute steigen und jede Kursbewegung, die danach folgt, wäre nicht vorhersehbar. Es war eine Theorie, die gut zum neoliberalen Dogma passte, das zu derselben Zeit wieder an Bedeutung gewann: der Glaube an einen allwissenden Markt, in dem die Entscheidungen rational handelnder Teilnehmer zu perfekten Kursen führen.

Eine andere These versöhnt die beiden Schulen. Die Technischen Analysten lägen schon deshalb häufig richtig, weil sich genügend Anleger an ihren Methoden orientierten: Sie kauften, wenn ein Kurs eine Unterstützungslinie gehalten habe, und verkauften, wenn er sie durchbrochen habe – und ließen ihre eigene Hypothese damit erst wahr werden.

Was davon richtig ist? Keine Ahnung. Der Goldkurs hatte in diesen Tagen weder etwas mit den Nachrichten zu tun noch mit den Kursen selbst. Der Superzyklus? Ob es ihn wirklich gab, würde man erst im Nachhinein wirklich wissen, in ein paar Jahren, in denen ich, selbst wenn die Bayern recht behalten sollten, mein Geld trotzdem an irgendwelche idiotischen Korrekturphasen verloren haben könnte.

Noch vor wenigen Wochen hatte ich geglaubt, den Markt zu verstehen. Aber je besser ich ihn kennenlernte, desto mehr neigte ich zu der Einschätzung, dass er ein Monster war, in dessen Verhalten die Menschen nun seit über hundert Jahren eine Vorhersehbarkeit entdecken wollten, die es vielleicht nicht gab.

Die erlösenden Worte fand ich schließlich bei den Verhaltensökonomen. Sie machen darauf aufmerksam, dass der Mensch dafür geschaffen ist, überall Sinn zu erkennen, auch wenn da gar keiner ist. Und so sieht er Gesichter in Wolken und findet, wie einst ein kranker Buchhalter in Kalifornien, Muster in Zickzackkurven. Das ist hilfreich, wenn man in der Steinzeit überleben muss, aber an der Börse führt es einen womöglich nur in die Irre.

»Sobald eine Aktie einem Muster zu entsprechen scheint, das in der Vergangenheit Geld gemacht hat«, schreibt der amerikanische Finanzjournalist Jason Zweig, »springt beim Menschen das Gefühl an, etwas kapiert zu haben, woraus er schließt, dass er weiß, was als Nächstes kommt. Dem ist natürlich nicht so.«

**Depot Ende Juli**

| | |
|---|---|
| **Offene Positionen** | |
| Call AngloGold Ashanti | - 480 Euro |
| Call Gold (Esel) | 1205 Euro |
| **Liquide Mittel** | |
| Cash | 5630 Euro |
| Call Gold (Reh) realisiert | 681 Euro |
| **Kontostand** | 7996 Euro |

## 14 Die großen Fehlspekulanten

Viele Jahre lang galten der Filmkritiker David Denby und die Schriftstellerin Cathleen Schine als eines der glücklichsten und glamourösesten Paare Manhattans. Er war Filmkritiker bei der Intellektuellenzeitschrift *The New Yorker*, sie war als Schriftstellerin erfolgreich. Mit ihren Kindern lebten sie in einem weitläufigen Apartment auf der New Yorker Upper West Side. »Sie ergänzten sich«, schrieb ein Freund und Kollege später in der *New York Times*. »Sie war jugendlich, überschwänglich, ein Bauchmensch; er war überlegt, ein gestandener Mann. Sie besaßen eine Eigentumswohnung, zogen zwei Söhne groß, veranstalteten gute Partys, auf denen schlaue Leute sich danebenbenehmen durften. Sie waren eines jener Paare, von denen man dachte, sie würden für immer zusammenbleiben.«

Dann wollte Cathleen nach achtzehn Jahren die Scheidung. David, schrieb sein Freund in der *New York Times*, müsse daraufhin den Verstand verloren haben.

Wenig später jedenfalls überraschte Denby, der zuvor ein Buch über den Kanon westlicher Literatur geschrieben hatte (und darüber, was man von den Klassikern fürs Leben lernen könne), die Leser des *New Yorker* mit einer Ankündigung: Er habe vor, mit Aktien eine Million Dollar zu verdienen. Seine Ehe sei gescheitert, sein Vermögen müsse geteilt werden, nun wolle er zumindest sein Zuhause retten – eine Siebenzimmerwohnung, die auf 1,4 Millionen Dollar geschätzt worden sei und für die er, um seine Frau ausbezahlen zu können, eine größere Summe brauche: »Ich will – nein, ich muss – in diesem Jahr eine Million an der Börse machen.«

Die Geschichte erschien im April 2000. Einen Monat zuvor hatte der Boom der New Economy seinen Höhepunkt erreicht. Im finalen Jahr ihrer Ehe hatten die Anlagen der Denbys in einer gegenläufigen Korrelation zu ihrer Beziehung gestanden, sie hatten dem Paar erstmals mehr eingebracht als ihre Arbeit. Mit dem Einverständnis seiner Frau liquidierte David, der damals Mitte fünfzig war, sämtliche Lebensversicherungen und Pensionsfonds und schichtete alles in die Neuen Märkte um. Die Indizes waren bereits leicht gesunken. Und obwohl Denby die Geschichte der großen Spekulationshypes bekannt war, erkannte er nicht, dass er sich gerade mitten in einem solchen befand. Klar, die Kurse standen hoch, aber der immer selbe Kreislauf aus Gier, Euphorie, Panik, Kollaps sei ein »Klischee«, befand er, das sich nicht wiederholen müsse, und steckte 80 Prozent seines flüssigen Vermögens in Technologieaktien. Die hohen Preise wertete er nicht als irrationale Übertreibung, sondern als Anzeichen, dass in der Tat eine neue Zeit angebrochen sei. »Lasst den Markt doch laufen!«, hielt er den Skeptikern entgegen. »Hört auf, ihn anzuzweifeln, zu kritisieren, ihn mit euren konventionellen Wertmaßstäben zu belästigen.«

Bald brauchte der feinnervige Cineast Psychopharmaka. »An einem typischen Abend ging ich mit einer Xanax zu Bett«, schrieb er, »sowie einem Beta-Blocker und einem Schuss Nyquil, einem alkoholhaltigen Grippemittel.«

Er kaufte Aktien, von denen er in der U-Bahn hörte.

Er diversifizierte nicht. Technologieaktien hatten ihm in der Vergangenheit große Gewinne beschert, also wollte er mehr davon.

Er interessierte sich nicht für Unternehmenskennzahlen.

Er glaubte Börsengurus, die mit schnellen Erfolgen berühmt geworden waren.

Und als der Markt ihn wieder ausspuckte, hatte er 700 000 Dollar verloren.

»Eine Meisterklasse in Vermögensmissmanagement«, urteilte ein Kritiker später über das Buch, das Denby über seinen Untergang schrieb. »Er traf jede Fehlentscheidung, die er treffen konnte, und das mit einem Gottvertrauen, als habe es sich dabei um Eingebungen von oben gehandelt.«

Er erinnerte mich ein wenig an mich selbst.

Der Goldpreis war, obwohl es dem Finanzsystem wirklich nicht gut ging, auf 790 Dollar abgestürzt. Der Esel war im Minus, der Optionsschein auf AngloGold Ashanti lag auf der Intensivstation. Seit Wochen glich die Kursentwicklung der Herzkurve eines klinisch Toten. Anglo hatte Probleme. Vier seiner südafrikanischen Minen wurden bestreikt, hieß es, aus Protest gegen die hohen Strompreise. Ich hatte wenig Hoffnung auf eine Wiederauferstehung vor Dezember, wenn der Schein endgültig verfallen würde. Zumal »die Saison«, wie die Bayern gesagt hatten, in Südafrika im Mai gewesen war.

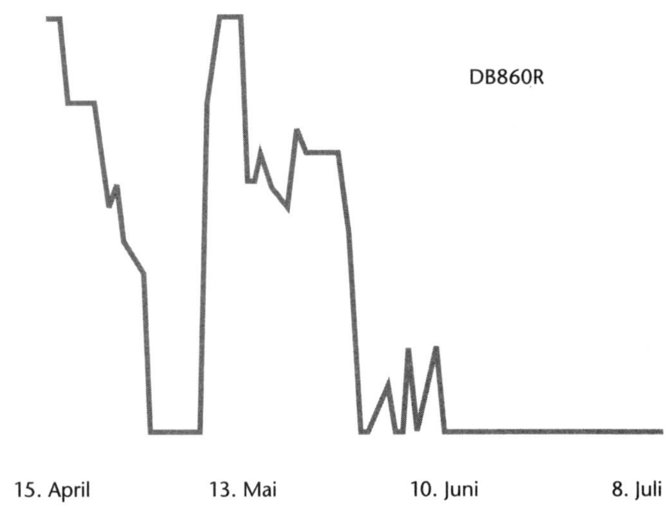


Immer wenn ich an mein AngloGold-Zertifikat DB860R dachte, sah ich eine Nylonstrumpfhose, an die jemand ein Streichholz hielt. Das Wort »zusammengeschmurgelt« kam mir in den Sinn.

Ich vermied es, mich ins Depot einzuloggen. Es belastete mich zu sehen, dass von den 2500 Euro, die ich in DB860R gesteckt hatte, keine 100 Euro mehr übrig waren.

Eine Zeitlang hatte ich den kleinen Aussetzer von Anglo für ein dramaturgisch wertvolles Problem gehalten: Die Heldin erleidet, wie in einem klassischen Theaterstück, eine Krise, die sie im zweiten Akt überwindet, um am Ende ein klügerer Mensch zu werden. Doch langsam dämmerte mir, dass ich das Jahr möglicherweise im Minus abschließen würde. Dass ich nicht wie Soros, sondern wie Denby enden würde. Eine Journalistin, die ihr Anfängerglück ihrem Talent zugeschrieben hatte und nach den Gesetzen des Zufalls nun Verluste erlitt.

Hatte ich womöglich ähnliche Fehler gemacht? Auch ich hatte eine Weile Glück gehabt. Auch ich hatte im steilen Anstieg meines Lieblingsanlageobjekts keinen Boom sehen können. Wie Denby konnte ich die großen Hypes vom Tulpenwahn über die »South Sea Bubble« auswendig herunterbeten und hatte dennoch den Goldboom für begründet, vernünftig, »fundamental gerechtfertigt« gehalten, hatte für den »Rohstoffsuperzyklus« viele gute Gründe gefunden: eine um Rohstoffe konkurrierende, wachsende Weltbevölkerung, reicher werdende Asiaten, die ihre Ersparnisse seit jeher in Gold anlegten, der Vertrauensverlust der Menschen ins Papiergeld ...

Auch ich hatte meinen Beratern blind vertraut.

Wieso hatte ich eigentlich auf die Mail, die ich ein paar Wochen zuvor an die Bayern geschickt hatte, keine Antwort bekommen? Weshalb sprang der Anrufbeantworter an, wenn man nachmittags um vier die Nummer von »Global Resources Invest« wählte?

Und warum rief keiner zurück?

Ich hinterließ zwei, drei sachliche Nachrichten. Ich wollte nicht panisch klingen, schließlich hatten Wolf und Bergold sich immer ein wenig genervt von Kunden gezeigt, die sie mit nervösen Anrufen oder schlecht gelaunten E-Mails bombardierten, sobald die Dinge einmal weniger gut liefen. Ich wollte keine Schönwetterspekulantin sein, die bei erster Gelegenheit die Contenance verlor.

Mir war klar gewesen, dass die Bayern lediglich Empfehlungen aussprachen, von denen man nur hoffen konnte, dass sie sich in etwas mehr als der Hälfte der Fälle als richtig herausstellten. Ich hatte gelernt, dass man mit Optionsscheinen seinen Einsatz schnell verlieren kann. Ich hatte es gewusst, so wie Menschen wissen, dass sie sterben müssen. Glauben kann man es angeblich erst, wenn es so weit ist.

Die Nahtoderfahrung meines Optionsscheines änderte das. In das Urvertrauen, das ich für die Bayern entwickelt hatte, mischte sich Misstrauen.

Ich begann mir die Fonds anzuschauen, die sie managten. Der Noah Mix OP, der vor allem in Goldminen investierte, hatte sich mit dem Goldpreis zunächst verdoppelt. Jetzt aber sah ich, dass er im letzten Jahr deutlich dahinter zurückgeblieben war. Andere Gold- oder Rohstofffonds hatten sich in der Zeit viel besser entwickelt.

Hielten sich ihre Gewinne in Grenzen, weil sie auf Sicherheit spielten? Oder verhielten sie sich einfach nur besonders antizyklisch, investierten in besonders abgelegene, besonders unterbewertete Goldminen, die erst lange nach dem Anstieg des Goldpreises ihr volles Potenzial entfalten würden, dann aber umso heftiger? Dass ihr Fonds von der Rating-Agentur »Morningstar« mit nur einem Stern bewertet wurde, hatte mich nie gestört. Im Gegenteil. Schließlich hatten mich die beiden von Anfang an zu einer kritischen Haltung gegenüber dem Finanzestablishment erzogen. Jetzt fragte ich mich, ob mir dieser einsame Stern vielleicht doch etwas kommunizieren sollte.

»Im Moment ist hier der Teufel los«, sagte Stopfer, ihr Mitarbeiter, als ich ihn irgendwann doch zu fassen bekam. »Ich kann nicht versprechen, dass es die Tage noch klappt.«

Brenda rief an, eine Freundin. Unter einigen Mühen schaffte sie es, ihre Eigentumswohnung in Mitte abzubezahlen. Sie hatte

4000 Euro auf der hohen Kante, die sie auf meinen Ratschlag hin aus einem konventionellen Aktienfonds in den Bayern-Fonds umgeschichtet hatte. »Der Noah läuft noch schlechter als mein alter Fonds«, sagte sie in weinerlichem Tonfall.

»Ich weiß, Brenda. Ich könnte dir jetzt einige Erklärungen geben, aber sie werden sich aus meinem Mund vielleicht nicht überzeugend anhören.«

»Ich mache dir keinen Vorwurf. Es war nur dumm von mir, auf dich zu hören.«

»Soll ich trotzdem noch was sagen?«

»Ja?«

»Bislang haben die Bayern immer recht behalten. Vielleicht steigen die Kurse ja bald. Aber ich bin, wie du weißt, keine Volkswirtschaftlerin. Es ist möglich, dass sie einfach nur lange Zeit Glück gehabt haben.«

Niko rief an, die mit ihrer Mutter zusammen ein Erbe von einigen Hunderttausend durch die Finanzmärkte zu schiffen hatte. »Ich weiß, es ist nicht deine Schuld …«, begann sie.

Ich investierte 20 Euro in ein Buch über die relativ neue Disziplin der Neuroökonomie, die in den letzten Jahren das Selbstbild des Menschen als eines vernünftig handelnden Homo oeconomicus infrage gestellt hatte. Es las sich wie ein Porträt meiner Spekulantenpersönlichkeit.

»Wenn Sie jemals erlebt haben, wie sich ein großer Gewinn anfühlt, werden Sie nach aller Wahrscheinlichkeit den Rest ihres Lebens damit zubringen, diesem Gefühl nachzujagen«, stand da. Investitionsglück setze wahnsinnig gute Gefühle frei: Ein menschliches Gehirn, das auf eine größere Summe Geld hofft, sieht aus wie ein Gehirn auf Kokain. Der Mandelkern werde angeregt, die älteren emotionalen Teile unseres Gehirns, in denen Angst und Lust sitzen und in denen unsere Entscheidungen in Spekulationsdingen getroffen werden. Die deshalb häufig Fehlentscheidungen seien.

Menschen erinnern sich besonders gut an Farben, Worte oder Aktien, die ihnen irgendwann Glücksgefühle beschert haben. Menschen hegen eine größere Sympathie für Unternehmen, die ihnen vertraut sind. Wenn Menschen hingegen Investitionen in unbekannten Ländern in Erwägung ziehen, wird ihr Angstzentrum aktiviert. Wohler fühlen sie sich mit Aktien ihrer eigenen Firma, selbst wenn sie wissen, dass der Laden nicht gut läuft. Menschen, die ein paar Mal richtig gelegen haben, glauben fortan, selbst bei reinen Zufallsspielen eine überdurchschnittliche Erfolgschance zu haben. Menschen überschätzen generell ihre eigenen Fähigkeiten. Ein realistisches Selbstbild haben eigentlich nur Depressive. Menschen, deren Aktien steigen, glauben von sich selbst, eine »hohe Risikotoleranz« zu haben, Menschen, deren Aktien sinken, sehen das anders.

Über menschliche Irrtümer bei der Wahl der Berater hatte das Buch nichts zu sagen. Außer, dass man sich bei einer Entscheidung zwischen zwei gleich qualifizierten Kandidaten ausnahmsweise auf seine Intuition verlassen dürfe, allerdings erst, nachdem man Ausbildung, Abschlüsse und Vorstrafenregister geprüft habe.

Als Christian Wolf schließlich zurückrief, hatte ich innerlich schon mit ihm abgeschlossen. Ich wollte nicht nachtreten, also erwähnte ich weder die Performance des Noah noch den Stern der Rating-Agentur, der über ihrem Fonds blinkte wie über einem schäbigen Bahnhofshotel. Ich sprach auch nicht über den Zustand des Goldpreises (790 Dollar), der einfach erbärmlich war, wenn man bedachte, dass wir in einer ernsten Finanzkrise steckten. Dass ich nicht über AngloGold Ashanti jammern würde, war sowieso Ehrensache, schließlich hatte ich mir den Tipp erschlichen, hatten mich die beiden vor Optionsscheinen in den Händen einer Kleinanlegerin gewarnt.

»Es läuft nicht gut«, sagte ich. »Ich verstehe die Märkte nicht mehr«, sagte ich.

»Goldminen sind historisch einmalig billig«, sagte Wolf. »Die Fundamentaldaten stehen bei Gold auf 3000 bis 4000 Euro. Allein schon diese Fantasie müsste die Minenaktien beflügeln.«

»Ich hab doch schon eine Goldmine gekauft«, sagte ich resigniert.

»Dann legen Sie sich noch einen Silberbarren ins Depot!«

Er mochte ja recht haben. Er konnte aber auch falsch liegen. Kein Investor hat immer recht. Wäre es nicht vernünftiger, dachte ich, du hättest mich zum Diversifizieren ermuntert?

Aber das sagte ich nicht. Ich wollte ihm keinen Vorwurf machen. Es war nur blöd von mir gewesen, den beiden so vollständig zu vertrauen.

Ist es möglich, dass ganz normale Leute erst dann zu wilden Spekulanten werden, wenn sie ein traumatisches Ereignis erlebt haben, etwas, das ihr Sicherheitsgefühl erschüttert und sie dazu bringt, große Risiken einzugehen? Denby hatte nach einer Scheidung den Kopf verloren. Dostojewski war nach dem Tod dreier ihm nahestehender Menschen spielsüchtig geworden. George Soros hatte sich als Junge vor der Deportation durch die Nazis retten müssen. Bei Warren Buffett war es die Mutter, von der es hieß, dass sie ihn als Kind gedemütigt habe. Und bei mir hatte offenbar schon ein kleiner Schreck ausgereicht, um reich werden zu wollen: die Erfahrung, dass das Angestelltenleben mit all seinen Möglichkeiten und Sicherheiten jederzeit enden könnte.

Denby wurde erlöst, als er alle Gewinne, die er in seiner Hochphase gemacht hatte, wieder los war. Er verkaufte die Wohnung und suchte sich ein kleines Apartment, das er liebevoll renovierte. Er reiste mit seinem Sohn durch Japan. Er besann sich wieder darauf, Filmkritiken zu schreiben. Er konnte nachts wieder schlafen, besser als zu der Zeit, als der Markt ganz oben war und er in der Furcht lebte, alles zu verlieren. »Der Verlust war eine Erleichterung, und die Wahrheit war, dass meine Frau und ich als geschiedene Leute überleben würden«, schrieb er im letzten Kapitel seines Börsenabenteuers.

Ich war noch mittendrin. Es war Sommer. Die Frage war nur, welcher Satz auf dem Boden meines Suppentellers auf mich wartete, falls ich alles verlieren würde.

**Depot August**

| | |
|---|---|
| **Offene Positionen** | |
| Call AngloGold Ashanti | 60 Euro |
| Call Gold (Esel) | 899 Euro |
| **Liquide Mittel** | |
| Cash | 6311 Euro |
| **Kontostand** | 7270 Euro |

## 15 Die Verwirrung der Verwirrungen

Im August saß ich in meinem Büro am Helmholtzplatz und quälte mich, statt ins Schwimmbad zu gehen, durch die Wirtschaftsteile der Zeitungen. Wenn ich auf den Märkten Erfolg haben wollte, würde ich andere Meinungen an mich heranlassen müssen, würde ich mich wirklich öffnen müssen für die Vorstellung, dass alles auch ganz anders kommen könnte, als ich oder die Goldsekte das erwartete. Aber je mehr Vokabeln ich kannte, desto weniger verstand ich.

Beileidsmails trudelten bei mir ein. »Musste neulich an dich denken«, schrieb Björn aus Luxemburg. »Sind keine einfachen Marktbedingungen für jemanden wie dich. Andererseits hast du jetzt eine viel größere Chance, dein Geld zu verdoppeln, als vor ein oder zwei Jahren, als noch so viel Hype in den Preisen war.«

»Ist ein harter Markt, selbst für Profis«, sagte Harald Weygand.

»Aber es muss doch möglich sein, Geld zu machen«, insistierte ich. »Irgendwas steigt doch immer.«

»Sie können dem Markt nicht Ihre Pläne überstülpen. Sie müssen sich danach richten, was der Markt hergibt.«

Ich glaubte zu verstehen. Man muss sich dem Markt nähern wie ein Bauer seinem Feld. Man prüft den Boden, zerreibt vielleicht ein Blatt zwischen den Fingern, blinzelt in den Himmel, leckt den Daumen und hält ihn in den Wind, und dann entscheidet man, was aus den Gegebenheiten zu machen ist.

War ich wie eine Bäuerin, die darauf bestand, Tomaten in Grönland zu ernten?

Es hieß, eine Rezession werde über die Erde fegen, die schlimmer sein werde, als die Weltwirtschaftskrise der dreißiger Jahre. Vielleicht. Oder auch nicht. In diesen milden Spätsommertagen, in denen meine Kollegen um die Mittagszeit sorglos pfeifend ins Büro kamen, um sofort mit ihren Laptops in den Park zu verschwinden, kreisten meine Gedanken um ein Phänomen namens »Decoupling«. Es war das große Thema der Finanzwelt in diesem Sommer, und es ging dabei um die Frage, ob die Volkswirtschaften Asiens sich vom Niedergang des Westens würden abkoppeln können, ob deren neue Mittelschichten mit ihrer Kaufkraft das Nachlassen des amerikanischen Konsums auffangen könnten.

Noch vor wenigen Wochen hatte ich in einer Welt gelebt, in der immer mehr Inder und Chinesen immer mehr Energie, Rohstoffe und Nahrungsmittel verbrauchten. Nun waren die Rohstoffpreise um 20 Prozent abgestürzt. Hatte ich nicht gerade ständig Reportagen über neureiche junge Asiaten gelesen, die ihre Ernährungsgewohnheiten änderten, immer mehr Pasta, Cappuccino, Kohlenhydrate verbrauchten?

Nun war plötzlich vom Ende der Rohstoffhausse die Rede.

Im Sommer hatte der Ölpreis einen neuen Rekord erreicht, er würde nun ewig steigen, hatte es geheißen – das Öl werde knapp, die Weltbevölkerung werde immer größer … –, um innerhalb weniger Wochen wieder abzustürzen, angeblich, weil die Nachfrage wegen der beginnenden Rezession bereits nachließ. Was mir auffiel: Die Experten in den Finanzteilen klangen ganz anders als Politikjournalisten. Sie neigten nicht so zu Vorhersagen, Prognosen, Festlegungen. Wenn die Sojabohnenpreise gesunken waren, debattierten sie darüber, warum die Sojabohnenpreise gesunken waren. Als die Investmentbank Lehman Brothers Hypothekenpapiere verkaufen musste, um an frisches Geld zu kommen, schrieben sie, dass eine richtig große Bankenpleite (möglicherweise) noch bevorstehe. Als Warren Buffett bei einer Investmentbank einstieg, mutmaßten sie, dass das Schlimmste schon vorüber sein könnte. Und wenn es um die Zukunft ging, vertraten die einen jene, die anderen die gegenteilige Meinung, und die dritte Fraktion wog beide Meinungen ab.

In einem Berliner Café traf ich den ehemaligen Deutschland-Chef einer großen amerikanischen Bank, um mit ihm die Abkoppelungsfrage zu klären. Wir erkannten uns an den lachsfarbenen Seiten einer gewissen Zeitung.

»Die Geschworenen tagen noch«, sagte er.

»Und was, wenn China sich nicht abkoppelt?«, fragte ich.

»Dann gnade uns Gott.«

»Und wer bekommt jetzt als Nächstes Probleme?«

»Haben Sie schon mal von CDS gehört?«

Ich schüttelte den Kopf. Ich hatte zu diesem Zeitpunkt gerade mal begriffen, was CDOs waren.

»Credit Default Swaps«, sagte er, »Kreditausfallversicherungen.«

»Und was heißt das für mich als Investorin?«, fragte ich.

»Überlegen Sie sich einfach mal«, sagte er, »wer Kreditausfallversicherungen bereitstellt.«

»Versicherungen?!«

Ich suchte weiter nach Kurven, die sich in den letzten Monaten in eine eindeutige Richtung bewegt hatten, nach verpassten Chancen, Entwicklungen, die ich wegen meiner Fokussierung auf das Altbekannte übersehen hatte.

Ich fand Blei.

Blei hatte sich in eine eindeutige Richtung bewegt. Der Preis hatte sich seit Januar sauber halbiert. Hätte ich auf einen fallenden Bleipreis gewettet, hätte ich mein Geld verdoppelt.

Und was war eigentlich mit dem Kakaopreis, dem die *Süddeutsche Zeitung* irgendwann eine große Zukunft vorhergesagt hatte?

Tatsächlich: Er hatte ab April eine beeindruckende Kurve hingelegt. Um dann im Juli abzustürzen. Eine Einstiegsgelegenheit? Ob ich in Kakao gehen sollte? Eigentlich eine sympathische Anlageklasse. Ein Rohstoff, den meines Wissens keiner zum Leben brauchte, sodass ich mit einem Kauf immerhin nicht zur Verteuerung eines Grundnahrungsmittels beitragen würde. Aber auch beim Kakao wurde es schnell unübersichtlich: Kamerun, Nigeria und Indonesien hätten Probleme mit der Ernte, hieß es auf einer Seite mit dem Namen »Aktiencheck«, weil es in allen drei Ländern in Strömen regne, sodass die Kakaofrüchte weder »ordentlich geerntet noch richtig getrocknet« werden könnten. Andererseits sei das Wetter im größten Kakaoproduzentenland, der Elfenbeinkünste, gut, wodurch die Preise auch wieder sinken könnten.

In den Büchern, die ich über die Märkte gelesen hatte, war immer nur von den großen Übertreibungen die Rede gewesen, von den Hypes und Crashs, in denen die Dienstmädchen enteignet werden. Kaufe billig, verkaufe hoch. Das ist die Grundregel allen Handelns, sie ist nicht schwer zu verstehen. In einem Boom hätte ich vielleicht gewusst, was zu tun wäre. Aber auf ein Auf und Ab wie dieses war ich nicht vorbereitet, weil ich davon nie gelesen hatte.

Selbst Soros tat immer undurchschaubarere Dinge. Vor einigen Wochen hatte ich in einer Meldung gelesen, dass er Gold gekauft hatte. Kurz darauf war es um 200 Dollar abgestürzt, was natürlich nicht gegen Soros sprach. Vielleicht glaubte er noch immer, dass der Goldpreis langfristig steigen würde. Dann las ich, dass er für seinen Hedgefonds »Quantum« Aktien der angeschlagenen Investmentbank Lehman Brothers gekauft hatte. Wie bitte? Hatte Soros nicht gerade ein Buch geschrieben, das davon handelte, dass die Banken, der Dollar, der Westen, der ganze Cowboy-Kapitalismus am Ende waren? Und war nicht Lehman die Bank, von der es hieß, dass sie das nächste Opfer sein könnte?

»Vielleicht weiß er etwas, was wir nicht wissen«, sagte Juha. »Lehman ist sehr billig im Moment. Wenn sie nicht bankrottgehen, ist es der perfekte Moment, um einzusteigen.«

»Aber wieso schreibt er ein Buch über die Finanzkrise und setzt dann auf Banken? Das ist doch paradox.«

»Da tut er sicherlich das Gegenteil von dem, was er gesagt hat. Vielleicht hat er das Buch geschrieben, weil er aus einer Dollarkrise für sich Gewinn schlagen würde. Er mag Krisen. Er macht gerne Krisen. Er hat früher viele Währungskrisen gemacht!«

»Du meinst, er glaubt gar nicht, dass das Finanzsystem am Ende ist, und schreibt diese Bücher nur, weil er von einem sinkenden Dollar profitiert?«

»Ich kenne ihn nicht«, sagte Juha jetzt vorsichtig. »Ich folge Warren Buffett. Ich bin Value-Investor!«

»Kann es wirklich sein, dass die Bankenkrise schon vorbei ist, Juha?«

»Manche denken das. Andere haben Angst, dass uns das Schlimmste noch bevorsteht«, sagte er düster. »Ein Großer könnte sich dieses Jahr noch verabschieden.«

»Ein Großer?«

»Eine große Bank.«

»Glaubst du, es wir bald passieren?«

»Keiner kennt den Tag, Heike.«

»Also bleibe ich in Gold?«

»Wenn ich du wäre, würde ich jetzt keine verrückten Investitionen tätigen. Hör auf zu spekulieren und suche ernsthafte, langfristige, solide Anlagen. Aktien von Unternehmen, die du richtig gut kennst.«

»Es gibt keine Unternehmen, die ich richtig gut kenne, Juha.«

Er schwieg.

»Was ist denn mit der Papiermühle in Nordfinnland?«, fragte ich.

»Eine Papiermühle in Nordfinnland?«

»Du hast damals am Flughafen von einer Papiermühle gesprochen ...«

»Ach die. Ich weiß nicht. Ich habe ein wenig spekulatives Geld in eine finnische Fotofirma gesteckt. Es geht ihnen sehr schlecht. Sie haben eine Menge Kredite laufen, und das Risiko, dass sie pleitegehen, ist hoch. Aber wenn sie es schaffen, dann vervielfacht sich der Kurs.«

Finanzmänner neigen nicht zu apodiktischen Aussagen. Wer in seinem Portfolio ständig daran erinnert wird, wie oft er falsch gelegen hat, lernt schnell, der eigenen Meinung zu misstrauen. So abenteuerlustig die Männer waren, die ich bisher kennengelernt hatte: Wenn sie nach der Zukunft gefragt wurden, hatten sie alle etwas auffallend Demütiges, Mürbes, Vorsichtiges.

Der Laden jedenfalls hieß Eirikuva Digital Image.

Und Kurs hieß auf Finnisch Kurssi. Er stand bei 0,09 Cent pro Aktie.

Ich rief Ahmed an. Zu meiner Überraschung nahm er sofort ab. »Heike«, sagte er nur. »Long time no hear your voice.«

Er klang ein wenig vorwurfsvoll.

Ich murmelte eine Entschuldigung (die Leitung war schlecht, er klang, als säße er im Auto: nicht die Situation für langatmige Erklärungen) und ging zum Geschäftlichen über. Es stellte sich heraus, dass die irakische Börse ISX – surprise, surprise – nach wie vor nicht online gegangen war. Noch immer wurde dreimal die Woche in einem Hotel in Bagdad gehandelt, noch immer brauchten ausländische Investoren notariell beglaubigte Urkunden und ein Konto im Irak, um an der ISX tätig werden zu können. Das große Geld floss an dem Land vorbei.

Im September, inschallah, sei es aber so weit, sagte Ahmed.

»Also warte ich, bis ich dir mein Geld schicke?«, rief ich in den Hörer.

»Sicher«, sagte Ahmed.

»Sagst du mir Bescheid, wenn das E-Trading losgeht?«

»Bestimmt.«

»Sagst du mir *vorher* Bescheid?«

»Mach dir keine Sorgen, Heike. Schön, deine Stimme zu hören! Lass mich nicht mehr so lange warten!«

»Die ganze Welt hat Geld verloren«, sagte Björn netterweise, als ich ihm erzählte, dass ich fast 30 Prozent im Minus sei. »Das ist nichts, wofür du dich schämen müsstest.«

»Ich schäme mich nicht«, sagte ich. »Aber ich hatte vorgehabt, von der Krise zu profitieren.«

»Du bist in einen Sturm geraten. Wenn die großen Märkte abstürzen, dann gehen alle Märkte in diese Richtung, unabhängig von den Fundamentaldaten.«

»Aber genau darauf hatte ich spekuliert. Die Bankenkrise, die Inflation – davon redet die Goldsekte schon seit Jahren. Und alles ist eingetreten, aber ich habe trotzdem kein Geld verdient.«

»Das bedeutet, dass du die Fundamentaldaten richtig vorhergesehen hast – das ist etwas, worauf du stolz sein kannst, Heike.«

»Aber warum habe ich trotzdem Geld verloren?«

»Weil der Goldpreis gesunken ist.«

»Aber wieso ist er gesunken, obwohl er in einer Krise steigen müsste?«

»Jetzt fragst du mich nach dieser Goldgeschichte. Ich bin kein Gold-Bug. Ich kenne mich da nicht aus.«

»Was ist mit der ISX los?«

»Unter uns«, sagte Björn. »Ich denke, Winter ist realistisch.«

»Für mich leider zu spät«, sagte ich.

»Das Problem in solchen Märkten ist: Nichts passiert und nichts passiert, und wenn es passiert, dann passiert alles auf einmal. Dann kommen die großen Jungs aus Dubai und New York. Und dann geht es richtig ab, Heike.«

»Hast du noch andere Ideen?«

»Wie viel hast du denn noch?«

»Etwa 7000 Euro.«

»Du bist 70 Prozent in Cash? Das ist großartig! Weißt du, nichts zu tun ist auch eine Investitionsentscheidung. Jetzt musst du nur noch auf eine gute Gelegenheit warten.«

»Hast du eine Idee?«

»Wenn ich du wäre, würde ich etwas kaufen, das du nutzen und genießen kannst. Ein Haus! Reiche Freunde von mir haben sich Häuser in Kambodscha gekauft. Das Land ist arm, aber es liegt zwischen Thailand und Vietnam, zwei relativ reichen Nachbarstaaten. Natürlich gibt es vielleicht einige juristische Nebenaspekte…«

»Hast du nicht noch eine andere Idee?«

»Es gibt so viele Dinge in der Welt, in die es sich zu investieren lohnt, Heike! Aber weißt du, es gibt etwas, das wir alle an der Universität als Erstes gelernt haben: Du solltest diversifizieren!«

Am Ende des Tages stand auf meinem Zettel:

- Eirikuva
- Kambodscha
- ISX
- Gute, solide Standardaktien
- Diversifizieren!

Es klang unentschieden, inkohärent, planlos. Es war jedenfalls nicht die Liste einer Spekulantin, die das Toben und Wogen der Märkte von einem sicheren kleinen Felsen aus beobachtet, um dann mit kühlem Kopf informierte Entscheidungen zu treffen.

»Na, läuft's gut?«, fragten meine Kollegen schwungvoll desinteressiert, wenn sie kurz ihren Kopf in mein Zimmerchen steckten. Die Glücklichen ahnten nicht einmal, dass vielleicht eine schreckliche Krise nahte.

»Ich mache wohl«, sagte ich, »einen Prozess durch, der ganz normal ist, wenn man sich in ein neues Wissensgebiet einarbeitet: Man kapiert ein paar Dinge, hält sich für eine Expertin. Dann kommt eine Phase der Verwirrung, in der einem die einfachen Gewissheiten abhanden kommen, weil man versteht, wie viel man nicht versteht. In der befinde ich mich gerade. Aber ich habe die Hoffnung, dass ich, wenn ich sie hinter mich gebracht habe, eine klügere, bessere Investorin sein werde.«

Was ich nicht sagte, war, dass ich manchmal den Verdacht hatte, dass das rettende Ufer der Erkenntnis noch Jahre entfernt sein könnte.

## 16 Gegen England

Was würde Soros tun? Mein Alter Ego. Schon der Name – so wohlklingend, harmonisch, ein wenig respekteinflößend in seinem dunklen Klang. Ich sprach ihn gerne aus: Schorosch. Ein Palindrom, das sein Vater dem Esperanto entlehnt hatte, der internationalen Kunstsprache, in der es die Zukunftsform des Verbs »aufstreben« bildete. Was sich bewahrheiten würde. György, 1930 in Ungarn geboren, 1947 nach England ausgewandert, wurde in New York zum Jahrhundertspekulanten. Der Mann, der Milliarden machte, indem er mit der Geschichte tanzte. Wobei George ihr immer einen Schritt voraus war. Ende 1985 hatte sein »Quantum Fund« als Erster aller Hedgefonds die Milliardenmarke überschritten. Eine Nachricht, die damals außerhalb der Wallstreet keiner bemerkte. Weltberühmt wurde Soros erst ein paar Jahre später, als er 1992 das englische Pfund zur Abwertung zwang, indem er Milliarden davon auf den Markt warf. Fortan oszillierte sein Ruf zwischen Meisterdieb und Finanzgenie, wobei er selbst darauf bestand, dass er seine Jahresrenditen von durchschnittlich 30 Prozent der Philosophie zu verdanken hatte. Jener etwas obskuren Theorie, die er Reflexivität nannte, was immer das genau bedeutete.

Bislang hatte ich ihn aus der Ferne bewundert für die, ja, Großspurigkeit, mit der er die ganze Welt nach Profitmöglichkeiten abgesucht hatte, und für die Großzügigkeit, mit der er sein Geld später, als er in der Philanthropen-Phase war, wieder ausgab. Aber nun wollte ich mich näher mit seinen Erfolgsstrategien beschäftigen. Ich las seine Biografie. Er hatte Wirtschaftswissenschaften an der London School of Economics studiert, um sich in seinem letzten Jahr für Philosophie zu begeistern, insbesondere für seinen Professor Karl Popper, dessen bahnbrechende Ideen über die Gewinnung und Kompostierung von Erkenntnis den Anfang Zwanzigjährigen beeindruckten. Wir können, sagte Popper, mit den Werkzeugen der Vernunft immer nur vorläufige Theorien entwickeln, denn egal wie groß die Summe unserer Indizien sein mag: Sie wird niemals ausreichen, um irgendetwas auf der Welt letztgültig zu beweisen. Am Ende reicht ein Gegenbeweis, um alles zu widerlegen, und jede Theorie müsse deshalb, damit sie der Wissenschaft genüge, offen dafür sein, falsifiziert zu werden. Innerhalb der Philosophie war dies ein Angriff auf den logischen Positivismus, ideologisch auf alle Systeme, die sich auf absolute Wahrheiten berufen, von denen das Volk auch mit Gewalt überzeugt werden darf. Popper setzte die Vorstellung einer »Open Society« dagegen, einer Gesellschaft, deren Institutionen allein die Aufgabe hätten, verschiedene Standpunkte und Ideen zu ermöglichen und ihnen Gehör zu verschaffen. Den jungen Soros, der gerade die Nazis überlebt hatte und dem Kommunismus entflohen war, traf die Idee, wie er selbst sagte, ins Mark. Später würde er mit seinen Stiftungen versuchen, solche offenen Gesellschaften vor allem in Osteuropa zu fördern, aber er behauptete auch, dass Poppers Ideen die Grundlage seiner spekulativen Erfolge bildeten, nachdem er daraus besagte »Reflexivitätstheorie« entwickelt habe.

Seine zahlreichen Bücher, die alle um das Thema kreisen, sind berüchtigt, denn sie gelten als langatmig und schlecht geschrieben. Was, wie ich bald herausfand, der Wahrheit entspricht. Nach der x-ten Wiederholung seiner Argumente verstand ich immerhin die Grundidee: Märkte können die Realität (also das, was Finanzmenschen »Fundamentaldaten« nennen) nicht korrekt beurteilen und mit einem adäquaten Preis versehen. Zum einen, weil menschliches Wissen über die Welt grundsätzlich niemals perfekt sein kann (Popper!), zum anderen, weil Menschen, in dem Moment, in dem sie versuchen, soziale Phänomene zu interpretieren, diese gleichzeitig verändern, weil sie Teil des Ereignisses sind, das sie begreifen wollen. Das eingängigste seiner an Beispielen reichen Bücher war seine Interpretation der amerikanischen Immobilienblase: Die Banken hatten Kredite vergeben, getragen von der Überzeugung, dass Immobilienpreise im Durchschnitt immer steigen. Das war das unperfekte Verständnis der Welt gewesen (kein Mensch kann beweisen, dass Immobilienpreise grundsätzlich immer steigen). Gleichzeitig hatten die Gläubiger übersehen, dass die eigenen Kredite zum Steigen dieser Preise beitrugen – dass die Kredite also von einer Realität abgesichert wurden, die sie selbst beeinflussten. Es ist diese unvermeidbare Rückkoppelung, die Soros Reflexivität nennt. Er glaubt, dass ihm sein Wissen darum geholfen habe, Milliarden zu verdienen. Auf einer abstrakteren Ebene griff er damit das neoliberale Dogma von den Selbstheilungskräften allwissender Märkte an, das von den Wirtschaftswissenschaftlern Milton Friedman und Friedrich August von Hayek entwickelt und von Reagan und Thatcher schließlich umgesetzt worden war. Soros kritisierte es seit Jahren, aber niemand hatte ihn ernst genommen, die Philosophen nicht, die sagten, dass er in den fünfziger Jahren steckengeblieben sei, die Ökonomen nicht, weil er die Grundannahmen ihrer Disziplin angriff. Er sei halt einfach ein Spekulant, der gerne mehr sein wolle, hieß es. Selbst sein ältester Sohn Robert behauptete, dass die Theorien des Vaters mindestens zur Hälfte »Bullshit« seien, nachträgliche Rationalisierungen eines instinktiven Gefühls für die Weltläufte. Was in meinen Augen kein Widerspruch war: Ich konnte mir gut vorstellen, dass einer, der mit vierzehn erlebt hat, wie seine Welt auf den Kopf gestellt wird, und der innerhalb von Wochen vom privilegierten Sohn einer wohlhabenden Bürgerfamilie zum KZ-Kandidaten wurde, danach die Welt nicht mehr für bare Münze nahm. Dass es ihm nicht mehr gelang, die Meinung der Mehrheit allein deshalb für vernünftig zu halten, weil es die Meinung der Mehrheit war.

Das Problem war: Je besser ich Soros verstand, desto weniger wusste ich, wie ich seine Erkenntnisse auf die Marktlage des Sommers anwenden konnte. Was würde passieren? Etwas lag in der Luft, aber ich war mir nicht sicher, was. Mein Gefühl sagte mir, dass englische Aktien überbewertet waren. Es hatte Andeutungen gegeben, Nebensätze in der *Financial Times,* die sich bei mir zu dem Bild verdichtet hatten, dass dem englischen Immobilienmarkt das Schicksal Amerikas noch bevorstand, dass auch dort eine Immobilienblase platzen würde, mit negativen Folgen für den britischen Aktienindex, das Pfund, die Volkswirtschaft, das ganze Königreich. Ich hatte eine Zeitlang mit den Gedanken gespielt gegen England zu wetten, aber konkret wurde die Idee erst, als ich im Internet ein Gespräch mit dem britischen Finanzminister fand. Es war das merkwürdigste Interview, das ich je von einem Politiker gelesen hatte. An einem wolkenverhangenen Herbsttag hatte dieser Alistair Darling eine Reporterin der Zeitung *The Guardian* in das Ferienhaus seiner Familie auf den Äußeren Hebriden eingeladen. Mit einer Schale selbst gemachter Suppe habe er sie am Gartentor empfangen, schrieb sie, man habe sich dann vor den Kamin gesetzt. Und hier, im Schoße des Hauses, in dem er schon die Sommer seiner Kindheit verbracht hatte, hatte der Chancellor of the Exchequer sich offenbar vergessen.

»Sag ihr alles«, hatte seine Presseberaterin zu Beginn des Interviews ihren Schützling sogar noch angefeuert. »Achte darauf, dass du ihr alles sagst.«

Glaubte sie, dass Darling zum Erscheinen des Gesprächs vielleicht schon gar nicht mehr Finanzminister sein würde? Sein Job war in Gefahr: Die Hauspreise in England waren in den letzten Monaten um acht Prozent gesunken, fürs nächste Jahr rechnete man mit einem Minus von weiteren 20 Prozent. Für 1,7 Millionen Haushalte in Großbritannien würden die Schulden dann den Wert ihres Eigenheims übersteigen. »Negative Equity« hieß die schaurige Vokabel im Englischen, Überschuldung.

Die Wirtschaftslage sei »wohl die schlechteste seit sechzig Jahren«, gestand Alistair Darling also an diesem düsteren Nachmittag am Rande Europas, und die Krise werde »tiefer gehen und länger dauern, als alle es erwartet haben«. Beim Tanken bekomme er Vorwürfe wegen der hohen Benzinpreise zu hören, und als er neulich mit seiner Frau und einem befreundeten Paar beim Abendessen ein wenig entspannen wollte und eine zweite Flasche Wein bestellte, habe der Kellner in ihre Richtung gezischt: »Zu viel Wein.« Man sei dann das ganze Abendessen über bei einer Flasche geblieben. Seit einem Jahr, klagte seine Frau, die nebenan in der Küche hantierte, bestehe das Leben ihres Mannes aus »einer Krise pro Woche«, im Kino sei er seit Ewigkeiten nicht mehr gewesen, das nächste Jahr werde seiner Ansicht nach das schwierigste, das die Labour Party in dieser Generation erlebe. »Innerhalb von zehn Monaten sind wir von einer Position, in der die Leute das Gefühl hatten, die Dinge laufen okay, in eine Situation geraten, in der es ganz sicher nicht okay läuft«, sagte Alistair.

Nachdem ich das Interview gelesen hatte, wusste ich, was zu tun war: Ich würde gegen England wetten. Ich würde Puts auf den britischen Aktienindex FTSE und auf verschiedene Banken kaufen, Optionsscheine, die stiegen, wenn der Wert des »Footsie« sank. Hebelpapiere waren mir inzwischen zwar unsympathisch geworden, aber sie sind die einzige Möglichkeit für Kleinanleger, an fallenden Kursen zu verdienen. Ob es auch Aktien gab, die in einer Krise steigen würden? Ich fand einen Analystenreport, der dem englischen Pfandleihhaus Harvey & Thompson eine große Zukunft voraussagte. Das Geschäftsmodell war so gnadenlos wie einleuchtend: Wer von seiner Bank keinen Kredit bekam, und das würden in Zukunft immer mehr Leute sein, der habe keine andere Wahl, als Schmuck oder Uhren zu versetzen. In Zeiten, in denen Kredite knapp wurden, würden bald sogar Unternehmer die Dienste der Pfandleiher in Anspruch nehmen. Die Vorstellung gefiel mir nicht. Aber die ethischen Verwicklungen hielten sich offenbar in Grenzen: »Pfandleiher sind bei ihren Kunden generell gut angesehen, zwei Drittel der

Kunden fanden die Kosten vernünftig«, hieß es in dem Bericht. »Weil sie das Pfand als Sicherheit für den Kredit haben, stellen sie keine ›schweren Jungs‹ ein, um Schulden einzutreiben. Auch zerstören sie nicht die Kreditwürdigkeit eines Kreditnehmers, falls dieser das Pfand nicht mehr auslösen kann.« Das klang nicht gerade wie Ärzte ohne Grenzen, aber es war offenbar ein notwendiger und nachgefragter Service innerhalb des kapitalistischen Systems.

In den ersten beiden Septemberwochen bezog ich schließlich Position. Ich kaufte Puts auf den FTSE, die ich Tage später mit Gewinn wieder verkaufte. Ich wettete gegen verschiedene Banken und ich kaufte Aktien von Harvey & Thompson. Ich nannte es mein Portfolio Miserabilis.

War ich mir meiner Sache sicher? Natürlich nicht. Aber das musste ich auch nicht. »Menschen können ihre Entscheidungen nicht allein auf der Grundlage von Wissen treffen«, hatte Soros in seinem neuen Buch geschrieben. Das war natürlich auf die Neoliberalen gemünzt. Mich befreite er damit von dem Gefühl, alles verstehen zu müssen, ehe ich handelte. »Wir leben nicht in einer perfekten Welt«, sagte er einmal. »Deshalb ist es nicht schlecht, wenn man selbst auch nicht so perfekt ist.«

Wer würde sich da nicht wiedererkennen?

**Depot 11. September**

**Offene Positionen**

| | |
|---|---|
| Call AngloGold Ashanti | 45 Euro |
| Call Gold (Esel) | 585 Euro |
| Put FTSE | 2811 Euro |
| Put Swiss Re | 723 Euro |
| Puts auf Banken (Citi, SocGen, Barclay's) | 1528 Euro |
| Aktien Harvey & Thompson | 257 Euro |

**Liquide Mittel**

| | |
|---|---|
| Cash | 992 Euro |
| **Kontostand** | 6941 Euro |

**Depot 18. September**

**Offene Positionen**

| | |
|---|---|
| Call AngloGold Ashanti | 45 Euro |
| Call Gold (Esel) | 1134 Euro |
| Puts auf Banken | ~ 1700 Euro |
| Aktien Harvey & Thompson | ~ 240 Euro |

**Liquide Mittel**

| | |
|---|---|
| Cash | 992 Euro |
| Put FTSE realisiert | 3345 Euro |
| Swiss Re realisiert | 1171 Euro |
| **Kontostand** | 8627 Euro |

## 17 Portfolio Miserabilis

In der darauffolgenden Woche gab mir die Welt auf eine derartig schockierende Weise recht, dass ich, hätte mich jemand vor die Wahl gestellt, lieber falsch gelegen hätte.

Übers Wochenende verschwand Merrill Lynch. Verkauft an eine größere Bank, um der Pleite zu entkommen.

Am Montag ging die hundertdreiundzwanzig Jahre alte New Yorker Investmentbank Lehman Brothers bankrott.

Am Dienstag konnte die amerikanische Riesenversicherung AIG nur durch Verstaatlichung gerettet werden.

Am Mittwoch waren die Kurse der schottischen Bank HBOS so stark abgestürzt, dass sie in eine Zwangsehe mit der Lloyds Bank gedrängt wurde.

Bis zum Donnerstag hatte der Dow Jones die schlimmsten Kursverluste seit Jahren erlitten, und um den englischen Aktienindex FTSE war es auch nicht besser bestellt. Überall auf der Welt machten die Zeitungen mit Fotos auf, die Händler zeigten, die mit ungläubigen Gesichtern auf Kurstafeln schauten oder ihren Kopf verzweifelt in den Händen bargen.

Am Freitag stand ich am Ausgang der Londoner U-Bahn-Station »Bank«.

Es war acht Uhr morgens, und ich beobachtete, wie Männer in Anzügen und Frauen in eng geschnittenen Kostümen die letzten Stufen ans Tageslicht nahmen, wie sie von der hellen Sonne eines traumhaften Septembermorgens erfasst wurden, um sofort weiterzuhasten, fast wie in einem alten Stummfilm. Gehetzt von den abstürzenden Kursen? Ich suchte nach Zeichen der Katastrophe, aber ich fand keine. Die Gesichter der Frauen waren sorgfältig geschminkt, die Krawatten der Männer ordentlich gebunden, und der eine oder andere trug sogar eine Golftasche über der Schulter. Auch am Ende einer der schlimmsten Wochen, die die Finanzmärkte seit der Großen Depression erlebt hatten, begann am Freitag das Wochenende.

Der Zeitungshändler am Ausgang der U-Bahn-Station blieb unbeachtet, seine Nachrichten waren den Eingeweihten bereits bekannt. »Jetzt bluten die Hedgefonds«, titelte eine Boulevardzeitung. Am Abend zuvor hatte die britische Börsenaufsicht das »Shortselling« für neunundzwanzig Aktien aus dem Finanzsektor untersagt, das Profitieren von fallenden Kursen. Normalen Aktienfonds ist diese Technik verboten, weshalb jetzt vor allem die in Südseeparadiesen registrierten, unregulierten Hedgefonds für die Kursstürze verantwortlich gemacht wurden. Wer größere »Short-Positionen« an einer Bank oder Versicherung hielt, musste diese nach dem neuen Gesetz den Behörden melden. »Mit anderen Worten: verkaufen«, wurde ein Fondsmanager in einer Zeitung zitiert.

Ich hatte mir die Katastrophe aus der Nähe ansehen wollen und Björn gebeten, ein paar E-Mails an Geschäftsfreunde in London zu schicken. So war ich schließlich beim Manager einer kleinen Finanzfirma gelandet, der mir erlaubte, seinen Händlern ein paar Tage über die Schulter zu schauen. Das Unternehmen trug den unauffälligen Namen »SVS Securities« und verkaufte irgendein neu aufgelegtes Finanzprodukt, das sich »Contracts for Difference« nannte und das offenbar ähnlich funktionierte wie Optionsscheine.

SVS war nicht gerade der Nabel der Finanzwelt, aber ich war dankbar, dass es in so einer Woche überhaupt Leute in der City gab, die mit mir sprechen wollten. Von der U-Bahn-Station lief ich durch die engen Gassen rund um die Bank of England, den Ort, an dem der Aktienmarkt vor dreihundert Jahren erfunden worden war, zu der Zeit, als Tauchglockenunternehmen und Überseegesellschaften die Menschen an die Börse getrieben hatten. Das Büro von SVS Securities lag im Erdgeschoss eines zweistöckigen Altbaus, umstellt von Hochhäusern. Torben Friis, der dänische Manager, holte mich am Empfang ab. Mit der Geste eines stolzen Zoodirektors öffnete er kurz die Tür zu seinem »Trading Floor«. Ich sah junge Typen in weißen Hemden, die im Stehen telefonierten, Geschrei, Durcheinander. Dann schloss er den Raubtierkäfig wieder, und wir gingen in einen Park um die Ecke, um darüber zu reden, was der Tsunami übrig gelassen hatte.

»Heute ist ein guter Tag«, sagte er. »Alles steigt, und jeder in der City hat ein Lächeln im Gesicht.«

Das Shortselling-Verbot trieb die Kurse nach oben, und seine Firma profitierte vom schnellen Auf und Ab der Preise: Je nervöser der Markt, desto mehr Geld konnte man mit Contracts for Difference verdienen.

Torben war Däne und er bestand darauf, Deutsch mit mir zu sprechen, was bei Dänen immer ein wenig kindlich klingt.

»Seit heut Nacht gibt es blöde Regel von die Behörde«, erklärte er die neue Regel.

»Ich weiß. Ich bin auch short in Banken«, sagte ich.

Er grinste anerkennend. »Du bicht *short?*«

»Na ja, nicht in großem Stil.«

Ich erzählte ihm von meinem Portfolio Miserabilis. Dank der fallenden Kurse hatte ich mit meinen Puts endlich ein paar hundert Euro verdient. War ich womöglich auch von dem neuen Verbot betroffen?

»Kann sein, du musst financhielle Pochichion schließe. Alle Short Pochichion muss bis Dienstag nächste Woche geschlossen werden.«

»Aber ich habe doch nur ein paar Optionsscheine!«

»Kann sein, du wirst eine Mail von deiner Bank bekommen, dass sie deine Opchion leider verkaufen muss. Is wie immer: Gut für Bank, schlecht für die Kunden.«

Bei meinen Gesprächen mit Finanzmännern hatte ich noch keinen Einzigen getroffen, der nicht voller Kritik für »das System« gewesen wäre. Die Banken – inkompetent und arrogant;

die Zentralbank – eine Gelddruckmaschine; Greenspan – der wahre Schuldige; das Geld selbst – zunehmend wertlos; die Märkte – ein Pokerturnier, bei dem die Großen die Kleinen ausnahmen; die letzten Jahre – eine Orgie, die irgendwann enden musste. Am Anfang hatte mich diese Selbstzerfleischung überrascht, aber mittlerweile leuchtete sie mir ein. Die meisten Leute sprechen schlecht über die eigene Branche. Schließlich wissen sie am besten, was schiefläuft, sehen aus der Nähe, wie alle auf den schnellen Erfolg hinarbeiten, auf Kosten der Nachhaltigkeit, des Allgemeinwohls, der Vernunft an sich.

Schweigend saugten wir an unseren Kaffeebechern. Torben trug einen braunen Anzug und an den Füßen eine Kreuzung aus Budapestern und Cowboystiefeln: Sie hatten die Lochnähte von Budapestern, um dann nach vorne spitz zuzulaufen. Am Absatz blitzte ein kleiner Strassstein. Ich wusste nicht, ob er einfach nur einen ausgefallenen Geschmack hatte oder ob sein Outfit irgendetwas Rebellisches, Außenseitermäßiges signalisieren sollte. Er ließ sich einen kurzen Bart stehen und hatte klare blaugraue Augen und einen offenen, fast unschuldigen Blick.

»Financhchystem vielleicht kaputt«, sagte er.

Im Raubtierkäfig war Fütterung. Wegen des Shortselling-Verbots und weil die amerikanische Regierung angekündigt hatte, ein 700-Milliarden-Dollar-Rettungspaket zu verabschieden, ging es mit den Kursen rapide aufwärts. Der Chef-Trader hatte seine acht Mitarbeiter angewiesen, für den Tag auf steigende Werte zu setzen.

Er hieß Tim und er strahlte: »Wir machen heute Range Trading«, sagte er. »Rein – raus, rein – raus. Bis jetzt hat es ziemlich gut funktioniert. Wir haben für unsere Kunden heute schon 360 000 Pfund gemacht.«

Es war elf Uhr vormittags.

»Ich bin ja leider short«, sagte ich.

»Kein Problem. Der Aufschwung wird sich wieder legen. Ist nur eine kurze Rally. Ich glaube nicht, dass der Markt schon seinen Boden erreicht hat. Kann sein, dass es Anfang nächster Woche erst mal aufwärtsgeht, aber früher oder später…«, er schüttelte den Kopf.

»… wird alles zusammenbrechen?«

»Der überwältigende Konsens ist: ja. Das Schlimmste kommt noch.«

Zum ersten Mal an diesem Tag warf ich einen Blick in mein Portfolio Miserabilis. Es war tatsächlich wieder im Minus. Die Rally hatte ihm nicht gutgetan. Aber ich war nicht die Einzige, die verloren hatte.

Tim wählte die Nummer eines Kollegen und zwinkerte mir zu. »Er hat schlechte Laune. Er ist gestern short gegangen.«

Der Anrufbeantworter meldete sich. »Hi Benjamin. Wollte nur hören, ob du heute Abend auf einen Drink mitkommst. Sag Bescheid, falls du knapp bei Kasse bist… Hab gehört, du hast Probleme.« Er legte auf und wandte sich wieder seinen vier Bildschirmen zu. »Wow. Da haben wir's: Lloyds dreihundertfünfzig Punkte nach oben.«

Er hämmerte auf seinem Keyboard herum, als spiele er ein Computerspiel.

»Come on, come on, come on! Weißt du, ich versuch den Jungs beizubringen: Begrenzt euer Risiko nach unten. Im Moment bewegen sich die Märkte ohne Sinn und Verstand, und alles, was du tun kannst, ist zu versuchen, von der Volatilität zu profitieren.«

Einer seiner Händler rief quer über den Tisch: »Glaubst du, dass es heute noch eine große Verkaufswelle gibt?«

»Ich bin den ganzen Tag auf der Käuferseite. Wenn Amerika aufwacht, gibt es einen zweiten Aufschwung.«

Seine Sekretärin beugte sich über ihn.

»Baby?«, sagte Tim.

»Kennst du dich mit dem Lloyds-HBOS-Drama aus? Hast du

eine Ahnung, wann HBOS umgewandelt wird? Ein Kunde will wissen, was du von Lloyds hältst.«

»Wenn er drei bis sechs Monate warten will, ist es eine gute Entscheidung. Soll mich anrufen.«

Über einen der Monitore lief eine Liste mit Bloomberg-News:

»Aktien steigen weltweit nach Drosselung der Leerverkäufe

Paulson will Banken von giftigen Anlagen befreien

Shortsellers unter Beschuss nach dem Zusammenbruch von Lehman, AIG

Headhunter jagen Top Lehman Executives in London

Orchester Tokio, London Kids warten auf Nachrichten des Lehman-Kunstfonds

Dollar fällt über Nacht«

»Barclays sinkt wieder«, rief Tim in den Raum. »Los, Jungs – zu den Preisen ist es ein Schnäppchen!«

Die Trader waren alle in ihren Zwanzigern. Sie trugen hochgegeltes Haar, maßgeschneiderte Anzüge und Manschettenknöpfe. Sie sahen aus wie Studenten, die eine untergegangene Welt nachspielten, in der Banker noch Bankiers hießen und auf Kreditwürdigkeit und ausgeglichene Bilanzen Wert legten.

»Wettest du gerne?«, sagte einer zu mir.

»Wieso?«

»Im Fernsehen läuft der Ryder Cup. Wir haben einen internen Jackpot – 6400 Pfund.«

Tim meldete sich gerade für ein Pokerturnier am Wochenende an. »Meine einzige Sünde«, sagte er entschuldigend. »Ich trinke nicht, ich gebe wenig Geld aus, aber ich spiele Poker.«

Um eins rannte er los, um Lunch zu holen. Ich lief neben ihm her.

»Und? Gute Idee, mit dem Shortselling-Verbot?«, fragte ich, während wir die Straße hinunterhetzten.

»Nein. Sie hätten dem Kapitalismus seinen Lauf lassen sollen. Die Wirtschaft bewegt sich nun mal in Wellen, Boom und Bust, so war das schon immer, aber wir sind schon seit Jahren zu verweichlicht, um das auszuhalten.«

In einem Bioladen griffen wir uns Salat mit Huhn und Vitaminwasser, und dann waren wir schon wieder auf dem Rückweg.

»Mit anderen Worten, Greenspans ständige Zinssenkungen waren das Problem?«

»Oh ja. Aber aus der Rückschau lässt sich das immer sehr leicht sagen. Nur wenige Leute waren so weise, das vorherzusehen.«

Ich dachte an die beiden Bayern, die sich schon vor Jahren über die Politik der Federal Reserve aufgeregt und den Tag der Abrechnung beschworen hatten. Jetzt war er offenbar gekommen (auch wenn sich das unbegreiflicherweise nicht im Goldpreis widerspiegelte: Der stand, obwohl die Welt unterging, bei 856 Dollar die Feinunze, also niedriger als damals auf der Goldmesse).

»Wann hast du es das erste Mal erkannt?«

»Was?«

»Dass die Krise etwas mit dem billigen Geld zu tun hat?«

»Vielleicht vor zwei Jahren.«

»Was hast du studiert?«

»Philosophie, Soziologie, Wirtschaft. Aber ich wollte schon immer ein Trader sein. Seit ich zehn bin, wollte ich an der Börse handeln. Alle Jungs wollten das.«

Ich hatte ihn bislang für Ende dreißig gehalten, aber aus dieser Bemerkung schloss ich, dass er viel jünger sein musste. In den siebziger Jahren war der Beruf des Börsenhändlers den meisten Kindern unbekannt, und alles, was mit Banken zu tun hatte, die Verkörperung von Biederkeit und Langeweile.

»Wie alt bist du?«

»Ich bin 29.«

»Oh.«

»Ich weiß«, sagte er. »Das Adrenalin.«

Am Nachmittag fuhr ich mit der U-Bahn nach Canary Wharf. Angeblich residierten in der Gegend viele Hedgefondsmanager, und ich wollte endlich Gesichter sehen, die an diesem Tag kein Lächeln auf den Lippen hatten.

An der Wand eines Pub lehnten zwei Bankertypen mit geschlossenen Augen. In ihren Biergläser brach sich golden die Nachmittagssonne.

Ich gab mich als kriseninteressierte Touristin aus.

»Alle Zeitungen schreiben über dieses Shortselling-Verbot«, fing ich an.

»Ganz schlechte Idee«, sagte der Ältere der beiden, ein weißblonder Mittvierziger mit rotem Gesicht, auch er in Nadelstreifen und Manschetten.

»Was ist so schlimm daran?«, fragte ich.

»Steuern und Regeln: Das ist alles sozialistisch und kommunistisch.« Er spuckte die Wörter fast aus. »Es widerspricht der Politik des Laissez-faire. War das nicht die Idee des Kapitalismus: dass die Regierung nicht eingreifen soll?«

In seinen britischen Akzent mischte sich etwas Hartes, Finnisch oder Norwegisch, dachte ich. London war in den Jahren der Deregulierung zum zweitwichtigsten Finanzplatz nach New York geworden. Aus der ganzen Welt waren Finanzmenschen hierhergezogen und hatten sich neben dem Kleidungsstil und dem Akzent offenbar auch die ganze neoliberale Wirtschaftsphilosophie angeeignet, das Gerede von der unsichtbaren Hand des Marktes, die die Dinge besser regele, als Regierungen das je könnten.

Der jüngere Typ, ein gut aussehender Anfang Dreißiger, mischte sich ein. »In den Zeitungen siehst du jetzt wieder diese Fotos von Händlern mit dem Kopf in den Händen. Was soll das? Ich denk mir immer: Kommt schon, Jungs, es handelt sich um einen *Markt.* Es geht rauf, es geht runter, und wenn es eine Zeitlang raufgegangen ist, dann wird es möglicherweise wieder runtergehen, das ist der Lauf der Dinge.«

Seine Brust blähte sich, er hatte etwas von einem Gockel. Angeblich hatte er irgendetwas Geisteswissenschaftliches studiert und dann vor ein paar Jahren in der City angefangen. »Banking kann jeder« war seine Devise. »Volkswirtschaft ist einfach nur gesunder Menschenverstand.« Irgendwann sei er arbeitslos geworden, habe aber schnell wieder einen neuen Job gefunden. Er streute Zitate ein, die angeblich von Dante stammten, was seinen Kompagnon dazu bewegte, ihn bewundernd von der Seite anzuschauen. »Solche Weisheiten bekommst du in der ganzen City von ihm zu hören«, sagte er.

Ich erwähnte die Regulierungswelle, die nun über das Bankenwesen kommen würde.

»Politiker treffen keine guten Entscheidungen«, murmelte der Gockel schlecht gelaunt. »Sie machen Kompromiss über Kompromiss über Kompromiss.«

Ich sagte nichts mehr. Ich kannte die Merksätze der marktfundamentalistischen Wirtschaftstheorien mittlerweile auswendig. Gier ist gut. Pleiten gehören zur schöpferischen Zerstörung der Wirtschaftszyklen. Der Markt weiß es besser. Dass seine Kraft sie gerade vom Platz fegte, schien sie weniger zu beunruhigen als Politiker, die mit Hilfspaketen und Finanzspritzen ihre Arbeitsplätze retten wollten. Offenbar, dachte ich, geben Menschen leichter ihre Arbeit auf als ihren Glauben.

Als ich am Abend in die City zurückfuhr, war der Kurs des FTSE noch mal um acht Prozent gestiegen. Einer der größten Tagesgewinne in seiner Geschichte, was nur bedeuten konnte, dass mein Portfolio Miserabilis ausblutete.

Ich war mit Torben auf ein Feierabendbier verabredet. Wir trafen uns in einem Pub neben dem Büro von SVS Securities.

Diesmal ging es gegen die Banken.

»Lehman war immer so posh«, sagte er. »In der Führungsetage hatten sie eine Seidentapete und einen Diener, der die Besucher abgeholt hat. Ich dachte immer: Was ist das hier? Ein Fünfsternehotel in Singapur?«

Der Pub war schwach beleuchtet, die Decke niedrig. Auf dem schwarzen Dielenboden lagen Sägespäne, in denen zehn, fünfzehn Männer mit ihren polierten Schuhen scharrten. Ab und zu legte einer von ihnen seinen Kopf in den Nacken, schloss die Augen, öffnete den Mund und ließ Bier in sich hineinlaufen.

»Am schlimmsten war Bear Stearns«, sagte Torben. »Als sie pleite waren, im März, dachte ich: Auf Wiedersehen, ich hoffe, ihr kommt nie zurück.«

»Was hast du gegen Bear Stearns?«

»Alle auf der Wallstreet hassen Bear Stearns. Googel mal LTCM. Das war ein Hedgefonds. Als der 1999 pleitegegangen ist, war Bear die einzige Bank, die ihm nicht geholfen hat. Bear ist von allen immer am aggressivsten aufgetreten. Arroganter als Lehman oder Goldman oder Merrill Lynch. Die waren immer ein bisschen feiner.«

»Aber posh gefällt dir auch nicht«, bemerkte ich.

»Sie waren sich zu gut, um ihre Hausaufgaben zu machen«, sagte Torben.

Er hatte mit fünfzehn begonnen, sich für die Börse zu interessieren, nachdem sein Vater in die Hände eines unfähigen Bankberaters gefallen war und die Familie aus einer Villa in eine Dreizimmerwohnung umziehen musste. Nach der Schule hatte er eine Banklehre gemacht.

»Alle sagen jetzt, die Banker waren zu gierig ...«, sagte ich.

»Zu gierig?« Er war laut geworden. »Sie waren supermäßig zu gierig! Ein bisschen Vernunft muss in diese Banken rein! Der Bonus muss längerfristig bezahlt werden, das heißt, wenn die Firma mal nicht so gut läuft, erlebt man nicht dieses Sich-in-die-Hose-pissen-an-einem-Wintertag, wie man bei uns sagt.«

Ich versuchte, die Metapher zu dechiffrieren. »Du meinst, man erlebt nicht, dass sie kurzfristig ihre Bilanzen ...?« Aber er war schon ganz woanders.

»Ich bin zu hundert Prozent dafür, dass diese Banken pleitegehen. Warum müssen diese Bankeridioten Millionen im Jahr verdienen, und wenn es schlecht geht, müssen die Steuerzahler persönlich haften?«

»Aber würde dann nicht das ganze System zusammenbrechen und die Realwirtschaft in Mitleidenschaft gezogen werden? Wenn es die Banken nicht mehr gibt, können sie keine Kredite mehr vergeben, die Realwirtschaft bekommt Probleme, die kleinen Leute verlieren ihre Ersparnisse.« Ich wiederholte einfach, was ich in diesen Tagen in den Zeitungen gelesen hatte.

»Na und«, sagte Torben.

Wir schwiegen.

»Es ist wie bei einer Wunde am Knie«, sagte er. »Man muss eine Nagelbürste nehmen, und es ist schmerzhaft, aber irgendwann ist es wieder gut.«

Über das Wochenende blieb ich in London und ließ mich von einem Banker zum nächsten weiterreichen. Ich traf eine Frau Anfang dreißig, die Vizepräsidentin bei Lehman Brothers gewesen war und die ungefähr so aufwendig geschminkt war wie Cate Blanchett in ihrer Rolle als Elisabeth I. Sie war die Erste, die ich traf, die ihren Job an die Krise verloren hatte, und die Einzige, die dafür war, dass die Regierungen dem Wüten des Marktes Einhalt geboten. Ich trank Kaffee mit Rob Haines, einem Amerikaner von clintoneskem Charisma, dem hier eine kleine Fondsfirma gehörte. Ich verabredete mich mit Mathematikern, die immer noch überrascht wirkten, dass man ihnen jahrelang Millionen dafür bezahlt hatte, dass sie taten, was sie liebten. Ich sprach mit einem ehemaligen Linguisten, der als Analyst in einer Bank untergekommen war und weniger über volkswirtschaftliche Zusammenhänge wusste als ich.

Wer mir nicht begegnete, waren die kriminellen Gierhälse, denen in Zeitungen und Talkshows jetzt die Schuld am Weltuntergang gegeben wurde. Meine Gesprächspartner redeten mit einer Mischung aus Selbsthass und Verblüffung über den

Crash. Ja, die niedrigen Zinsen hatten die Banken und Fondsmanager ermutigt, Geschäfte zu machen, die unter normalen Bedingungen nicht funktionieren konnten. Sicher, die Risiken waren verrückt hoch gewesen, wie man jetzt wusste, aber hatte man das auch vorher wissen können? Ja, das Gehaltssystem der Banken war auf kurzfristige Erfolge angelegt, ermutigte die Mitarbeiter dazu, Risiken einzugehen, die nach den Gesetzen der Wahrscheinlichkeit irgendwann mit dem Totalverlust bestraft würden. Dennoch hatte keiner der Leute, die ich traf, in seinem Job, an seinem Schreibtisch je das Gefühl gehabt, dass er oder sie genau das tat: unangemessene Risiken eingehen.

Die Bankenwelt, die mir von ihnen beschrieben wurde, war ein undurchschaubares System voller Spezialisten, in dem jeder an einem für sich genommen schon komplizierten Problem arbeitete, im Glauben daran, dass es irgendwo jemand anderen gab, der die Übersicht behielt, den Risikovorstand, den CEO, die Bankenaufsicht … Oder zumindest die unsichtbare Hand, die alles lenkte und von der man ja annahm, dass sie Risiken in den Preis einkalkuliere und deshalb von keiner übergeordneten Instanz überprüft werden musste. Jeder dieser Leute glaubte an die neoliberale Doktrin, aber keiner von ihnen wirkte auf mich wie ein moralischer Underperformer. Vielleicht, dachte ich, werden die Menschen irgendwann so über die Klimaerwärmung sprechen: Schlimm, dass es so weit kommen konnte, schrecklich, dass andere Leute für die Sünden der Reichen bezahlen, und trotzdem sind wir jahrelang noch in Urlaub geflogen und haben dabei Umweltschulden angehäuft, die in der Zukunft bezahlt werden müssen. Ich will damit nicht sagen, dass die Bankmitarbeiter, die ich in London traf, ihrer Verantwortung gerecht geworden sind. Aber vielleicht muss man sich klarmachen, dass es schwierig ist, in einem komplexen System seine Verantwortung überhaupt zu erkennen. Vor allem wenn dieses System von dem Glauben beherrscht wird, dass es auf wundersame Weise selbst dafür sorge, dass am Ende alles gut ausgeht und der Einzelne eigentlich nichts anderes tun muss, als seiner Gier zu folgen.

Am Montag eröffneten die Märkte unentschieden. Ich fuhr zurück nach Berlin und behielt mein Portfolio Miserabilis. Tim hatte mir geraten abzuwarten, mittelfristig würde es mit den Kursen weiter bergab gehen. Und so kam es auch. Als Angela Merkel an einem Sonntag im Oktober erklärte, dass die Sparguthaben der Deutschen fortan von der Regierung garantiert würden, zog ich zum ersten Mal in meinem Leben die aberwitzige Idee in Erwägung, dass mein Geld auf der Bank nicht sicher sein könnte. Die Märkte schienen das ähnlich zu sehen, denn am Morgen darauf stürzten die Kurse ab. Und als es schließlich hieß, Island könne seine Schulden nicht mehr bedienen und stehe vor dem Staatsbankrott, verkaufte ich meine restlichen Puts. Die Aktien behielt ich. Alles in allem hatte ich mit dem Portfolio Miserabilis zum ersten Mal in meinem Spekulantenjahr Geld verdient: etwa 1300 Euro.

**Depot 13. Oktober**

| | |
|---|---|
| **Offene Positionen** | |
| Call AngloGold Ashanti | 40 Euro |
| Call Gold (Esel) | 1035 Euro |
| Aktien Harvey & Thompson | - 240 Euro |
| **Liquide Mittel** | |
| Puts auf Banken realisiert | 2095 Euro |
| Cash | 5508 Euro |
| **Kontostand** | 8918 Euro |

## 18 Ende von etwas

Wirtschaftskrisen sind nicht gut für den Kopf, selbst wenn man zu den Krisengewinnlern gehört. In diesen Oktobertagen sehe ich überall Zeichen des Untergangs, vielleicht weil das Gehirn versucht, im Alltag eine Entsprechung für die abstrakte Katastrophe zu finden, von der ich in den Nachrichten täglich lese.

Zurück im Büro will ich in England anrufen und komme nicht durch. Stundenlang rauscht die Leitung, als seien die Kommunikationskanäle bereits abgeschnitten und trieben nun lose in der Nordsee. Im Supermarkt geht mitten am Tag die Tür nicht auf. Auf beiden Seiten der Glasscheibe stehen sich schulterzuckende Konsumenten gegenüber, bis endlich der Marktleiter kommt. In den Bahnhof Friedrichstraße fährt kurz nach Mitternacht eine S-Bahn ein, ein Waggon ist von außen versiegelt, drinnen brennt Licht, und die Sitze sind mit einer weißen Staubschicht überzogen. Ich gehe weiter, und auf der Treppe nach unten steht ein einsamer, alter Koffer mit Holzleisten. Er sieht aus, als hätte ihn jemand vor langer Zeit stehen gelassen, 1929 vielleicht, denke ich. Und als ich später am Abend nach Hause komme, sitzen im Treppenhaus Marienkäfer, die sich kaum noch vom Fleck bewegen, und ich frage mich, ob es vielleicht ein Zeichen ist. Ein Zeichen dafür, dass etwas zu Ende geht, ein langer, großer, wunderbarer Wohlstandszyklus beispielsweise.

Mein Leben lang habe ich Katastrophen eigentlich ignoriert, getragen vom Urvertrauen der Generation Golf, dass die da vorne am Steuer schon alles richtig machen werden. Nun setzt mir nicht nur die tägliche Überdosis an lachsfarbenen Horrornachrichten zu, sondern auch die Dissonanz zwischen dem, was ich lese, und dem, was ich sehe. Überall heißt es, dass der Virus bald auf die echte Welt überspringen werde, dass die Kredite sich verteuern und die gesunkene Einkaufslibido der Leute sich auf Produktion, Arbeit, Wahlentscheidungen, Gesundheit auswirken werde. Ich lese, dass wir uns in einer Weltwirtschaftskrise befinden, denn zum ersten Mal seit Ewigkeiten schrumpfe in allen möglichen Ländern das Bruttosozialprodukt, und in Deutschland könne die Zahl der Arbeitslosen bald Weimarer Dimensionen erreichen. Eine Bank ist pleitegegangen, andere sind verkauft oder verstaatlicht worden. Die Investmentbanken mit ihrem Hochrisikoprofil gibt es in ihrer alten Form nicht mehr. Es heißt, dass der Kapitalismus, wie wir ihn kennen, am Ende sei. Aber die Welt sieht aus wie immer. Die Leute kleiden sich nicht anders, und in den kleinen Läden in meinem Viertel, wo es kein Problem ist, eine handgeschöpfte Tafel Schokolade für sieben Euro zu finden (14 Mark!), drängeln sich schon die ersten Weihnachtskunden. Und ich, ich sitze im Café Einstein Unter den Linden, mit einem befreundeten Paar, wir zerteilen Dorade an geschäumtem Gemüse, und ich verstehe nicht, wieso »das Finanzsystem« uns in Zukunft daran hindern sollte.

Die Leute, mit denen ich esse, sind wohlhabend. Sie haben ein kleines Unternehmen und eine Villa an einem See außerhalb der Stadt. Sie sind beunruhigt, wollen meine Meinung hören, sie denken, ich verstünde etwas von diesen Dingen, weil ich schon vor Jahren, immer wenn wir uns getroffen haben, beeindruckt von den Bayern, vom Jüngsten Tag gesprochen habe.

»Ich bleibe in den Aktien«, sagt er, der seit Jahrzehnten sein Geld vermehrt und von diesen Dingen viel mehr Ahnung hat als ich. »Ich habe gute, solide Standardwerte, Daimler, VW, das verschwindet doch nicht einfach in einer Weltwirtschaftskrise.« Ich habe nicht gehört, ob das am Ende des Satzes ein Ausrufezeichen war oder ein Fragezeichen, und hebe nur die Schultern, womit ich sagen will: Wer weiß das schon.

Die beiden schauen mich erschrocken an.

Ich muss lachen. Sage: »Ich hab doch auch keine Ahnung, Leute.«

Im Lauf dieses Tages steigen die Kurse wieder. Gerade haben die sieben wichtigsten Industrienationen ein »Aktionspaket« verabschiedet, haben Notenbanken auf der ganzen Welt in einer konzertierten Aktion ihren Leitzins gesenkt. Was ich nicht verstehen kann. War das nicht eigentlich das Problem gewesen? Mein Gefühl und meine jahrelange Indoktrination in oberpfälzischer Volkswirtschaftslehre sagen mir, dass hier Feuer mit Feuer bekämpft wird. Wie soll dieses Geld beschafft werden, wenn nicht durch Schulden und Inflation, denke ich.

Und wenn es so wäre, was wäre dann zu tun? Ich ertappe mich bei dem Gedanken, mir nächstes Jahr eine Eigentumswohnung zu kaufen, um nicht mehr ständig über Geld nachdenken zu müssen. Ahne bereits, während ich dies denke, dass das nicht mehr möglich sein wird, dass die Unschuld meiner Sparbuchjahre für immer verschwunden ist. Kaufe ich mir eine Wohnung, befindet sich diese in der Hauptstadt eines verarmenden Industriegiganten. Lege ich mein Geld aufs Festgeldkonto, wird es vielleicht von der Inflation aufgefressen. Was aus »inflationsgeschützten Zertifikaten« wird, wenn der Emittent bankrott ist, weiß ich, seit die Inhaber von Lehman-Zertifikaten die Talkshows bevölkern. Gold? Ach ja. Es war gestiegen und dann wieder gefallen. Im Moment stand es so niedrig wie zuletzt vor zwei Jahren. Silber? Noch stärker gestiegen und noch stärker gefallen.

Das Schlimme am Investieren ist, dass es nie aufhört, und ich vermute, das ist auch der Grund, warum ich noch nie von einem Spekulanten gehört habe, der sich mit, sagen wir, 20 Millionen zufriedengegeben hätte, sie aufs Postsparbuch gelegt und seine Zeit den Kindern gewidmet hätte. Es ist ein menschliches Unglück, dass man seine Zufriedenheit immer nur an sich selbst messen kann, an dem, was gestern war, was man gestern hatte, denke ich, und deshalb sind die meisten Menschen grenzenlos gierig oder unendlich ängstlich, deshalb hängt das Gefühl von Sicherheit und Optimismus nur zu einem geringen Grad von dem ab, was ist, sondern vielmehr von dem, was gestern war.

Und ich vermute, dass ich, wenn ich nur ein wenig weiterdenken könnte, etwas sehr Profundes über die Condition humaine begreifen würde, über mich selbst, über den Zen-Weg der Geldvermehrung, aber ich kann nicht weiterdenken, ich muss weiterhandeln. Muss neue Puts kaufen von dem Geld, das gerade frei geworden ist, denn die Gelegenheit ist günstig, und bevor das Jahr zu Ende geht, will ich im Plus sein.

Wenige Tage nach dem Verkauf meiner Krisen-Puts eröffnete ich in meinem Depot neue Positionen. Ich hoffte, dass es meine letzten sein würden: Ich kaufte Puts auf den Rohstoffkonzern Rio Tinto, weil in einer Rezession die Rohstoffnachfrage sinkt. Auf Nokia, weil weniger telefoniert werden würde. Und ich wettete gegen eine Bio-Supermarkt-Kette namens »Whole Foods«, weil ich davon ausging, dass sich die teuren Ökoprodukte bald wirklich keiner mehr würde leisten können. So weit war es gekommen. Zum ersten Mal spekulierte ich gegen eine Firma, die ich mochte und der ich von Herzen alles Gute wünschte. Es fühlte sich schlecht an. Nur noch dieses eine Mal, dachte ich, um aus dem Minus zu kommen, das Jahr anständig abzuschließen. Das sollte es dann gewesen sein. Weitere Wetten wollte ich nicht mehr eingehen. Ich hatte Sehnsucht. Sehnsucht danach, mich nicht mehr täglich um mein Geld kümmern zu müssen. In Zukunft würde ich mein Geld konservativ anlegen. Es würde für mich arbeiten, aber ich nicht mehr für mein Geld. Das sollte der Deal sein. Ich hatte am liebsten mit Dingen zu tun, deren Ergebnis ich beeinflussen konnte und deren Erfolg nicht davon abhing, ob in Nigeria eine Pipeline repariert wurde. Auch die Zinspolitik der Amerikaner sollte auf meine Ersparnisse in Zukunft möglichst wenig Einfluss haben.

Es gab Leute, die offenbar mehr Spaß daran hatten, täglich die Aktienkurse zu überprüfen, als ich und die sich damit zufriedengaben, dass ihre gesellschaftliche Rolle darin bestand, *Liquidität bereitzustellen.*

Vielleicht ist es gut, dass es gelaufen ist, wie es gelaufen ist, dachte ich. Mit etwas Glück hätte AngloGold sich gleich am Anfang verzehnfacht und ich hätte daraus geschlossen, dass es ganz einfach ist, durch Spekulieren reich zu werden. Stattdessen war meine kurze Laufbahn der klassischen Dramaturgie aller Spieler- und Spekulantenkarrieren gefolgt: Am Anfang große Gewinne gemacht. Feuer gefangen. Mehr gewollt. Geglaubt, dass es etwas mit den eigenen Fähigkeiten zu tun hat. Sich überschätzt. Verluste gemacht. Erkannt, dass der Markt ein Monster ist, das einen früher oder später in den Klauen hat.

Dostojewskis Spieler war es genauso ergangen. Nur dass der Arme seinen Verlusten so lange hinterhergejagt war, bis er schließlich mittellos durch die Welt irrte. Und genau an diesem Punkt würden sich unsere Wege trennen. Es war November, als sich eine Kleinanlegerin wieder auf den Weg zu ihrer Bank machte, um sich beraten zu lassen. Wie hatte Björn gesagt? Das Erste, was wir an der Uni gelernt haben ist: Diversifizieren.

| | |
|---|---|
| **Depot 16. Oktober** | |
| **Offene Positionen** | |
| Puts Nokia | 521 Euro |
| Puts Rio Tinto | 206 Euro |
| Puts Whole Foods | 508 Euro |
| Überweisung Ahmed | 2500 Euro |
| Call AngloGold Ashanti | 40 Euro |
| Call Gold (Esel) | 895 Euro |
| Aktien Harvey & Thompson | -242 Euro |
| **Liquide Mittel** | |
| Cash | 3868 Euro |
| **Kontostand** | 8780 Euro |

## 19 Sicherer Hafen

»Und? Wie geht's Ihnen damit?«, sagte der Bankberater zur Begrüßung.

»Womit?«

»Wir kennen uns«, sagte er. Er sei derjenige gewesen, der mich damals vor Optionsscheinen gewarnt habe. Ich konnte mich kaum an den blassen Jüngling im Anzug erinnern, der mich hinter ein paar Stellwände in ein Büro führte. Bevor ich etwas sagen konnte, hatte er sich schon in mein Portfolio eingeloggt. »Put-Optionen«, konstatierte er. »Wie läuft's?«

»Geht so. Herbe Verluste anfangs, aber langsam nähere ich mich wieder der schwarzen Null«, sagte ich wahrheitsgemäß.

»Hab ich Ihnen aber gesagt«, erwiderte er und schob mir ein Tellerchen mit bröseligen Keksen hin.

Ich war es nicht gewohnt, dass fremde Menschen sich meine Investitionen ansahen und diese kommentierten, aber ich hielt mich zurück. Vermutlich musste man die Situation betrachten wie einen Arztbesuch. Es überschreitet eine Intimitätsgrenze, aber das ist notwendig, damit der Doktor einem helfen kann. Sicherlich hatte er Schweigepflicht.

»Was kann ich für Sie tun«, sagte er lahm.

»Ich habe, wie Sie sehen, ein Jahr lang spekuliert«, sagte ich, »und es reicht mir. Ich möchte mein Geld vernünftig anlegen.«

»Anlageziel?«, leierte er, ohne mich anzuschauen.

Sah er in der Datei, die in seinem Computer zweifellos über mich existierte, die ganzen Beratungstermine, die ich in den letzten fünfzehn Jahren seinen bedauernswerten Kollegen zu- und wieder abgesagt hatte? Gab es Aufzeichnungen über meinen Besuch 2001, als ich mitten in einer platzenden Blase nach New Technology, nach Risiko, Risiko, Risiko verlangt hatte, um dann doch nie eines einzugehen (jedenfalls nicht in seinem Kreditinstitut)?

Dabei meinte ich es diesmal wirklich ernst. Sobald mein Jahr als Spekulantin vorbei war, wollte ich mein oberpfälzisches Schatzkästlein, das nach dem Preisverfall von so ziemlich allem, was auf der Welt gegen Geld zu haben war, leider deutlich an Wert verloren hatte, liquidieren und zusammen mit meinem Spekulationsdepot in ein braves Portfolio fließen lassen. Angesichts der Tatsache, dass post-Lehman sogar das Gold abgeschmiert war, war meine Angst, alles zu verlieren, mittlerweile größer als die Hoffnung, vom Untergang profitieren zu können. Nach allen Seiten finanziell abgesichert: Das war mein Traum.

»Ich möchte mein Geld durch die Wirtschaftskrise bringen«, sagte ich. »Kein Risiko mehr eingehen. Die Kaufkraft behalten, das wäre schön.«

»Anlagehorizont?«

»Keine Ahnung. Zwei Jahre? Zehn Jahre? Bis die Krise vorbei ist!«

Er seufzte. Er wurde mir langsam unheimlich. War die Bank schon pleite, rächte er sich an mir, seiner letzten Kundin, für die Jahre der Unterwürfigkeit? Hatte er selbst Geld verloren?

»Ich möchte gerne diversifizieren«, schob ich nach.

»Können Sie bei den Beträgen aber vergessen«, sagte er, seinen Röntgenblick weiter auf mein Spekulationsdepot gerichtet.

»Das ist ja nicht alles«, sagte ich, mittlerweile selbst genervt, und erzählte von meinen Edelmetallen, von meinen Abenteuern in Bayern mit jenen »Außenseiterbankern«, die mich damals auf eine gute Idee gebracht hätten, was aber vielleicht auch nur Glück gewesen sei, welches ich nun nicht länger herausfordern wolle. Stattdessen würde ich mich gern »breit aufstellen«. Staatsanleihen, Aktien, ein Edelmetallanteil, der bei mir »aus alter Tradition« gern um einiges höher sein dürfe als die klassischen fünf Prozent – ich sei bereit.

Er empfahl mir als Ergänzung zum Gold einen Fonds, der aus Staatsanleihen und einer »maximal zehnprozentigen Aktienbeimischung« bestand. Die Staatsanleihen brächten zwar nur eine Rendite von 3,5 Prozent. Wenn die Inflation ein wenig höher ausfalle, könne ich aber zumindest darauf hoffen, dass der kleine Aktienanteil das ausgleiche. Ab einer Anlagesumme von 50 000 Euro würden mir bei diesem langweiligsten aller Fonds zudem Depotgebühren und Managementaufschlag erlassen, Informationen, die mich noch vor einem Jahr in Tiefschlaf versetzt hätten. Aber wenn man nicht mehr als drei oder vier Prozent erwirtschaften möchte, machen genau diese Details den Unterschied.

»Das heißt aber doch, bei einer starken Inflation verliere ich Geld?«

»Wenn ich eine stark steigende Inflationsrate erwarte, sinkt der Kurs unseres Fonds, jawohl«, sagte er. »Im Moment besteht aber eher die Gefahr einer *De*flation.«

Ich hatte das Wort in der letzten Zeit ein paar Mal in den Zeitungen gesehen, aber nicht weiter ernst genommen. Die Wahrnehmung verengt sich, wenn man sich erst einmal für einen Glauben entschieden hat, und mein Credo war seit Jahren das von der drohenden Inflation.

»Und was würde mit meinem Portfolio passieren, wenn eine Deflation kommt?«, fragte ich.

»Deflation ist gut für Staatsanleihen«, sagte er. Gerade, dass er nicht mit den Augen rollte.

»Bei einer Deflation würden also mein Gold sinken und meine Staatsanleihen steigen, bei einer Inflation genau umgekehrt, sodass das eine das andere ausgleicht?«

»Das kann keine Anlageklasse. Sehen Sie ja gerade. Alles sinkt.«

»Schade eigentlich.«

»Na ja«, sagte er.

»Das heißt, ich müsste mir vorher überlegen, ob ich eine Inflation, Deflation oder nichts von beidem erwarte.«

»Wäre dann vermutlich sinnvoll.«

Immerhin, dachte ich, tut er gar nicht erst so, als könnte ich mich auf ihn verlassen.

Man kommt in Zeiten instabilen Geldes leider nicht darum herum, sich ein paar volkswirtschaftliche Fragen zu stellen, die einem auch ein Bankberater nicht beantworten kann. Inflation und Deflation sind ökonomische Katastrophen, auf die man sich so unterschiedlich vorbereiten muss wie auf ein Erdbeben oder einen Tsunami. Bei einer starken Inflation steigen die Preise, das Geld verliert an Kaufkraft – und damit fast alles, was einen festen Wert aufgedruckt hat, wie zum Beispiel eine Staatsanleihe. Gold und Sachwerte dagegen kosten immer mehr und behalten in der Theorie ihren bisherigen Tauschwert, ebenso wie Aktien solcher Unternehmen, die auch in einer Krise die Preise erhöhen können. In einer Deflation gelten dieselben Regeln ungefähr andersherum: Die Kaufkraft von Geld oder Staatsanleihen steigt ständig, weil die Preise von Gütern sinken. Sachwerte wären dann immer weniger wert, und Aktien litten ebenfalls (weil in einer Deflation meistens auch die Konsumnachfrage nachlässt). Auch Gold sollte in einer deflationären Welt billiger werden, allerdings mit einer Ausnahme: Wenn die Deflation zu einem Staatsbankrott führt, könnte Gold als Ersatzwährung wieder gefragt sein.

Seit Jahren war ich auf die Inflation gepolt gewesen. Seit ich denken konnte, erzählten mir Wolf und Bergold, dass die Geldmenge, die die Zentralbanken über die niedrigen Zinsen ins System gelangen ließen, höher sei als das Bruttosozialprodukt. Das Bild, das sie dafür hatten, war so simpel wie überzeugend: Wenn immer mehr Scheine eine gleichbleibende Menge von Gütern jagten, mussten die Preise für diese Güter irgendwann steigen. Eine Zeitlang hatte es auch so ausgesehen, als würden sie, wie so oft, recht behalten. Noch im Sommer waren Lebensmittel und Öl immer teurer geworden, was ich für Vorboten der großen Katastrophe gehalten hatte. Die Politiker machten die Spekulanten verantwortlich, die Spekulanten die Politiker.

»Das Leben ist nicht wegen der Spekulanten teurer geworden, sondern wegen der Inflation«, belehrte ich jeden, der in meiner

Gegenwart über hohe Benzinpreise sprach. »Sagen meine Berater schon seit Jahren.«

Drei Sekunden später fielen die Preise für Rohstoffe wieder.

Ich hielt den Absturz für ein temporäres Phänomen. Bis ich ein paar Tage nach meinem Beratungstermin die Zeitung aufschlug.

»Angst vor Deflation«, stand da auf der Titelseite der *Herald Tribune*. Ich traute meinen Augen nicht. Widerwillig las ich den Artikel und musste feststellen, dass die Argumente sich genauso einleuchtend anhörten wie die, die ich bereits kannte: Wegen der verminderten Nachfrage der Verbraucher durch die Finanzkrise sinke die Auslastung der Betriebe, was wiederum die Arbeitslosigkeit ansteigen lasse, wodurch die Nachfrage noch weiter zurückgehe, zuerst nach Konsumgütern, dann nach Rohstoffen, was die Preise von beidem weiter sinken lasse. Wenn alles immer billiger werde, führe das dazu, dass die Leute ihre Anschaffungen immer weiter vertagten, was die Wirtschaft noch mehr unter Druck geraten lasse, eine Abwärtsspirale, die zusätzlich verschärft werde durch die Tatsache, dass die Schuldenlast der geschwächten Volkswirtschaft immer erdrückender werde, weil der Wert des Geldes in einer Deflation ja steigt. Wenn die Deflation erst da sei, so hieß es, helfe keine Zinssenkung mehr, führe sie rapide zu Unternehmenspleiten und Massenarbeitslosigkeit. Es war im Grunde die Kettenreaktion der Great Depression, die da in die nahe Zukunft projiziert wurde, und das Szenario klang genauso folgerichtig wie jene andere Argumentationslinie, die allerdings ins Gegenteil mündete. Sogar Paul Krugman, der neue Wirtschaftsnobelpreisträger, stand auf der Seite der Deflationisten: »Der aktuelle brutale Liquiditätszwang lässt den Wert von Bargeld steigen; im Gegenzug sinkt der Wert von Realgütern. Inflation war gestern, sie spielt keine Rolle mehr«, schrieb er.

Waren die Bayern mittlerweile auch auf die Deflationsschiene umgeschwenkt? Hatten sich mit den neuesten Entwicklungen auch ihre Annahmen geändert? Ich sah auf den Goldseiten nach. Die Diskussion kreiste um die üblichen Themen: In großem Umfang würden derzeit Dollars geschaffen, die Zinsen seien niedriger als die Inflationsrate, und »wenn man von irgendetwas zu viel auf den Markt wirft, dann wird es irgendwann weniger wert sein«, schrieb jemand. Ben Bernanke, den amerikanischen Zentralbankpräsidenten, könne man dann in »Hyperinflations-Ben« umtaufen. Auch Bergold meldete sich zu Wort: »Jedes Mal wenn die Aktien- oder Rohstoffpreise eine Zeitlang fallen, kommt wieder das Thema ›Deflation‹ auf die Agenda. Und im Schatten dieser ›Expertendiskussion‹ braut sich eine Preisexplosion zusammen, die wie die Finanzkrise historische Ausmaße annehmen wird«, schrieb er. »Die weltweiten ›Finanzrettungspakete‹ werden unvorstellbare monetäre Dimensionen annehmen. Als Folge führt dies zu einem starken bis explosiven Anstieg des Preisniveaus…« Und so weiter, und so weiter.

Zum ersten Mal, seit ich ihn kannte, ließ ich den Gedanken zu, dass er und sein Kumpel sich in eine esoterische Theorie verstrickt haben könnten, aus der sie nicht mehr herausfanden. Dass sie sich mittlerweile vom Boden der Tatsachen gelöst haben könnten und nun die Tatsachen an ihre Theorien anpassten, statt ihre Theorien zu überdenken. Dass aus ihrem sympathischen Eigensinn, der ihnen anfangs von Nutzen gewesen war, mittlerweile Starrsinn geworden sein könnte, oder vielleicht auch Wahnsinn. *Dass sie falsch liegen könnten.* Nicht nur kurzfristig, was an den Märkten verzeihlich und unvermeidlich war. Vielleicht, dachte ich, lagen sie für immer und ganz grundsätzlich daneben, und Gold hatte seinen Zenit überschritten und die 1030,80 Dollar vom März waren bereits der Höhepunkt gewesen, an den ich mich noch lange zurückerinnern würde.

Bis vor kurzem hatte ich geglaubt, dass die Bayern vor der Inflation warnten, weil sie einfach klüger und unabhängiger waren als der Mainstream. Aber in diesen Tagen wurde mir klar, dass ihre Ansichten nicht nur etwas mit ihrem unerschrockenen Wesen zu tun hatten, sondern auch mit den Namen, die sie mir damals bei meinem Besuch in ihrem Altstadthäuschen in Weiden in den Block diktiert hatten: Friedrich von Hayek, Ludwig von Mises, und jener Österreichischen Schule der Nationalökonomie, auf die Bergold sich berufen hatte. Es war in diesen Tagen kein Kunststück, mehr über sie zu erfahren. Seit die Krise den Luxusdampfer ins Stocken gebracht hatte, stiegen alle in den Maschinenraum, um zu ergründen, wo der Fehler lag. Hervor kamen Journalisten und Ökonomen, Feuilletonisten und Philosophen, Sozialisten und Keynesianer und sogar ein Bischof namens Marx und brachten Nachrichten von schweren Konstruktionsfehlern mit. Fernsehtalkshows klangen plötzlich wie Grundkurse in Wirtschaftstheorie.

Bald verstand ich, dass die Österreicher zu den Neoliberalen gehörten, die sich nach dem Zweiten Weltkrieg als Gegenbewegung zu Keynes formiert hatten. Die Geschichte ging etwa so: In grauer Vorzeit hatte Adam Smith die Wirtschaftswissenschaft begründet mit seiner Idee von der unsichtbaren Hand des Marktes, die gottgleich die Dinge am besten regle, wenn die Politiker sie möglichst ungestört walten ließen und Zölle und Handelsbeschränkungen abschafften. Sogar in Krisen komme der Markt ganz von selbst wieder in die Balance. Steigt die Arbeitslosigkeit, sinken die Löhne, und für die Unternehmen wird es billiger, neue Arbeiter einzustellen, womit die Arbeitslosigkeit wieder fällt und der Konsum erneut in Gang kommt. Das war die Theorie. In der Großen Depression hatte man jahrelang darauf gewartet, dass sie sich endlich bewahrheitete, und dem Lehrbuch gemäß nicht eingegriffen – und zugesehen, wie die Amerikaner verarmten und die Weltwirtschaft in eine Krise geriet. In dieser Situation war ein englischer Ökonom namens John Maynard Keynes mit einem Gegenentwurf auf den Plan getreten: Der Markt könne eben auch versagen, behauptete er. Dann müsse der Staat als

Nachfrager auftreten und dazu auch Schulden aufnehmen, die in besseren Zeiten wieder auszugleichen seien.

Keynes begründete damit den ersten großen Richtungswechsel in der Wissenschaft vom Markt und legitimierte eine völlig neue Politik staatlicher Eingriffe. Fortan erfand der amerikanische Präsident Roosevelt Beschäftigungsprogramme und überschwemmte die Wirtschaft mit Staatsaufträgen, er lockerte die Goldbindung des Dollars und begründete den Schuldenstaat zum Wohle aller. Später wurden im Geist dieses »Keynesianismus« die sozialen Marktwirtschaften Europas gegründet, mit ihren Staatsmonopolen und starken Gewerkschaften. Sie dominierten die Welt bis in die siebziger Jahre, als mit der Ölkrise wieder eine bleierne Zeit anbrach und mit ihr Zweifel an den keynesianischen Ideen aufkamen. Die Marktjünger waren zurück. Sie hatten sich inzwischen als Neoliberale neu erfunden, und Milton Friedman hatte seine Theorien sogar in einer Fernsehserie volksnah darlegen dürfen. Reagan war ein Fan, Maggie Thatcher wedelte auf irgendeinem Parteitag mit *Der Weg in die Knechtschaft* herum, dem Hauptwerk von Hayek. Der Österreicher war sogar noch radikaler als Friedman. Der Markt sei über den Staat zu stellen, sagte er, soziale Gerechtigkeit eine Utopie, jede Form staatlicher Einmischung führe irgendwann in den Totalitarismus. Ich war überrascht. Die Bayern verehrten Hayek, und ich verehrte im Grunde meines Herzens noch immer die Bayern. Seit Jahren basierte meine ganze Anlagestrategie auf den Ideen eines der radikalsten und staatsfeindlichsten Ökonomen, die sein Fach je hervorgebracht hat, und das, obwohl ich nie im Leben auf die Idee gekommen wäre, FDP zu wählen, und mich jederzeit sofort als »links« bezeichnet hätte.

Es war Zeit, mit den Andersgläubigen zu reden. Den Keynesianern. Den bedenkenlosen Schöpfern großer Geldmengen. Fürchteten sie keine Hyperinflation? Im Internet fand ich eine »Keynes-Gesellschaft«. Der Vorsitzende war ein emeritierter

Professor der Volkswirtschaftslehre an der Technischen Universität von Berlin. Ich schilderte ihm mein Dilemma: Vor Jahren sei ich also Mitglied dieser Goldsekte geworden, aus Versehen, ohne je wissentlich Sympathien für den kalten Neoliberalismus gehegt zu haben. Dennoch leuchte mir das Geldmengenproblem, von dem ich seit Jahren höre, natürlich ein. Nun sei jedoch mein Weltbild ins Wanken geraten, weil plötzlich überall von einer Deflation die Rede sei, weshalb ich mit der Gegenseite reden wolle. Ich hätte gehört, dass »die Keynesianer« anders über diese Dinge dächten, und wolle im Grunde nur eine Frage klären: wohin ihrer Ansicht nach das überschüssige Geld denn fließe.

»Da haben Sie wirklich einen ganz heiklen Punkt erwischt«, sagte der Professor und lud mich zu einem Gespräch ein, bei dem er mir alles erklären wolle. Er hieß Jürgen Kromphardt und hatte eine Einführung in die Makroökonomie geschrieben. Bis vor fünf Jahren war er einer der Wirtschaftsweisen gewesen, die die Bundesregierung in diesen Dingen beraten.

Sein Büro lag am frühen Nachmittag im Dämmerlicht. Er trug Strickjacke und Cordhose. Auf seinem Schreibtisch stand ein Telefon, dessen Schrillen einen sofort in die Zeit zurückversetzte, in der die staatlichen Telekommunikationsmonopole den Menschen vorschrieben, welche Telefone sie zu benutzen hatten (man hatte es fast vergessen). Keines der Bücher in seinem Regal sah aus, als sei es in den letzten Jahren neu hinzugekommen.

»Wissen Sie, der Zusammenhang von Geldmenge und Inflation ist eine uralte Diskussion, eine der wichtigsten in der Volkswirtschaftslehre«, sagte er. »Die Österreicher, von denen Sie reden, beziehen sich im Grunde auf die Quantitätstheorie. Wir nennen sie Monetaristen, denn sie schließen aus der Quantität des Geldes auf die Inflation. Und ob das zulässig ist, genau darüber sind sich die Ökonomen bis heute uneins.«

»Und Sie als Keynesianer, wie sehen Sie das?«

»Wir glauben, dass es keinen zwingenden Zusammenhang zwischen Geldmenge und Inflation gibt.«

»Aber alle sind sich einig, dass in den letzten zwanzig Jahren mehr Geld auf den Markt kam, als Güter produziert wurden?«

»Das würde so wohl keiner bestreiten.«

»Und wohin fließt es dann nach Ansicht der Keynesianer?«

»Die Keynesianer glauben, die Erhöhung der Geldmenge führt nur dann zu einer Inflation, wenn die Leute das Geld erstens überhaupt für Güterkäufe einsetzen und wenn außerdem die Menge der produzierten Güter gleich bleibt.«

»Weil Preise nur dann steigen, wenn die größere Nachfrage nicht durch ein größeres Angebot abgedeckt wird?«

»Genau. Sie müssen bedenken, dass Keynes seine Theorie in der Zeit der Großen Depression entwickelt hat. Die Ausgangssituation war Massenarbeitslosigkeit, die Unternehmen waren nicht ausgelastet. Solange es freie Kapazitäten gibt, reagiert der Markt auf ein Steigen der Nachfrage, indem er mehr produziert.«

»Aber in den letzten Jahren ist ja dieses Geld in die Welt gekommen, ohne dass es Massenarbeitslosigkeit gegeben hätte«, sagte ich, in der Hoffnung vielleicht den Punkt gefunden zu haben, an dem die beiden Wirtschaftstheorien sich in Wahrheit einig waren.

»Freie Kapazitäten gibt es auch ohne eine Arbeitslosenquote von 30 Prozent«, sagte Kromphardt.

»Stimmt auch wieder. Nur, wohin geht dann das Geld?«

»Wissen Sie, in den letzten Jahrzehnten stellt man fest, dass die Geldmenge gewaltig nach oben geht, und es passiert trotzdem gar nichts. Wir geben das Geld nicht für Güter aus der laufenden Produktion aus, sondern für Bestände: Aktien, Häuser, Kunstwerke. Wir nennen das Asset-Inflation, aber mit der normalen Inflation hat sie nichts zu tun.«

»Das heißt, in Ihren Augen ist der Goldpreis nicht gestiegen, weil die Leute Angst vor der Geldentwertung haben, sondern weil es eine Asset-Inflation gab?«

»Ja. Wobei – in einer Angstwelle würde sich der Goldpreis natürlich abkoppeln. Es kann durchaus sein, dass dann alle ins Gold rennen«, sagte er tröstend.

»Und was soll ich jetzt tun?«

»Wenn man meint, man steht am Anfang einer Deflation: verkaufen.«

Ich forschte weiter. Ich saß mit Neu-Keynesianern in Cafés und telefonierte mit »Ordoliberalen«. Ich trieb mich auf der Konferenz einer keynesnahen Stiftung herum. Jeder, mit dem ich sprach, schien an einem anderen Ventil an der langen Leitung zwischen Geldmengenerhöhung und Konsumgüterpreisen herumzuschrauben, eine Verbindung, die offenbar nicht so direkt war, wie die Metaphorik der Bayern es suggerierte. Die einen glaubten, dass das überschüssige Geld auch einfach aufs Sparbuch gelegt werden könne, ein anderer erzählte, dass die Kreditnachfrage der Unternehmen viel wichtiger sei als die Zinsen der Zentralbank. Und alle schienen davon auszugehen, dass die Geldmenge in besseren Zeiten ja wieder »eingesammelt« werden könne, so wie es schon in den siebziger Jahren geschehen sei, über höhere Leitzinsen, die zwar den Wirtschaftsaufschwung dämpften, aber immerhin eine zu starke Inflation verhinderten.

Wenn man drei Physiker bittet, das Ergebnis eines Versuchs vorherzusagen, hat man gute Chancen, dass alle drei dasselbe sagen. Bei Volkswirtschaftlern ist das nicht so. Wenn man dieselbe Frage verschiedenen Leuten stellt, wird jeder etwas völlig anderes sagen. Ich hatte oft den Eindruck, dass jeder, mit dem ich in diesen Wochen sprach, so tief in einem Teilgebiet vergraben war (welches womöglich obendrein höhere Mathematik erforderte), dass man nicht erwarten konnte, dass er auch noch einen Überblick hatte oder eine Ahnung davon, was als Nächstes passieren würde. Am Anfang verwunderte mich diese Ratlosigkeit – ist es nicht der Sinn einer Wissenschaft, Prognosen zu treffen, die dann auch mit hoher Wahrscheinlichkeit eintreten?

Aber mit der Zeit begriff ich, dass in der Volkswirtschaftslehre Ursache und Wirkung nicht gerade kausal zusammenhingen. Es ging eher zu wie in der Klimaforschung: Ändert sich ein Teil des komplexen Gesamtsystems, ist es schwer vorauszusagen, wie sich das auf den Rest auswirkt. Als Anleger hilft dagegen tatsächlich nur eines: mit allem zu rechnen.

Ich ging zu einem Vortrag von Max Otte, der den Crash schon prophezeit hatte, als Deutschland noch im Weltmeisterschaftsfieber taumelte. Sein Buch würde später ein Bestseller, es gefiel mir, weil es Dinge zu sagen wagte, die damals abseitig waren. Trotzdem stand Otte, im Gegensatz zu den Bayern, auf dem Boden des allgemeinen Konsens: Er war Professor für Unternehmensfinanzierung und hatte seinen Abschluss in Princeton gemacht. Die Fed-Präsidenten Ben Bernanke und Paul Volcker waren seine Lehrer gewesen, er war also definitiv kein Sektenmitglied. Der Mann, der an diesem Abend im Konferenzzimmer eines Berliner Hotels stand, sah eher aus wie ein Wirtschaftsminister aus den Wunderjahren, mit seiner Hornbrille und seinem braunen Anzug, der über dem Bauch etwas spannte. Etwa sechzig Leute waren gekommen, und viele hatten Schreibblöcke auf den Knien.

»Den Crash vorherzusagen war relativ einfach. Was ich Ihnen auch nicht sagen kann, ist, wie es jetzt weitergeht«, sagte Otte. Zum Glück verriet er dann doch, wie ein Portfolio in Zukunft seiner Ansicht nach strukturiert sein müsse: Cash oder Staatsanleihen, die aber nicht länger als drei Jahre laufen dürften wegen der Inflation, etwa zehn Prozent Gold als eiserne Reserve, vor allem aber: Aktien. »Gute Markenunternehmen, die schöne Dividenden ausschütten« und eine Krise überstehen könnten, das war der Kern seiner Strategie. Johnson & Johnson, Nestlé, Henkel, Procter & Gamble. Ich schrieb alles mit, obwohl es meiner Theorie vom Rohstoffsuperzyklus total widersprach. Am Ende stand sogar das Wort »Allianz« in meinem Block.

Ich kannte die These von den guten Standardwerten schon von Juha. Sie kam immer von Buffett-Fans, und ihr Totschlagargument gegen alle Zweifel war immer der Hundertjahre-Langfristchart, der bewies, dass Aktien, wenn man nur lange genug wartete, nur steigen konnten. Ich war überrascht, dass sogar Otte Aktien empfahl, schließlich hatte er in seinem Buch sowohl vor Inflation als auch Deflation gewarnt – und jetzt investierte er weiter so, wie man es die letzten fünfzig Jahre getan hatte?

Nach dem Vortrag stand er mit ein paar Westberliner »Mittelständlern« und ihren Ehefrauen im Gang herum. Ich stellte mich dazu.

»Aber Ihre Aktien würden nur in einem Szenario laufen, in dem es im Grunde so weitergeht wie bisher, richtig?«, fragte ich ihn. »Keine starke Inflation, keine Deflation, sondern eine leichte Rezession.«

»Das stimmt, das kann man so sagen«, antwortete er.

»Wie hoch schätzen Sie denn das Risiko ein, dass wir eine Inflation, Deflation und Weltwirtschaftskrise bekommen?«

»Etwa 20 Prozent.«

»Das ist viel«, sagte ich.

»Das ist viel«, sagte er.

Wenn Menschen sich in Geldangelegenheiten nach Sicherheit sehnen, fahren sie in die Schweiz. Und so endete, was mit einem kleinen Beratungstermin in meiner Bankfiliale begonnen hatte, schließlich in Zürich. Der Mann, den ich traf, war so gut qualifiziert, wie man es als Anlageberater überhaupt nur sein konnte: Erwin Heri war Professor für Finanztheorie, Schwerpunkt Portfoliomanagement, die Lehre von der Diversifikation. Er war außerdem Verwaltungsratsvorsitzender einer kleinen Privatbank, und als solcher beriet er Versicherungen, Pensionsfonds und wohlhabende Mitbürger.

Es war ein Abend im Advent, als ich meine Vermögensverhältnisse vor ihm ausbreitete. Heri strahlte eine yogalehrerhafte

Ruhe aus, die sich sofort auf mich übertrug. Ich klagte, dass ich seit Wochen wie ein Scheidungskind von einem Lager zum anderen geschickt werde, im Gepäck Argumente, die dann von der Gegenseite für unsinnig erklärt wurden. Mittlerweile sei es mein größter Wunsch, dass die zerstrittenen Parteien sich in einem Raum versammelten, um *endlich einmal über alles zu reden.* So lange, bis klar sei, wohin das ganze Geld, das sich seit Jahren in unserem Finanzsystem befinde, denn nun eigentlich fließe.

»Ach, die Geldmenge«, sagte er und setzte ein feines Lächeln auf (als habe man dieses Problem in der Schweiz schon vor zwanzig Jahren gelöst). »Über diese Gleichung habe ich meine Habilitation geschrieben.« Er legte ein abgewetztes hellgrünes Bändchen vor uns auf den Tisch und schlug eine Formel auf. Einen Moment lang glaubte ich, dass sie die Erklärung für alles sein könnte.

$$G \times V = P \times W$$

»Die Geldmenge mal die Umlaufgeschwindigkeit ergibt die Preissteigerung mal das Wirtschaftswachstum. Die Monetaristen ignorieren die Umlaufgeschwindigkeit. Für die Monetaristen ist die Geldmenge gleichbedeutend mit der Preissteigerung, weil sie die Umlaufgeschwindigkeit als konstant betrachten!«

»Was sie nicht ist?«, fragte ich, hoffend, der Ursache eines großen Missverständnis jetzt ganz nahe zu sein.

»Die Umlaufgeschwindigkeit sinkt, wenn mehr Geld ins System kommt. Wenn die Leute das Geld aufs Sparbuch legen, dann trägt es kaum zur Preissteigerung bei!«

Ich erinnerte mich vage, dass ich vor langer Zeit einmal auf der Goldmesse genau das Gegenteil gehört hatte: Dass die Umlaufgeschwindigkeit steigt, wenn die Leute in einer Inflation ihr Geld, Stichwort Weimar, schnell wieder loswerden wollen. Aber wie auch immer. Ich wusste, dass er alles, was ich jetzt sagen würde, mit zehn Gegenargumenten kontern würde, die dann Wochen später Bergold mit einem höhnischen Lachen quittieren würde.

»Ist ja auch egal«, sagte ich. »Was mache ich jetzt?«

»Das hängt davon ab, womit Sie rechnen«, sagte er.

»Ich weiß es nicht. Ich will einfach, dass alle Meinungen in meinem Portfolio enthalten sind. Und ich will auf jeden Fall, dass ein Drittel meines Portfolios weiterhin aus Gold besteht.«

Er zeichnete einen Kreis. Darin stand: ein Drittel Gold, ein Drittel Aktienindex Deutschland und Asien und ein Drittel Unternehmensanleihen. Zehn Prozent Cash.

»Aber was ist mit der Portfoliotheorie«, sagte ich, »müssen wir nicht ausrechnen, wie stark die Anlagen korrelieren, um sicherzugehen, dass nicht alles gleichzeitig den Bach runtergeht?«

»Muss man nicht.«

»Man kann das so Pi mal Daumen machen?«

»Kann man auf jeden Fall. Die Korrelationen ändern sich eh ständig.«

»Echt?«

»Ganz bestimmt, liebe Frau.«

Ich glaubte ihm. Je mehr man von einer Sache weiß, desto besser versteht man, dass es am Ende auf ein paar ganz einfache Dinge ankommt, die sich in drei Sätzen zusammenfassen lassen. Seine Art beruhigte mich irgendwie. Er war Schweizer. Ein besonnener Mensch. Nicht in Eile. Ab und zu rief seine Frau an, mit der er nett auf Schweizerdeutsch plauderte. Ein paar Straßen weiter lag die Bahnhofstraße im Weihnachtsglanz.

»Sie sind nur deshalb so entspannt, weil Sie als Schweizer noch nie etwas Schlimmes erlebt haben. Und Ihre Großeltern auch nicht«, sagte ich. »Ihnen ist schon klar, dass es so nicht weitergehen muss?«

»Das mag sein«, sagte er. »Aber wissen Sie was? Wenn Sie so pessimistisch sind, dann gehen Sie doch einfach in ein schönes warmes Land, wo sie überwintern können, bis alles vorbei ist.

Thailand zum Beispiel. Niedrige Lebenshaltungskosten. Wie viel haben Sie? 60 000? Davon können Sie in Thailand leben, und Ihren Job verlieren Sie in einer Weltwirtschaftskrise eh.«

Draußen war es dunkel geworden. Jemand brachte meinen Mantel. Ich war schon im Gehen begriffen, als er in seinem seltsam vergnügten Tonfall sagte: »Diese Krise überleben wir noch.«

»Entschuldigung?«, sagte ich.

»Die nächste dann nicht mehr«, sagte er.

»Ich verstehe nicht...?«

»Diese Krise werden wir gerade noch in den Griff kriegen«, sagte er, ohne dabei besonders besorgt zu klingen. »Aber wahrscheinlich werden wir nichts lernen. Die Effizienzmarkthypothese wird viel zu eingeengt interpretiert«, murmelte er, und mit diesen Worten im Ohr trat ich hinaus in die Innenstadt von Zürich. Ich wollte nicht mehr darüber nachdenken. Ein Drittel Edelmetalle, ein Drittel Unternehmensanleihen, ein Drittel Aktien, zehn Prozent Cash. Das sollte von nun an meine Wirtschaftsphilosophie sein. Und irgendwann würde ich von dem, was noch übrig war, eine Wohnung in Berlin kaufen, meiner kleinen Lieblingsstadt, in der ich, unabhängig davon, was der Markt machte oder was sonst auf der Welt passierte, einfach nur wohnen würde.

## 20 Schafshirn in Dubai

Der Mann, der mir hinter seinem Schreibtisch gegenübersaß, trug einen kleinen Schnauzbart in seinem runden Gesicht und eine aufgeblasene Uhr am Handgelenk. Sie war schwarz wie sein Jackett. In dem Panoramafenster hinter ihm ragte einsam ein grauer Stalagmit in den Dunst, der Burj Dubai. Bald, so hieß es überall, solle er zum höchsten Gebäude der Welt erklärt werden.

»Ahmed«, sagte ich, »vor drei Monaten habe ich dir 2500 Euro überwiesen mit der Bitte, sie für mich zu investieren. Heute bin ich hier in Dubai, um dich zu fragen: Was ist aus meinem Geld geworden?«

Ich sprach tatsächlich so gestelzt. Eine Filmproduzentin aus Deutschland, die einen Film über die irakische Börse machen wollte, war mit mir nach Dubai geflogen. Ich versuchte in kurzen, vollständigen Sätzen zu sprechen, wie ich es aus dem Fernsehen kannte.

Auch Ahmed klang an diesem Tag nicht wie er selbst: »Nachdem wir miteinander verhandelt haben, habe ich entschieden, die Investment Bank of Iraq zu kaufen, eine der besten an der ISX. Wir haben uns darauf konzentriert, weil wir wussten, dass sie im Februar oder März 20 Prozent Dividende ausschüttet und im Juni noch mal 17 Prozent.«

»Wie hat sich die Aktie der Investment Bank of Iraq seit dem Kauf entwickelt, Ahmed?«

»Ich habe die Aktien vor drei Monaten gekauft für 1,2 Dinar pro Stück. Dann sind in der ganzen Welt all diese Finanzprobleme aufgetaucht. Dubai ist in diesem Jahr um 70 Prozent gefallen, die Golfstaaten fielen um 50 oder 60 Prozent. In jedem anderen Markt hättest du in diesem Jahr viel Geld verloren ...«

»Ich weiß ...«

»... während unsere Börse nicht von der Finanzkrise betroffen war. Deine Bankaktien sind nur um zehn Prozent gesunken und stehen jetzt bei 1,1 Dinar!

»Das ist großartig! Das heißt, ich habe etwa zehn Prozent verloren, bekomme aber 40 Prozent Dividende?«

»Ja. Und viele Investoren wissen noch nichts von der Juni-Dividende. Wenn sie davon hören, werden sie kaufen! Bald sollte der Kurs wieder bei 1,30 stehen.«

»Das sind sehr gute Nachrichten, Ahmed!«

Konnte es wirklich wahr sein? War es möglich, dass ich mitten in der Finanzkrise ausgerechnet an einem der unmöglichsten Orte der Erde Gewinne gemacht hatte? Nach meiner Erbil-Reise hatte ich monatelang auf ein Signal gewartet, dass die irakische Börse demnächst endlich das E-Trading einführen werde. Drei oder vier Mal hatte mich Ahmed vertröstet, bis mir klar wurde, dass die Termine kaum ernst gemeint waren und dass die ISX in absehbarer Zeit nicht an das globale Finanzsystem angeschlossen würde. »Die Welt jenseits der Grenzen ist noch immer weit entfernt«, hatte Björn in seinem monatlichen Newsletter an seine Investoren über den Irak geschrieben. Doch was im Frühjahr eine Klage war, klang im Herbst wie ein Versprechen. Als sich die große Krise ausbreitete, war die Abgeschiedenheit des irakischen Markts plötzlich ein Vorteil. Wo kein Zufluss war, konnte auch nichts abfließen, konnten in Not geratene Hedgefonds keine Mittel abziehen, um beim allgemeinen *Deleveraging*, das seit Monaten im Gange war, ihre Schulden zu begleichen.

Im September hatte ich 2500 Euro auf Ahmeds Konto überwiesen. Ich bat ihn, mir Aktien aus dem Banken- und Hotelsektor auszusuchen, die genauere Auswahl überlasse ich seiner Expertise. Dann hörte ich monatelang wieder nichts, und erst im Januar, kurz bevor ich nach Dubai fuhr, sah ich mir die Homepage der ISX genauer an. Auf den ersten Blick hatte sie sich nicht verändert: Sie leuchtete noch immer in einem enthusiastischen Himmelblau, dominiert von dem Schriftzug »Welcome to Iraq Stock Exchange Website... This Website was Established on June 2004«, der unermüdlich von links nach rechts und wieder zurück wanderte. Ich klickte mich durch das englisch-arabische Durcheinander, bis ich irgendwo den beiläufigen Satz fand: »Marktindex schloss in der letzten Sitzung 2007 mit 34,59 Punkten und schloss in der letzten Sitzung 2008 mit 58,36 Punkten.« Konnte es sein, dass die irakische Börse 2008 um 70 Prozent gestiegen war?

Begeistert rief ich Björn an, der die Zahl jedoch relativierte. Um die Wertsteigerung des irakischen Index mit anderen Börsen vergleichen zu können, erklärte er, müsse man die Aktienpakete großer Besitzer herausrechnen, aber selbst dann komme man für die ISX noch immer auf ein Plus von 20 bis 25 Prozent.

Eine der ersten Regeln, die ich in meinem Spekulantenjahr gelernt hatte, fiel mir ein: dass man aus der Vergangenheit einer Anlage niemals auf deren Zukunft schließen dürfe. Es kam mir vor wie ein Wunder, aber offenbar verdiente man wirklich Geld, wenn man sich an diese Börsenweisheiten hielt, die so einfach klangen und so schwer umzusetzen waren. Noch vor ein paar Monaten hatte mein Plan, an der ISX zu investieren, wie ein absurder Scherz gewirkt, und nun stand die Börse von Bagdad besser da als die Lieblinge der letzten Jahre: Der brasilianische Aktienindex hatte das vergangene Jahr mit minus 41 Prozent abgeschlossen, Indien hatte 55 Prozent verloren, China 65 Prozent, Russland 72 Prozent. Sogar die Börse von Vietnam (das nächste China) war jetzt 69 Prozent weniger wert.

Die Stars des Katastrophenjahres waren kleine, wenig liquide Börsen, die kaum mit der Außenwelt verbunden waren, aber in denen die Binnennachrichten erfreulich gewesen waren: Ghana, Ecuador; sogar Tunesien lag drei Prozent im Plus. Auch wenn die Zahlen nicht ganz exakt waren, konnte man auf jeden Fall behaupten, dass die ISX im vergangenen Jahr zu den drei erfolgreichsten Aktienindizes gehörte. An kaum einer Börse der

Welt war das Geld in diesem Zeitraum so gut aufgehoben gewesen wie an der Börse von Bagdad. Zum ersten Mal seit langem war ich wieder ein bisschen stolz, und mich streifte sogar der Gedanke, dass ich vielleicht doch ein gewisses Talent für die Märkte besaß.

»Wieso hast du dich eigentlich für genau diese Bank entschieden, Ahmed?«, sprach ich weiter vor laufender Kamera.

»Wir mögen den Chairman. Er hat einen Businessabschluss gemacht.«

Ich war überrascht. Der Bildungsstand der Iraker ist hoch und ein BWL-Studium erschien mir selbst für ein so zerrüttetes Land nicht ungewöhnlich.

»Er war der ehemalige irakische Finanzminister unter Saddam«, führte Ahmed weiter aus.

»Das klingt gut, wobei: War er ein Freund von Saddam?«

»Er hat 1997 aufgehört.«

»Weil er Probleme mit dem Regime hatte?«

»Er war zu alt. Saddam hatte eine Altersgrenze von fünfundsechzig oder siebenundsechzig.«

»Aber war er ein *Freund?*« (Bei aller Geldfixierung, die ich mir mittlerweile angeeignet hatte: Die Vorstellung, dass meine Aktien von einem Günstling des alten Regimes gemanagt wurden, war mir doch ein wenig unangenehm.)

»Er war Finanzminister. Dazu musste er vor allem ein guter Ökonom sein. Das ist alles.«

»Na gut – aber um es noch mal zusammenzufassen: Ich kann also behaupten, dass ich an der irakischen Börse im Jahr 2008 Geld verdient habe?«

Er lächelte. »Erst, wenn du verkauft hast, kannst du behaupten, dass du Geld verdient hast.«

»Stimmt«, sagte ich. »Kaufe niedrig, verkaufe hoch« ist eine Regel, die aus zwei Teilen besteht. Teil eins hatte ich erfolgreich bewältigt. Die Frage war, wann ich aussteigen sollte.

Ich hatte mich in einem Hotel in der Nähe des Flughafens eingemietet, nicht weit von der Villa, in der Ahmed mit seinen Eltern, seiner Schwester und deren Kindern lebte. Es lag zwischen Shoppingmalls, einer Moschee und einem Wohnblock, aus dem den ganzen Tag indische Gastarbeiter kamen. Ich war überrascht, wie zugänglich alles war. Keine Skihallen, keine Wolkenkratzer, keine Palmeninseln. Sobald man, was allerdings nicht ganz einfach war, einen zehnspurigen Highway überwunden hatte, konnte man sogar zu Fuß durch einen Park spazieren, der in einen Jachthafen mündete. Noch vor wenigen Monaten hatte ich geglaubt, dass in Dubai ein sagenhaftes Märchenland entstanden war, dessen Reichtum Europa bald zur Dritten Welt degradieren würde. Aber in der letzten Zeit war sogar hier das Geld ausgegangen. Die Immobilienpreise hatten in manchen Gegenden um 50 Prozent nachgegeben, auch in dem Emirat hatten Banken mit Staatsgeldern gerettet werden müssen. Dubai, so war in den Zeitungen zu lesen, stehe am Rand des Bankrotts und könne seine Schulden nur mithilfe des ölreichen Nachbaremirats Abu Dhabi bezahlen. Dubai? Schulden? Bankrott? Es hatte beinahe etwas Tröstliches.

Auch die Stimmung zwischen Ahmed und mir war besser diesmal. Er freute sich offenbar, mich wiederzusehen. Er nahm sich Zeit. Er war pünktlich. Ich hatte es meinerseits geschafft, halbwegs formelle Kleidung für meine Reise einzupacken, sogar Ballerinas hatte ich dabei. Ich nutzte jede Gelegenheit, Ahmed klarzumachen, dass ich in finanzieller Hinsicht zwar nur Plankton sein mochte, aber bei der Verbreitung der frohen Botschaft vom irakischen Wirtschaftswunder nicht zu unterschätzen war. Ich erzählte ihm, dass ich zum Abschluss meines Spekulantenjahrs eine Begegnung mit George Soros geplant hatte.

»Sarush?«, sagte er.

»George Soros. Aus Ungarn. Einer der bekanntesten Spekulanten, einer der hundert reichsten Männer der Welt.«

Ahmed schien mit dem Namen nichts anfangen zu können.

»Der Typ, der das englische Pfund zum Einsturz gebracht hat«, sagte ich.

Er schüttelte den Kopf.

»Vielleicht ist er bei euch nicht so bekannt«, fügte ich hinzu. »Er ist Jude.«

»Das muss Sarush sein«, sagte Ahmed. »Wir nennen ihn Sarush.«

Auch die Tatsache, dass wir bei jedem Schritt gefilmt wurden, mag dazu beigetragen haben, dass er diesmal mehr Interesse zeigte. Jeden Nachmittag holte er mich mit seinem weißen Mercedes vom Hotel ab und kutschierte mich zusammen mit der Filmproduzentin in weichen, warmen Ledersitzen in den Sonnenuntergang. Er führte uns zum Dinner aus. Er machte uns mit Schafshirn und anderen Spezialitäten des Nahen Ostens vertraut und bestand darauf zu bezahlen. Wenn wir an einem Wolkenkratzer vorbeifuhren, sagte er dessen Namen und manchmal auch den Namen des Besitzers: »Der gehört einem Freund von mir. Er besitzt zwei Türme. Sie sind jetzt vierzig Prozent weniger wert.« Er lächelte.

»Vielleicht wird er einen Kilometer hoch«, sagte er über den Burj Dubai, dessen genaue Höhe bis zu seiner Fertigstellung geheim gehalten werden sollte, um der Konkurrenz in Asien keine unnötigen Anhaltspunkte zu liefern. Die obersten Stockwerke bestanden lediglich aus einem Gerippe, dem die Verkleidung fehlte, was dem Gebäude etwas Morbides gab, das von mir aus hätte so bleiben können.

Sein Liebling war ein Büroturm, der aus einer Art Innenturm bestand, der sich aus einer Art Außenhaut schälte und auf dessen Spitze eine Art Golfball balancierte.

»It's nice«, sagte er immer, wenn wir daran vorbeifuhren.

»Why?«, fragte ich.

»It's different«, sagte er.

»Was heißt eigentlich Burj?«, fragte ich.

»Turm.«

»Und du – besitzt du auch einen Burj?«, fragte die Filmproduzentin listig von der Rückbank.

Ahmed grinste. »Kein Burj. Nur Wohnungen.«

Es erstaunte mich, wie gut die beiden miteinander zurechtkamen. Ulrike war Ende vierzig und hatte schlohweiße Haare, die sie zu einem dicken Zopf band. Sie trug Cowboystiefel und eine Windjacke. Sie lebte mit einer Frau zusammen und hatte ihre Filmkarriere in den achtziger Jahren mit Filmen begonnen, die *free fucking, Touristinnen – über und unter Wasser* und *Die erregte Frau in der Videothek* hießen. Inzwischen war sie auf stille, intelligente Art-House-Filme umgestiegen, von denen einer von der irakischen Börse handeln sollte. Ich hatte ihr von Ahmed erzählt und versucht, sie darauf vorzubereiten, dass er vielleicht nicht unbedingt ihr Typ Mann sei (und sie nicht sein Typ Frau). Aber ich hatte mich getäuscht. Ahmed lachte über Ulrikes Witze; Ulrike fand Ahmed prima.

»Er ist sehr weltmännisch«, sagte sie, als wir nach unserem ersten Tag aus Ahmeds Mercedes gestiegen waren.

»Wie kommst du drauf?«

»Dass er so ein Wesen wie mich einfach akzeptiert. Hast du gemerkt, wie er Auto fährt? Entspannt. Lässig. So fährt kein Mann, der sich innerlich klein fühlt. So fährt einer, der weiß, wer er ist.«

Ich hatte mir einen »Cross-Cultural Business Guide« gekauft, den ein britischer Diplomat für westliche Geschäftsleute im arabischen Raum – Frauen wurde von geschäftlichen Unternehmungen in diesem Kulturkreis abgeraten – geschrieben hatte. Einiges, was ich in Kurdistan für Respektlosigkeit gehalten hatte, schien schlicht normaler Umgang zu sein. Die Tatsache, dass Ahmed mich ständig versetzt hatte, ohne sich zu entschuldigen: »Gott allein kontrolliert die Zukunft, und deshalb ist jeder Versuch festzulegen, was in der Zukunft passieren wird, etwa sich auf ein Datum oder eine Uhrzeit zu einigen, anmaßend und für sehr religiöse Menschen sogar blasphemisch«, hieß es. Die Tatsache, dass er nun der zuverlässigste, geduldigste Mensch auf Erden war: »Zynische Westler beobachten, dass ein Golf-Araber durchaus pünktlich sein kann, wenn er pünktlich sein will.« Sogar das immer wieder verschobene E-Trading ging womöglich auf das Konto interkultureller Missverständnisse: »Die meisten Golf-Araber überbringen ungern schlechte Nachrichten. Viele finden es besser, die harte Wahrheit zu ummänteln bis zu dem Zeitpunkt, da sie sich selbst enthüllt oder jemand anderes sie bekannt macht.«

Interessanter Punkt. Gab es vielleicht auch bei meinem auf den ersten Blick so erfolgreichen Engagement an der ISX irgendeine harte Wahrheit, die sich bald von selbst enthüllen würde? Beim Abendessen versuchte ich, meine Investition auf verborgene Komplikationen abzuklopfen. Vierzig Prozent Dividende: Das klang zu gut, um wahr zu sein.

»Woher nehmen die Banken eigentlich das Geld für die Dividende?«, fragte ich Ahmed.

Wir saßen zu dritt auf dem Balkon eines feinen Restaurants am Kanal, auf dem venezianische Gondeln durch Tausendundeine Nacht geschippert wurden.

»Der Zins ist hoch. Die Bank erhält schon allein für ihre Einlagen bei der Zentralbank 16 Prozent Zinsen.«

»Verstehe. Das heißt, meine Dividende kommt direkt vom Staat Irak?«

»Ja. Aber auch die Banken verdienen sehr gutes Geld. Sie besitzen keine amerikanischen Papiere. Sie verkaufen Kredite, sie investieren selbst in den Aktienmarkt oder in Immobilien, sie geben Garantien …«

Im Hotel rief ich am Computer die »Fundamentaldaten« auf, aber auch die sahen gut aus. Die Inflation spielte tatsächlich keine Rolle – der Dinar war dank einer strikten Hochzinspolitik der irakischen Zentralbank im letzten Jahr stabiler als der Dollar gewesen. Die politische Lage hatte sich erstmals seit dem

Einmarsch der Amerikaner beruhigt. Sowohl die Zahl gefallener Soldaten als auch die Zahl getöteter Iraker war im vergangenen Jahr um zwei Drittel zurückgegangen. Die aufständischen Sunniten waren über besoldete Bürgerwehren stärker in den Staatsapparat eingebunden; die aus Teheran gelenkten Schiiten verübten weniger Anschläge, seit die Amerikaner dem Iran nicht mehr mit Krieg drohten. Das Geschäft lebte auf, die wenigen Sternehotels in Bagdad waren ausgebucht. Gerade war eine Chartermaschine aus Stockholm in der Hauptstadt gelandet, der erste direkte Flug aus Europa seit achtzehn Jahren. Und obwohl sich die verschiedenen ethnischen und religiösen Gruppen des Irak noch immer nicht auf ein Ölgesetz hatten einigen können, schien vieles dafür zu sprechen, dass aus dem Land eine Erfolgsstory wurde – an der ich via Aktien partizipieren würde.

Ahmed bot an, uns zu einem Bankpräsidenten zu bringen, der uns Näheres über die glänzenden Aussichten seines Heimatlandes erzählen könne. Er hieß Noori Al Handal und war der Patriarch eines Familienimperiums, das aus mehreren »Import-Export-Unternehmen«, zwei dubaischen Hochhäusern und einer irakischen Bank namens Ashur bestand. Er lebte in Jumeirah Islands, einer Villensiedlung, für die mit einem Wahnsinnsaufwand Dutzende kleiner Inseln in die Wüste geschnitzt und von künstlichen Seen umspült worden waren.

Ein ernst aussehender Mann mit kurz gestutztem Bart kam uns im Scheinwerferlicht entgegen. Er trug Sakko und Jeans. Im Wohnzimmer seines Hauses lümmelte ein Junge in Joggingklamotten vor dem Fernseher und schaute ein Fußballspiel der irakischen Nationalmannschaft. Sein Sohn, sagte Al Handal, er besuche eine amerikanische Schule in Dubai und werde für uns übersetzen. Aber das Englisch des Vaters reichte völlig aus: Es war gebrochen, aber präzise, und ich führte Gespräche über Wirtschaftsthemen sowieso gerne auf Englisch, weil es beide Seiten dazu zwang, sich auf das Wesentliche zu konzentrieren.

»Ich habe einen kleinen Betrag an der irakischen Börse investiert, 2500 Euro. Unter welchen Umständen könnte ich das Geld wieder verlieren?«, fragte ich.

»Seit zwei Jahren denke ich – alles wird gut: Wirtschaftspolitik, Sicherheit. Die Sicherheit kommt zurück in den Irak. Die, wie heißt es …«, er drehte sich zu seinem Sohn.

»… Infrastruktur …«

»… die Infrastruktur kommt. Irak ist wie nach Sowjetunion.«

Eine asiatische Haushaltshilfe brachte Kaffee und Gebäck, Ulrike und ich bedankten uns überschwänglich.

»Was ist die größte Gefahr für den Irak?«, fragte ich.

»Ich hoffe, sie werden bei der Wahl für die richtigen Leute stimmen. Qualifizierte Leute.«

»Das ist alles?«

»Für die Wirtschaft gibt es kein Risiko. Wenn alles am Boden ist, der einzige Weg ist nach oben. Der Profit ist da. Wir haben ein sehr einfaches, altes Bankensystem im Irak.«

»Besser als die USA?«

»USA – das ganze Bankensystem abhängig von Immobilien. Nicht intelligent. Sie legen alle Eier in einen Korb. Sie denken: mehr, mehr, mehr.«

»Ist das nicht verrückt?«

Er lachte. »Nicht verrückt. Normal. Dann kam die Panik. Lehman hat allen Angst gemacht. Sogar das ausländische Geld – alle haben verkauft, verkauft. Unser Aktienmarkt ist stabil, weil wir keine Investoren von außen haben.«

Das klang hervorragend. Andererseits – Noori war Ahmeds Geschäftspartner, Ahmed hatte mit seinem jüngeren Bruder eine Investmentfirma gegründet.

Auf der Suche nach einer unabhängigen Meinung fand ich eine Finanznachrichtenagentur, die sich auf den Nahen Osten und Nordafrika spezialisiert hatte. Ich rief an und bat um ein

Gespräch – kein Problem sagte jemand in wunderbarstem Englisch, der Chef sei Iraker, er würde mir bestimmt gerne etwas über sein Heimatland erzählen. Im Financial Center, wo die Agentur ihren Sitz hatte, wurde ich von einem schwarzhaarigen Supermodel empfangen, einem jungen Mädchen, das mich auf Wienerisch begrüßte. Hinter ihr arbeitete eine Truppe modisch gekleideter, arabisch aussehender Twentysomethings. Ihsan Alany, ihr Chef, war Anfang vierzig. Als Achtjähriger war er mit seiner Familie von Bagdad nach England emigriert. Er bat mich in einen Konferenzraum.

Die Geschichte, die man mir über den Irak erzähle, klinge gut, sagte ich, beinahe ungaublich. Hohe Rendite bei einem Risiko, das angeblich überschaubar war – hatte ich etwas übersehen?

»Der Irak hat viel Cash, ist unterentwickelt und muss völlig neu aufgebaut werden«, sagte er, »das sind gute Voraussetzungen. Normalerweise braucht man erst Stabilität und Frieden, damit die Investoren kommen. Aber weil die Wirtschaft auf der ganzen Welt am Boden liegt, sind sie jetzt gezwungen, sich den Irak anzuschauen. Überall auf der Welt sind die Anlagemöglichkeiten schlechter geworden, während der Irak sicherer geworden ist. Es gibt im Irak eine umgekehrte Korrelation zur Weltwirtschaftskrise!«

Ich spürte, wie sich ein Gefühl der Gewissheit in mir ausbreitete, das ich zuletzt gespürt hatte, als Wolf mir AngloGold Ashanti empfohlen hatte.

»Ich werde schon wieder gierig, wenn ich das höre. Vielleicht sollte ich mehr Geld in den Irak stecken, was meinen Sie?«

»Mein Vater ist vor zwei Wochen aus Bagdad zurückgekommen«, sagte Ihsan, »er kauft jetzt auch Aktien. Ich war überrascht, aber er sagte, er sei bullish.«

»Von welchen Unternehmen?«

»Er hat was von irgendeiner Getränkefirma erzählt. Und dem Hotelsektor.«

»Genau das höre ich auch immer wieder … Wenn ich zehn Prozent meiner Ersparnisse in irakische Hotelaktien steckte, würden Sie das verrückt finden?«

»Zehn Prozent des Depots sind immer Spielgeld«, sagte er.

Am Abend traf ich Ahmed. »Was hast du gemacht?«, fragte er, nachdem ich den Nachmittag über verschwunden gewesen war. Es waren meine letzten Stunden in Dubai, um Mitternacht würde ich mit Ulrike zusammen zurück nach Deutschland fliegen. Ahmed lenkte seinen weißen Mercedes über die glatten, breiten Stadtschneisen in Richtung Flughafen. Er fuhr ein gemächliches Tempo und neigte dazu, aus der Spur zu driften, wenn er telefonierte, ließ sich aber bereitwillig zurückschubsen. Er war tatsächlich ein entspannter Mensch. Als in den Golfstaaten die Aktienkurse abgestürzt waren und er an einem Tag viel Geld verloren hatte, hatte er sich mit Freunden im Burj Al Arab eingemietet, dem superexklusiven Siebensternehotel vor der Küste, und es sich einen Tag lang mit allen möglichen Wellnessanwendungen gutgehen lassen.

»Und wenn deine Aktien steigen?«, hatte Ulrike gefragt.

»Dann mache ich dasselbe.«

Ich mochte ihn. Er war wohlhabend, vielleicht sogar reich, aber offenbar nicht reich oder unambitioniert genug, um vom Geld seiner Familie zu leben.

»Ich habe jemanden getroffen, der uns etwas über die ISX erzählt hat.«

»In Dubai?«

»Wo sonst?«

»Ich kenne niemanden außer mir in Dubai, der sich mit der ISX auskennt.«

»Er hat noch mehr Aktien als du, Ahmed, und er besitzt einen sehr hohen Wolkenkratzer hier in Dubai.«

Er sah grinsend in den Rückspiegel zu Ulrike. »Dann baue ich einen noch größeren Turm in Bagdad.«

»Es war nur ein Journalist von einem Finanzservice, Ahmed«, beruhigte ich ihn. »Ich wollte eine zweite Meinung zur ISX. Kein Grund zur Eifersucht.«

»Ich bin nicht eifersüchtig! Ich suche Investoren. Vielleicht kann ich Geschäfte mit ihm machen. Gib ihm meine Karte.«

»Hab ich schon.«

Es gab ein Thema, das ich in diesen Tagen in Dubai vermieden hatte: Ahmed und ich hatten nicht mehr über die Sache mit dem deutschen Mädchen gesprochen. Ich wollte nicht indiskret sein, zumal Ulrike fast immer dabei war und ihre Kamera laufen ließ. In meinem »Cross-Cultural Business Guide« hatte ich gelesen, dass Araber kein Verständnis dafür hätten, wenn Westler unpopuläre Themen einfach so abhandelten, ohne jeglichen Sinn für Stimmung und Timing. Und ich vermutete, dass die Frage, wann er heiraten und endlich zur Ruhe kommen würde, solch ein unpopuläres Thema für Ahmed war. Auf dem Weg zum Flughafen schien mir der richtige Moment gekommen, die Sache vorsichtig anzusprechen. Bei unserem Abschiedsabendessen hatten wir drei uns prächtig verstanden, im Auto war es wohlig warm, die Sonne ging unter, Ulrike sah unbeteiligt aus dem Fenster.

»Ahmed?«, sagte ich leise.

»Ja?«

»Suchst du eigentlich noch eine Frau?«

»Oh – du erinnerst dich daran?« Er sah erfreut aus.

»Ich hatte dir damals gleich nach meiner Rückkehr aus Erbil eine E-Mail zu dem Thema geschrieben, aber du hast nie darauf geantwortet.«

»Das muss ich übersehen haben.«

»Was meinst du, ich könnte vielleicht darüber schreiben, dass du eine Frau suchst, dann melden sich vielleicht welche.«

Er starrte mich erschrocken an. »Das ist peinlich«, sagte er und schüttelte den Kopf.

Ich wollte ihn nicht verletzen. Oder verärgern. Schließlich war ich bereits wieder so überzeugt von den Gewinnmöglichkeiten im Irak, dass ich tatsächlich darüber nachdachte, die zehn Prozent »Alternative Investitionen«, die in jedes vernünftige, gut diversifizierte Portfolio gehören, in die ISX zu stecken, und dazu würde ich Ahmeds Hilfe benötigen. Vielleicht könnte ich meine Sünde ausgleichen?

»Gibt es denn etwas, worüber ich unbedingt schreiben soll, etwas, das du gerne über dich lesen würdest?«

»Schreib, dass die Leute im Irak investieren sollen. Auch kleine Beträge. Wir freuen uns.«

»Das verspreche ich dir gerne, Ahmed«, sagte ich.

»Und wenn du diesen Sarush triffst ...«, sagte er, als wir in die Parkspur des Flughafens einrollten.

»Soros?«

»Wir nennen ihn Sarush ...«

»Ja?«

»... erzähl ihm von uns.«

»Ich kann dir das nicht versprechen, Ahmed«, sagte ich. »Aber wenn es nicht völlig deplatziert wirkt, dann werde ich ihm von dir erzählen, ganz bestimmt.«

»Wir sind klein, er wird nicht viel kaufen können. Aber jemand sollte ihn auf die Idee bringen.«

Zum Abschied drückte er mir einen Stapel Visitenkarten für Soros in die Hand und küsste erst mich und dann die Filmproduzentin auf beide Wangen.

Für einen Moment standen wir noch da und blickten dem weißen Mercedes nach, wie er in der dubaischen Nacht verschwand.

»Er ist klasse«, sagte Ulrike.

»Absolut«, sagte ich.

**Depot Januar**

**Offene Positionen**

| | |
|---|---|
| Puts Whole Foods | ~ 600 Euro |
| ISX | 2250 Euro |
| Aktien Harvey & Thompson | 250 Euro |
| Call Gold (Esel) | 1621 Euro |

**Liquide Mittel**

| | |
|---|---|
| Call AngloGold Ashanti realisiert | 0 Euro |
| Puts Rio Tinto realisiert | 272 Euro |
| Puts Nokia realisiert | 917 Euro |
| Cash | 3868 Euro |

| | |
|---|---|
| **Kontostand** | 9778 Euro |

## 21 Zu den Wurzeln

Vertrauen reduziert Komplexität. Vertrauen hilft, in unübersichtlichen Situationen schnelle Entscheidungen zu treffen. Seit ich den Bayern nicht mehr blind vertraute, waren die Dinge wieder kompliziert geworden. Nicht, dass ich ihnen misstraute. Aber seit meinen Treffen mit den Keynesianern zweifelte ich an der unverbrüchlichen Dreieinigkeit von Geldmenge, Hyperinflation, Goldexplosion.

Bergold saß am langen Ende des Konferenztisches und warf Kurven, Kurven und noch mehr Kurven auf die Leinwand. Er klickte einen Beweis nach dem anderen herbei.

»Alle schauen immer nur auf den Dollar. Auf diesem Chart sehen Sie, dass der Goldpreis in Euro sein Allzeithoch vom März schon überschritten hat!« Er war erregt. »Die Leute reden immer nur von der Entwicklung des Noah. Dabei haben wir den Noah erst 2003 aufgemacht. Nachweislich empfehlen wir Gold schon sehr viel länger!« Das rote Pünktchen kreiste um das Jahr 2001, als der Goldpreis seinen langen Aufstieg begonnen hatte. »Seitdem wir Gold empfehlen, ist die Feinunze um 300 Prozent gestiegen!«

Noch eine Kurve. »Warren Buffett, der erfolgreichste Investor der Welt, liegt seit 2001 bei null Prozent. Und wir stehen vor der größten Inflation aller Zeiten!«

»Bernanke redet seit Monaten von der Deflation«, wandte ich ein.

Er sah mich überrascht an. Seine Augen kamen mir leicht entzündet vor.

»Hat Bernanke die Finanzkrise vorausgesagt? Hat die Fed die Finanzkrise vorausgesagt? Bergold hat die Finanzkrise vorausgesagt!«

Spürte er, dass ich ihn verlassen wollte?

Gold war gut gelaufen in den letzten Wochen, sicher. Ich hatte keinen Anlass, mich zu beschweren. Es war März. Im Februar hatte der Goldpreis sogar wieder an der 1000-Dollar-Marke angeschlagen. Dass ich kurz davor stand, das Spekulantenjahr bei plusminus null abzuschließen, hing auch damit zusammen, dass ich im Gegensatz zu meiner unbelehrbaren Freundin in München nie an eine schnelle Erholung der Aktien geglaubt hatte. Und das hatte ich Wolf und Bergold zu verdanken. Trotzdem sagten mir die rationaleren Teile meines Gehirns, dass ich aufhören sollte, alles auf eine Karte zu setzen. Dass die Bayern sieben gute Jahre hintereinander gehabt hatten, konnte einfach Glück gewesen sein, eine Zufallsserie, wie sie auch im Casino gar nicht so selten war. Ich jedenfalls würde den Spieltisch verlassen und mein Portfolio vernünftig strukturieren. *If we could all beat the markets we'd all be rich.*

»Wenn es nur eines gibt, was ich in diesem Jahr gelernt habe, dann das, dass Diversifizieren das Einzige ist, was hilft«, sagte ich. Ich klang fast wie mein eigener Bank-Anlageberater.

Bergold hielt mit weiteren Balkendiagrammen dagegen. Die Aktienblase der New Economy. Die Immobilienblase, die gerade geplatzt war. Im Moment wachse eine Anleihenblase. Und die nächste werde dann die Rohstoffblase sein.

»Aber wir haben eine Rohstoffblase gehabt«, sagte ich. »Sie ist in der Finanzkrise geplatzt!«

»Das war keine Blase«, sagte er, »das war eine Übertreibung! Jetzt zeig ich Ihnen mal was …«

Er klickte einen neuen Chart herbei, herausgegeben von der Federal Reserve Bank of St. Louis. Er zeichnete die Entwicklung der amerikanischen »Geldmengenbasis« seit 1913 nach. Sie war in der Tat schockierend. Eine lange, krakelige Horizontale bis 1971. Dann hatte Nixon die Golddeckung des Dollars aufgegeben und die Kurve hatte abgehoben, um sich in den letzten Jahren in einem progressiven Anstieg immer steiler nach oben zu biegen. Im letzten Quartal 2008 hatte sie schließlich das gebildet, was Chartanalysten eine »Fahnenstange« nennen.

»Wissen Sie, was mich wundert?«, sagte Wolf, der bisher schweigend zugehört hatte. »Dass die das rausgeben. Spätestens 2011, 2012 wird dieses Geld eine Hyperinflation verursachen.«

»Niemand bestreitet, dass die Geldmenge sehr stark angestiegen ist«, erwiderte ich. »Aber es gibt auch Leute, die behaupten, dass dieses Geld nicht in die Konsumentenpreise fließen muss und somit auch nicht zu einer Inflation führt.«

»Geldmenge *ist* Inflation«, riefen Wolf und Bergold im Chor.

»Ja, ja, ich weiß, dass es da unterschiedliche Definitionen gibt. Aber eine Hyperinflation, die keiner bemerkt, wird niemanden dazu bringen, ins Gold zu fliehen.«

»Jetzt enttäuschen Sie mich ein bisschen«, sagte Bergold. »Sie reden wie die Politiker.«

Ich lachte. »Tut mir leid. Ich kann nur sagen, dass ich eine Menge Volkswirtschaftler getroffen habe, die mit ebensolcher Überzeugung wie Sie das Gegenteil vertreten. Ich gebe nur wieder, was die andere Seite sagt.«

»Kurzfristig haben Sie recht«, lenkte er ein.

Die nächste Kurve zeigte eine Parallele zwischen Geldmenge und Konsumentenpreisen.

»Zeig ihr Weimar«, sagte Wolf.

Ich sah den Anstieg der Geldmenge parallel zur Hyperinflation der dreißiger Jahre.

»Jede Währung«, sagte Bergold, »die sich je vom Goldstandard gelöst hat, erlebte vierzig Jahre später eine Hyperinflation. Oder Währungsreform. Seit Nixon sind jetzt fast vierzig Jahre vergangen …«

»Ich höre, was Sie sagen, aber ich kann es nicht beurteilen«, sagte ich, mittlerweile etwas gereizt. Alle Keynesianer, die ich getroffen hatte, hatten zumindest durchblicken lassen, dass ihre Theorie nur ein Modell war, eine vereinfachte Darstellung einer komplizierten Welt, die man in Erwägung ziehen, aber auf die man sich keinesfalls verlassen könne. Nur diese beiden waren ohne jeden Zweifel.

»Ich merke, Sie kopieren sehr viel, was jetzt so vom Mainstream rübergebracht wird«, sagte Bergold.

»Ich glaube, hier liegt gerade ein Missverständnis vor«, sagte ich. »Ich kopiere nichts. Ich sage nur, dass es andere Meinungen gibt als Ihre. Und ich will, dass alle sich in meinem Portfolio wiederfinden. Sie sind meine Vermögensberater, und deshalb bitte ich Sie, mir dabei zu helfen.«

»Wenn Sie unsere Strategie verstanden hätten, würden Sie jetzt in Rohstoffe gehen. Die Preise, die wir jetzt haben, werden wir bis zur Währungsreform nicht mehr sehen!«

»Doch. Ich habe Sie verstanden. Geldmenge. Hyperinflation. Währungsreform. Aber ich kann nicht wissen, ob Sie recht haben. Deshalb werde ich mit einem Teil meines Geldes das Gegenteil von dem tun, was Sie sagen. Man nennt das diversifizieren.«

Sie sahen sich an.

»Sie will die Volatilität reduzieren«, sagte Wolf zu Bergold, »macht Sinn.«

»Genau. Ich will meine Volatilität reduzieren«, wiederholte ich, »damit ich nicht bei der nächsten Abwärtsbewegung des Goldes die Nerven verliere und auf dem Tiefpunkt verkaufe.«

»Dann gehen Sie halt in Cash«, sagte Bergold.

»Danke«, sagte ich. Dann erzählte ich, wie ich mir mein Portfolio in Zukunft vorstellte. Ich würde die Hälfte meines Vermögens, die Schätze in meinem Schließfach inklusive, liquidieren und das Geld auf irakische Aktien, deutsche Standardwerte und Festgeld verteilen. Mit einem Edelmetallanteil von 50 Prozent hätte ich noch immer eine extreme Übergewichtung in diesem Bereich. Sie schienen halbwegs zufrieden damit.

Wir gingen mittagessen.

»Die letzten sechs Monate waren hart«, sagte Bergold, während wir durch die Altstadt liefen. »Leute wie Sie sind da in Zweifel gebracht worden.«

Sie sind wirklich unerschütterlich, dachte ich.

»Zweifel sind gut«, sagte ich, »Menschen wägen ab. Das ist eine Errungenschaft, schließlich leben wir nicht mehr zu Zeiten der Inquisition.«

»Gold ist keine Glaubensfrage«, sagte Bergold scharf. »Ich habe Informationen, Zahlen …«

»Aber im Gegensatz zu Ihnen kann ich meine Entscheidung nur auf ein Gefühl stützen! Auch wenn mein Gefühl mir sagt, dass die Goldjünger recht behalten werden: Ich. Kann. Es. Nicht. Wissen.«

»Jetzt rücken Sie uns schon wieder in die Nähe einer Sekte«, rief Bergold aufgebracht. »Ich bin kein Goldjünger! Ich war bis 2000 in Aktien investiert. Und irgendwann werden wir auch wieder in Aktien gehen. Und zwar dann, wenn alle, die uns zusammengeschimpft haben, ins Gold gehen. Dann kaufen wir Allianz, zu 50 Cent, in großen Stückzahlen!«

Wieso waren sie bloß so wütend? Sie hatten schwierige Monate hinter sich, natürlich, ihr Fonds hatte sich wie fast alles auf der Welt im Wert halbiert. Aber dann waren die Goldminen wieder gestiegen, und ihr Noah hatte bei irgendeinem Fondsranking, das die Performance der letzten drei Monate bewertete, sogar den ersten Platz belegt. Er war jetzt ungefähr so viel wert wie vor fünf Jahren, als sie angefangen hatten. Was in diesen Zeiten ein Erfolg war. Sogar die Bewertungsagentur Morningstar spendierte dem Noah neuerdings wieder drei Sterne.

Waren sie sauer, weil sie es schwerer gehabt hatten als andere, denen die Eltern ein Wirtschaftsstudium in St. Gallen finanziert hatten? Hatte sie die Außenseiterposition, auf der sie seit Jahren durchhielten, verbittern lassen? Schließlich glaubten die meisten Investoren immer noch daran, dass mit Aktien langfristig alles gut werden würde. Auf Gold zu setzen bedeutete trotz aller Erfolge noch immer, zu einer Minderheit zu gehören, die sich bei jedem Rückschlag verspotten lassen musste. »Narren des Zufalls«, hatte ein VWL-Professor einmal zu Wolf und Bergold gesagt, als sie im Frühjahr 2000 aus den Aktien ausgestiegen waren und mit Gold erste Erfolge gehabt hatten. Bergold hatte den Schmähsatz in meiner Gegenwart öfter wiederholt, und sein Ärger darüber war jedes Mal so lebendig wie vor fünf Jahren.

Beim Mittagessen lenkte ich ein. Ich wollte nicht undankbar sein, schließlich hatte ich ihnen alles in allem beträchtliche Gewinne zu verdanken.

»Wissen Sie«, sagte ich, als wir in dem Café saßen, »wenn ich gezwungen wäre, alles auf eine Karte zu setzen, dann wäre es immer noch Gold. Aber ich muss es eben nicht, deshalb verteile ich ein bisschen um.« Bevor ich damit bei Bergold wieder einen Monolog auslöste, wechselte ich das Thema. »Ist das nicht schrecklich, wenn man sich des Untergangs so sicher ist wie Sie? Was sagen Sie Ihren Frauen, Ihren Kindern?«

»Ich seh's positiv«, sagte Wolf. »Von der Überflussgesellschaft zu den normalen Werten.«

»Immer wenn die materiellen Werte am Boden lagen, waren die immateriellen Werte am höchsten«, sagte Bergold. »Familie, Zusammengehörigkeit, echte Freundschaft: Das wird zählen.«

Ich bekam Gänsehaut.

»Aber Armut und Verzweiflung waren auch immer gute Zeiten für Extremismus, für Fundamentalismus«, warf ich ein.

»Noch ist es Zeit, sich vorzubereiten«, sagte Wolf. »Auch ich bin ein Kind des Wohlstands. Auch ich hätte gerne so weitergelebt.«

»Wir können den Wind nicht machen«, sagte Bergold. »Wir können nur die Segel setzen.«

»Langsam machen Sie mir doch wieder Angst«, sagte ich.

Zurück in ihrem Häuschen, legte mir Wolf ein Päckchen in die Hand. Es war so groß wie eine Packung Salz und überraschend schwer. »Emergency Ration«, stand darauf. Statt einer Geschmacksrichtung war nur die Kalorienzahl aufgedruckt.

»Reich werden wir nicht damit«, sagte Wolf. »Aber unsere Kunden fragen danach.«

Haltbar bis 2014. Hergestellt 2008.

»Sechs Jahre«, sagte ich. »So lange wie ein Krieg.«

»Aber das ist absoluter Worst Case, absoluter Worst Case.«

»Und was ist in Ihren Augen realistisch?«

»Protektionismus. Preisanstiege. Mangelwirtschaft.«

»Heißt das, wir werden alle kein Sushi mehr essen oder dass wir keine Medikamente mehr bekommen?«

»Es geht um die Grundgüter. Sie müssen sich verabschieden von der Zeit, in der Sie alles sofort in jeder Minute haben konnten«, sagte Bergold.

»Da schauen wir einfach mal nach Polen oder in die Ukraine«, sagte Wolf.

»Klingt alles entsetzlich«, sagte ich. Mir war kalt, ich war wieder auf dem Horrortrip. »Und wann ist das Schlimmste vorbei?«

»Ende der nächsten Dekade … maximal 2020 müssten wir das Tief geschafft haben. Nix ist unendlich. Wie jede Krise in der Vergangenheit wird auch diese Krise ein Ende finden. Man sollte das emotionslos betrachten.«

Je ängstlicher mir zumute war, desto zufriedener waren sie mit mir. Als Bergold mich abends zum Bahnhof fuhr, war ich so weit, mit ihm über Gelegenheitsjobs in der Landwirtschaft zu sprechen. Ich dachte an meine Oma. Ich hatte mich immer gewundert, weshalb eine arme Bauersfrau jedem ihrer Enkel 1500 Euro vererben konnte, aber wahrscheinlich war sie in den zwanziger Jahren einfach eine Inflationsgewinnlerin gewesen. Zum Glück gab es den Hof noch.

»Wie viele Leute können eigentlich von so einer kleinen Landwirtschaft leben?«, fragte ich Bergold, als er vor dem Bahnhof in Weiden hielt.

»Vielleicht zehn«, sagte er. »In Notzeiten auch mehr.«

Dann gab er mir dir Hand. »Wissen Sie noch«, sagte er, «als Sie zum ersten Mal bei uns in der Sparkasse waren? Da haben Sie genau denselben Gesichtsausdruck gehabt.«

Es war so ein Abschied, bei dem man sich eine Sekunde länger in die Augen schaut: Wer weiß, in was für einer Welt wir uns wiedersehen werden.

Eines der Notfallpäckchen hatten sie mir geschenkt.

| | |
|---|---|
| **Depot März** | |
| **Offene Positionen** | |
| Gold Call neu | 1187 Euro |
| Puts Whole Foods | ~560 Euro |
| ISX | ~2800 Euro |
| Aktien Harvey & Thompson | ~245 Euro |
| Call Gold (Esel) | 1754 Euro |
| **Liquide Mittel** | |
| Cash | 3870 Euro |
| **Kontostand** | 10 416 Euro |

# 22 Soros

Was bewunderte ich eigentlich so sehr an ihm? Die Milliarden, die er den Märkten abgenommen hatte, weil er klüger war als die Mehrheit, oder die Milliarden, die er wieder ausgegeben hatte, weil er sich anscheinend um jene Mehrheit sorgte? Seine geistige Unabhängigkeit? Selbst in seinen philanthropischen Bemühungen war er stets eigensinnig gewesen. Statt sich altbekannten Themen zu widmen, hatte er bereits Anfang der achtziger Jahre Künstler und Dissidenten in Ostblockländern finanziell unterstützt in der Hoffnung, dass sie irgendwann die Elite einer offenen Gesellschaft im Popper'schen Sinne bilden würden. Vielleicht war es sein ewiges Lächeln, das ich aus Fernsehinterviews kannte und von dem unklar war, aus welcher Quelle es sich eigentlich speiste. Lächelte er über die menschliche Unvollkommenheit? Sich selbst? Weil er wusste, dass einem Schlimmeres im Leben widerfahren konnte als ein Börsencrash?

Ich mochte ihn, weil ich in ihm den Jungen sah, der mit vierzehn die Identität eines Pfandfinders namens Sandor Kiss angenommen hatte, um der Deportation zu entgehen; es gefiel mir, dass er von seinen Fehlern sprach, als seien es Stärken: seinem mangelnden Talent für die Mathematik, das eine Unilaufbahn verhindert habe, seiner Distanziertheit als Vater und als Ehemann, der Sinnlosigkeit des Geldmachens, die ihm nach seiner Scheidung bewusst geworden sei. Und wie er mit fünfzig versucht habe, seine Schwächen in einer Psychoanalyse zu ergründen, über die er ebenso freimütig Auskunft gab wie über alles andere. Durch den Anschein der Grandiosität, sagte er, habe er eine Scham wettzumachen versucht, die ihm unter den Nazis eingepflanzt worden sei und die, nachdem er sie ans Tageslicht geholt hatte, zerbröselt sei wie ein herausoperierter Gallenstein.

Ich mochte sogar seine Bücher, diese anstrengenden Traktate, ich fand es irgendwie rührend, wie er darin immer wieder auf die »Reflexivität« zurückkam, als glaube er nicht, dass seine Worte jemals irgendwen überzeugen könnten. Seine Kritiker machten sich über seine Texte lustig, und das Allertollste war, dass er diese Kritik einfach *annahm.* Dabei wäre es an seiner Stelle so naheliegend gewesen, eine Verschwörung neoliberaler Finsterlinge zu vermuten. Stattdessen gab er zu, dass ihm das Schreiben nicht in die Wiege gelegt sei, und heuerte Privatlehrer an, legte seine Manuskripte Philosophen vor, versuchte, sich zu *verbessern.* Gibt es etwas Großartigeres als einen Menschen, der seine eigene Fehlbarkeit erträgt, aber an den wichtigen Stellen auf dem besteht, woran er glaubt?

Unermüdlich verbreitete er seine Ideen von den Gefahren wild wachsender Märkte, gab viel Geld für die Wahlkämpfe der Demokraten aus, um Bush egal durch wen zu ersetzen. Jahrelang hatte er politisch auf der Verliererseite gestanden, wie bei einer Investition, bei der die Kurse in die falsche Richtung laufen, aber er hatte seine Position nie aufgegeben, und jetzt bekam er recht. Die Systemkrise, vor der er gewarnt hatte, war da, und im Sommer hatte er vor einem Senatsausschuss erklären dürfen, warum die Märkte so labil geworden waren. Ich las seine Rede und stellte fest, dass er sich wirklich verbessert hatte: seine Argumentation war klarer als je zuvor, das R-Wort tauchte nur vier Mal auf. Nebenbei hatte er noch einmal als Spekulant geglänzt: Sein Quantum Fonds, in dessen Management er zurückgekehrt war, hatte 2008 mit einem Plus von acht Prozent abgeschlossen (die sich in diesem Fall auf 1,1 Milliarden Dollar beliefen).

Das ganze Jahr über hatte ich wie ein verliebter Teenager alles über ihn gelesen, ich hatte mich in seine Biografie vertieft und in die Autobiografie seines Vaters, des Esperanto-Anhängers. Ich kannte die Namen seiner Kinder, seiner beiden Ehefrauen, ich hatte eine Vorstellung von El Mirador, seinem Anwesen auf

Long Island, und ich wusste, wie die Donauinsel hieß, auf der er als Kind seine Sommer verbracht hatte (Lupa). Sein Vater war ein Überlebenskünstler gewesen, der seine Familie mit falschen Papieren vor den Nazis geschützt hatte, seine Mutter nur halb glücklich mit ihrem Mann, der selbst die Okkupation für eine Affäre nutzte, weshalb sie sich offenbar ein bisschen zu sehr auf den jungen György gestürzt hatte. Ich wusste mehr über ihn, und das ist keine Übertreibung, als ich je über einen meiner Großväter gewusst habe, und es gab keinen Menschen auf der Welt, den ich lieber kennengelernt hätte als ihn: Soros. Schorosch. Sarush. Ihm in die Augen zu schauen, dachte ich, das wäre, als würde man dem 20. Jahrhundert ins Gesicht sehen.

Wo immer mehr als zwei Menschen versammelt waren, sah ich mittlerweile die Reflexivität am Werk, jene geheimnisvolle Rückkopplung zwischen unserer Sicht auf die Welt und der Welt an sich. Ich bemerkte sie in der Kindererziehung, im Straßenverkehr und in der Liebe, und sie schien mir bald so allgegenwärtig, dass ich mich manchmal fragte, ob sie am Ende (wie seine Kritiker behaupteten) doch nur eine Binsenweisheit war, eine langatmige Erklärung für das Phänomen der sich selbst erfüllenden Prophezeiung. Egal. Große Ideen sind oft einfache Ideen, dachte ich, und davon abgesehen wuchs in mir tatsächlich das Gefühl, dass wir uns ähnlich waren. Natürlich gab es Unterschiede, die in Milliarden gemessen wurden, aber eine Gemeinsamkeit sah ich doch: Auch George hatte sich auf die großen Umbrüche spezialisiert, weil er das Surreale im Konventionellen erkannte, die Zerbrechlichkeit der Normalität. Was ich leider nicht wusste, war, ob er ebenso wie ich an der Zukunft des »Papiergeldes« zweifelte, ob er seinerseits die Hyperinflation herannahen sah (oder eher die Deflation) und ob er schon begonnen hatte, alles in Gold umzuschichten.

Wenn man versucht, einen Termin bei George Soros zu bekommen, landet man in einem Büro irgendwo in New York. Ein PR-

Mann namens Michael nahm ab und versprach, mich zurückzurufen. Eine Stimme, schneidend wie ein Sägeblatt. Wochen später fragte ich stotternd nach, ob mein Fax, meine E-Mail, meine Nachricht vielleicht verloren gegangen sein könnten, woraufhin er ins Telefon bellte, *er* würde *mich* zurückrufen, und das Spiel begann von vorn. Oh, it's *you,* sagte er, als ich wieder einmal anrief, ich habe nur abgenommen, weil ich dachte, es sei jemand anderes. Dann legte er auf. Im Dezember bekam ich drei Minuten, um mein Anliegen vorzutragen.

Eine Kleinanlegerin, die sich in den Weltmärkten verirrt hat? George macht keine *Anlageberatung.* Ich korrigierte mich, sagte, dass ich ausführlich mit ihm über sein Lebensthema sprechen wolle, ein großes Interview für meine Zeitung über die Reflexivität!

Vielleicht könnte George für ein europäisches Publikum über das Schicksal der Roma reden, murmelte Michael feindselig. Sehr gut, sagte ich, und notierte »Sinti & Roma« in meinem Block. Melden Sie sich Anfang Januar.

Anfang Januar hieß es, man sei mit dem Wirtschaftsforum in Davos beschäftigt, *can't you see?* Ich entschuldigte mich abermals.

Ein Kollege, der in den achtziger Jahren mit Cash von Soros durch den Ostblock gereist war, bot an, an meiner Stelle mit ihm zu sprechen. Über alles außer Gold. Tabu. Soros sei bekannt dafür, sehr kühl zu werden, wenn er im Privatleben um Anlagetipps gebeten wird. Gäste auf Mirador waren nie wieder Gäste auf Mirador, wenn sie zu plump dieses Thema anschnitten. Ende Februar verlor ich erstmals die Nerven. Ich legte mich mit Michaels Assistenten Edward an, weil er sich weigerte, mir zu sagen, ob ein Treffen überhaupt *realistisch* sei. Ob George, der sein Leben lang für die offene Gesellschaft gekämpft hat, wusste, dass er von einer Festung umgeben war? Am selben Abend formulierte ich eine enttäuschte Mail an wen-auch-immer, über die ich, alte Regel, eine Nacht schlief.

Als ich am nächsten Morgen in mein kleines Büro zurückkam, blinkte ein rotes Lichtlein an meinem Telefon. Warme Stimme. Michael. Hi Heiki. George hätte nächste Woche fünfundvierzig Minuten, ich nehme an, Sie wollen lieber telefonieren, als extra nach New York zu kommen?

Zwei Tage später buchte ich den teuersten Flug meines Lebens.

Im Flugzeug schrieb ich mir etwa zweihundert Fragen auf. In allen Fernsehinterviews, in denen ich George gesehen hatte, hatte er immer sehr präzise geantwortet, und ich wollte nicht, dass uns in unserer kostbaren Dreiviertelstunde der Gesprächsstoff ausging. Ich würde mit ein paar sehr konkreten Fragen zu seiner Rückkehr ins aktive Fondsmanagement beginnen und dann, um ihn aufzuwärmen, etwa zehn Minuten über die Reflexivität sprechen. Ihn fragen, ob er mein Gefühl teile, dass sie auch außerhalb der Finanzmärkte wirkte, und ob ich richtig lag mit der These, dass es, wenn man den ganzen Quatsch, all die Zahlen und Nachrichten und Kursverläufe, beiseite ließ, beim Spekulieren eigentlich nur um eines ging: die Welt, so wie sie ist, nicht für bare Münze zu nehmen.

Dann würden wir über sein Leben plaudern und die Zukunft der Welt. Und ganz am Ende, wenn George die Seelenverwandtschaft zwischen uns auch spürte, würde ich das Tabu berühren. Und ihn um einen kleinen Anlagetipp bitten. Gold oder kein Gold? Das war die große Frage.

Es war ein Dienstag, als ich schließlich die Lobby eines Wolkenkratzers südlich des Central Park betrat, etwas wacklig in den Knien bei der Vorstellung, in ein paar Minuten dem Jahrhundertmann zu begegnen. Der Aufzug trug mich in eines der oberen Stockwerke, ich weiß nicht mehr welches, irgendwer anders hatte den Schalter gedrückt, und dann war ich im Himmel. Er war zweistöckig, eine Art Townhouse, und an der Rezeption saßen ein Junge und ein Mädchen, die ganz normal aussahen, vor einer Stahlwand, auf der in ausgestanzten Lettern nur ein Wort stand: Soros. Nichts weiter. Aminah, seine Assistentin, nahm mir den Mantel ab und sah mich fürsorglich wie eine Krankenschwester an, die gleich den Puls fühlen wird. Auf dem kleinen Kaffeetisch lagen das *Wall Street Journal* und zwei Ausgaben der *Financial Times,* wir lesen dieselben Zeitungen, stellte ich zufrieden fest, ein gutes Omen. Dann kam Michael, der es schaffte, mich ohne ein Lächeln zu begrüßen. Er würde am Gespräch als Aufpasser teilnehmen.

Er führte mich in ein Konferenzzimmer, dessen Fensterfront über zwei Seiten reichte, Aussicht über den Central Park, natürlich, der Million-Dollar-Blick, der um diese Jahreszeit sein Geld nicht wert war: Quadratkilometer graubraunes Gehölz. Als mein Schwindel sich gelegt hatte, fiel mir auf, dass die Möbel allesamt aus den siebziger Jahren stammten, beige Ledersessel, ein hölzerner Konferenztisch, eine Spiegelkommode mit Rauchglas. Schöne Möbel, aber alt. Ich überlegte, ob Amerikas Milliardäre einen Wettbewerb austrugen, wer sparsamer sei. Thrift is good. Buffett lebte ja auch noch in Omaha in seinem Haus aus den fünfziger Jahren. Als wollten sie den Amerikanern sogar beim Geldausgeben ihre Überlegenheit demonstrieren, die Werte, auf die es ankommt, Bescheidenheit, Disziplin. Aminah brachte Kaffee in einem Pappbecher. »George ist noch auf dem Weg«, sagte sie und ließ mich allein in meinem Wolkenzimmer. Ich betastete einen Plexiglasquader, auf dem ein rostiges Metallstück befestigt war. In den Sockel war etwas in kyrillischer Schrift eingraviert, ich entzifferte »SS-20«, wahrscheinlich hatten wir St. George auch die Abrüstung zu verdanken. Ich hinterließ verschwitzte Fingerabdrücke, aber bevor ich mich fragen konnte, was ich eigentlich hier tat, hörte ich Stimmen, Schritte, Gemurmel. Und dann stand er vor mir, kleiner als ich, ein wenig, ich gab ihm die Hand, sagte, dass ich sehr glücklich und geehrt sei. Seine hellen Augen. Das vertraute Lächeln … und in diesem Moment war alles gut. Mit halbwegs fester Journalistenstimme hörte ich mich sagen: »Sie sind 2007 zurückgekehrt, um Ihren eigenen Fonds wieder selbst zu managen. Was dachten Sie, was Sie besser können als normale Fondsmanager?«

»Ich habe eine Theorie entwickelt... Nun, ich bin seit langem im Geschäft. Und ich habe eine andere Perspektive als die allgemein anerkannte Sichtweise der Märkte«, sagte er, er suchte nach Worten. Er sprach langsamer als in den Fernsehinterviews, was gut war, weil ich so besser zuhören konnte. »Ich habe eine Theorie entwickelt, die besagt, dass Märkte instabil sind und deshalb Abfolgen von Boom und Bust produzieren, die man Blasen nennt. Und ich habe vorhergesehen, dass eine sehr große Blase explodieren würde, eine Superbubble, die seit 1980 entstanden ist, als Reagan Präsident wurde und Margaret Thatcher Premierministerin war, als die Idee, dass Märkte sich selbst überlassen werden sollten, die dominierende Überzeugung wurde: das, was ich Marktfundamentalismus nenne.«

»Wir sollten gleich auf Ihre Theorie zurückkommen«, sagte ich, um ihn nicht zu irritieren, aber erst wollte ich noch über das Spekulieren reden. »Dieses Platzen der Blase – haben Sie Ihren Fondsmanagern nicht zugetraut, das zu erkennen? War das so schwer?«

»Nun, sie haben es in der Tat nicht erkannt. Sie haben Geld verloren. Ich musste einiges unternehmen, um das auszugleichen.«

»Sie haben tatsächlich gesehen: Meine Leute verlieren Geld, sie begreifen es nicht, ich muss zurückkommen?«

»Ja. Jetzt begreifen sie es, aber damals haben sie Geld verloren. Den meisten Leuten, sogar Hedgefondsmanagern, war nicht klar, was geschah. Natürlich gab es welche, die es gesehen haben. Aber sie waren in der Minderheit.«

Er sprach wirklich sehr langsam. Als sei er müde. Ich fragte ihn nach der Superbubble.

»Jede Blase hat zwei Komponenten: Die eine ist echter Trend, der sich durchsetzt. Aber dann entsteht eine Fehlinterpretation dieses Trends, und es ist die Interaktion zwischen der Fehlinterpretation und dem Trend, die sich zunächst selbst verstärkt. Der Trend war die Erhöhung von Kreditnutzung und Leverage. Und die Fehlinterpretation war das Vertrauen auf die Selbstheilungskräfte der Märkte. Aber immer wenn es eine Krise gab, haben die Behörden eingegriffen und dafür gesorgt, dass das System überlebte. Sodass die Finanzkrisen wie erfolgreiche Tests der Fehlinterpretation wirkten.«

Und dann verloren wir uns in irgendwelchen Details, was immerhin die erhoffte Wirkung auf Michael hatte, der geistesabwesend auf seinem Blackberry tippte. Vielleicht könnte ich mich langsam der Vergrößerung der Geldmenge nähern, dachte ich, und dann der Inflation.

Er sah, wie eigentlich alle, in Alan Greenspan den Schuldigen, aber bevor ich einhaken konnte, war er wieder beim Deregulierungswahnsinn der Marktfundamentalisten gelandet, ihrem unsinnigen Glauben an effiziente Märkte. »Es ist eine Bedingung des Menschseins, dass man die Realität nie voll und ganz verstehen kann, dass man die Realität immer verzerrt…«

I know what you mean, dachte ich. Auch meine Realität fühlte sich in diesem Moment sehr neblig an. Wo war all das, was uns verband, wo waren meine wunderschönen Fragen? Wir hatten uns im Dickicht der Reflexivität verirrt.

»Die Tatsache, dass Ökonomen nicht sehr beeindruckende Resultate produziert haben…«, sagte ich.

»…aber sie haben sehr beeindruckende Resultate produziert! Sehr ausgefeilt, sehr beeindruckend. Die Sache ist nur, dass sie nicht mit der Realität korrespondieren. Aber was sie aus dieser Gleichung herausgelassen haben, war das Element von Unsicherheit, das nicht quantifiziert werden kann. Das, was ich Reflexivität nenne…«

Und dann fragte ich ihn tatsächlich nach Regulierungsmöglichkeiten, nach »Basel zwei«, was irgendein Bankengesetz ist, über das ich irgendwas gelesen hatte, ich konnte es nicht glauben, dass ich wirklich von ihm wissen wollte, ob wir ein »Basel drei« benötigten, aber wir waren zu tief drin, und ich kam mir vor wie in einem Traum, in dem man laufen möchte, aber auf der Stelle klebt, und die Zeit rennt einem weg. Ich holte Luft und bat ihn um seinen Ausblick auf die Zukunft, der uns hoffentlich in die Nähe der Goldfrage tragen würde. Er sprach sich für keynesianische Notfallmaßnahmen aus, was ich mir auch hätte denken können, Konjunkturprogramme, Haushaltsdefizit, wovor die Deutschen natürlich Angst hätten, weil sie durch das Trauma der Hyperinflation gegangen seien. Hyperinflation, gutes Stichwort (Michael war immer noch mit seinem Blackberry beschäftigt), von da aus wären wir schnell beim Gold. Ich fragte ihn, ob das Vermindern der Geldmassen denn überhaupt realistisch sei, und er sagte ja, aber es sei natürlich schwierig, weil durch die Zinserhöhungen die Konjunktur leicht wieder abgewürgt werde könnte.

Ich sah auf die Uhr, noch zehn Minuten, zu früh, um die Goldfrage zu stellen. Persönliche Zwischenfrage: Ob ihn die Krise glücklich mache, weil er nun recht behalten habe, oder ob sie ihm eher Angst mache. »Beides«, sagte er. »Einerseits ist sie sehr stimulierend, denn sie bestätigt meine Theorien und meine Weltsicht, aber andererseits bin ich mir der Gefahren vielleicht bewusster als andere, weil ich einige davon durchlebt habe.«

Statt ihn jetzt naheliegenderweise nach seiner Kindheit zu fragen, versuchte ich einen Doppelpass, der mich schließlich vors Tor bringen sollte: »Was sagen Sie Kleininvestoren, die keine Ahnung haben, wie sie ihr Geld durch diese Krise bringen sollen?«

»Entweder sie müssen sehr vorsichtig sein, denn wir befinden uns in einer Zeit der Vermögensvernichtung, das heißt, sie müssen versuchen, so viel wie möglich zu erhalten, oder sie müssen sehr wendig sein. Und sie haben größere Chance zu verlieren als zu gewinnen.«

*Sie müssen versuchen, so viel wie möglich zu erhalten.* Sehr witzig. Aber wie? Ein Blick auf Michael, der immer noch abgelenkt schien, dann sagte ich es.

»Ich bin – glücklicherweise – seit einigen Jahre stark in Gold investiert. Denken Sie, dass dieser Trend sich fortsetzen wird?«

»Es hat Potenzial …«

»Was bedeutet das?«

»Wie ich gesagt habe. Es *könnte* ein gutes Investment sein.«

Michael war aufgewacht. »Ich möchte klarstellen, dass George kein Gold empfiehlt.«

»Ich denke, das haben wir verstanden«, sagte ich, erstaunlich schnippisch. Themawechsel.

»Hält die Krise Sie nachts wach?«

»Manchmal.«

»Wann zuletzt?«

»Ziemlich oft.« Oje. Er war jetzt kurz angebunden. Jeder wusste, dass Soros keine Tipps gab. Und selbst wenn er *mir* einen Tipp hätte geben wollen, konnte er nichts sagen, weil die Devisenmärkte am nächsten Tag zusammenbrechen würden, wenn er, Soros, Gold empfahl.

»Träumen Sie von Geld?«

»Davon träumen? Nein. Nein. Heutzutage beschäftigt mich eher die Zukunft der Welt als das Geldverdienen. Ich habe genug Geld gemacht. Ich möchte einfach nur noch bewahren, was ich verdient habe. Ich bin nicht so wild darauf, fette Beute zu machen.«

Ich hatte ihn verloren. Er war schon gar nicht mehr da. Letzte Frage.

»Träumen Sie von der Zukunft der Welt?«

»Ich denke darüber nach. Ich mache mir Sorgen um unsere Zivilisation. Es ist leicht vorstellbar, dass sie kollabiert. Entweder durch die Klimaerwärmung oder durch Kriege.«

»Aber träumen Sie davon?«

»Er macht sich Sorgen darüber«, sagte Michael, als sei George entmündigt.

»Ich mache mir Sorgen darüber«, wiederholte Soros tatsächlich, und damit war unsere Zeit abgelaufen. Die einzigen fünfundvierzig Minuten, die er und ich je in einem Raum verbringen würden, waren Vergangenheit. Er nahm mich kaum noch wahr, als er mir die Hand schüttelte.

Als ich an seinem Büro vorbei zur Treppe ging, sah ich ihn noch einmal. Ein alter Mann, dessen Haar in den letzten zwölf Monaten fast weiß geworden war, wie er aufrecht an einem Schreibtisch saß, Papiere vor sich. Das war mein letztes Bild.

Und dann stand ich wieder auf dem Sidewalk, Manhattan, Seventh Avenue, und ließ mich mit den Passanten in Richtung Süden treiben. Für ein paar Minuten schwebte ich noch, aber dann fiel mir ein, worüber wir alles nicht gesprochen hatten: die Jugend in Ungarn, diese merkwürdige Fähigkeit, die Normalität zu durchschauen, woher kam sie, wie hatte sie ihm geholfen, war sie wirklich der wahre Grund seiner Erfolge? Ich würde es nie erfahren, weil ich ihn nicht gefragt hatte. Er war fast achtzig, und ich hatte seine Zeit verschwendet. Ich hatte nichts falsch machen wollen. Ich war aufgeregt gewesen. Ich musste weit gelaufen sein, fast zehn Straßenblocks, der Times Square tauchte vor mir auf, und obwohl es wirklich kein brillantes Interview gewesen war, spürte ich plötzlich eine Leichtigkeit. Das letzte Jahr hat uns beide etwas mitgenommen, dachte ich. Menschen machen Fehler. Und die einzige Frage, um die es ging im Leben und an den Märkten, war, ob man etwas daraus lernte.

Am selben Abend startete mein Flugzeug vom Newark Airport, und nach einem Flug durch die Atlantiknacht landete ich am Morgen wieder in Berlin. Es war der 12. März. Ich war zum Frühstück verabredet. Irgendwann am Nachmittag, als ich mich schließlich schlafen legen wollte, sah ich (wie jeden Tag) noch kurz auf den Goldseiten nach dem Rechten. Häufig sinkt der Preis, nachdem der Handel an der amerikanischen Ostküste begonnen hat, das wusste ich, seit ich gelesen hatte, dass manche Sektenmitglieder dahinter eine Manipulation der amerikanischen Zentralbank vermuteten. An diesem Tag jedoch geschah etwas Merkwürdiges: Kurz nachdem New York aufgewacht war, schoss die Kurve fast senkrecht nach oben. Es war eine Kursbewegung, wie ich sie noch nie gesehen hatte und die nur sehr viele Käufer verursachen können oder aber ein einziger Marktteilnehmer, jemand, der in der Lage ist, sehr große Mengen zu kaufen. Ich sah mir die Wirtschaftsnachrichten an, aber ich fand keine Meldung, die den Kurssprung hätte erklären können. Und ich war mir natürlich nicht sicher, weil Menschen sich nie sicher sein können, aber mir gefiel die Vorstellung, dass eine deutsche Kleinanlegerin in einem ungewöhnlichen Fall von Reflexivität George Soros auf eine Idee gebracht haben könnte und dass der Ausschlag der Goldmärkte an diesem Tag ein Hinweis an meine Adresse war, ein Insiderscherz, ein Wink, der mir bedeuten sollte, dass ich auf dem richtigen Weg war.

## 23 Wie ich einmal versuchte, reich zu werden

Was ich verdient habe, werde ich jetzt manchmal gefragt.

»So plusminus null Prozent«, antworte ich. »Je nach Tagesform meiner Anlagen.«

Das sind nicht die 100 Prozent, die ich mir vor einem Jahr vorgenommen hatte. Aber es ist eine Zahl, über die in diesen Tagen keiner lacht.

Zwölf Monate nachdem ich mich das erste Mal in die Weltmärkte gestürzt hatte, sah mein Depot so aus:

| | |
|---|---|
| **Depot Ende April** | |
| **Offene Positionen** | |
| Gold Call neu | 646 Euro |
| Puts Whole Foods | 295 Euro |
| ISX (inklusive 10 Prozent Währungsgewinne) | 3660 Euro |
| Aktien Harvey & Thompson | 219 Euro |
| Gold Call (Esel) | 1465 Euro |
| **Liquide Mittel** | |
| Cash | 3870 Euro |
| **Total** | 10 155 Euro |

Das ist die Endabrechnung. Plus 1,5 Prozent. Ich habe noch nicht alle Positionen realisiert, deshalb ist es an Tagen, an denen der Goldpreis steigt, ein bisschen mehr. An anderen Tagen gerät mein Depot wieder unter Wasser. Soros war besser. Sogar ein Postsparbuch hätte mir mehr eingebracht. Ich tröste mich damit, dass Warren Buffett das vergangene Jahr im Minus abgeschlossen hat und dass die Depots vieler Hedgefondsmanager wie

Soufflés in sich zusammengefallen sind. Immerhin bin ich nie in Versuchung gekommen, mein Küchlein mit Fremdkapital aufzublasen, welches ich nun zurückzahlen müsste.

Ich hatte auf eine Krise gesetzt, und die Krise war schlimmer geworden als alles, was ich mir je hatte vorstellen können. Und trotzdem bin ich nicht reicher als vor einem Jahr.

Vielleicht ein wenig klüger. Die Lernkurve war sehr steil.

Warum ich kein Geld verdient habe?

Es gibt darauf verschiedene Antworten.

Die eine heißt AngloGold Ashanti.

Die andere Antwort ist die, dass die Märkte nicht sehr direkt mit der Welt korrespondieren. Dass Banken zusammenbrechen würden, das hatten meine Bayern schon vor hundert Jahren geraunt, und in der Theorie hätte Gold, das Krisenmetall, sich spätestens nach der Pleite von Lehman Brothers verdoppeln müssen.

Aber so sind die Märkte nicht. Der Preis der Dinge spiegelt nicht die Welt wider, wie sie heute ist, sondern die Erwartungen der Mehrheit an die Welt von morgen. Damals auf der Goldmesse, als ich mit Wolf und Bergold darüber sprach, welch große Zukunft dem Gold bevorstünde, wenn die Bankenkrise, wie sie damals noch hieß, sich ausweite: Es kann sein, dass die herannahende Katastrophe bereits im hohen Goldpreis jener Tage vorweggenommen war. Und als sie schließlich eintrat, überraschte sie keinen mehr. Investoren sind Opportunisten, wir handeln in vorauseilendem Gehorsam.

Noch ein Grund, weshalb Gold nicht gestiegen ist: Als die Aktien und Immobilienpapiere mit der Bankenkrise zusammenbrachen, mussten viele Fonds auch ihre Rohstoffpositionen auflösen, um die Schulden zu begleichen, die ihnen ihr hoher Leverage nun bescherte. So war auch Gold gesunken, obwohl es sich *eigentlich* gegenläufig zu Aktien verhalten müsste.

In diesen Tagen ist die Feinunze etwa so teuer wie vor einem Jahr: Sie kostet um die 900 Dollar. Die Inflation, die viele erwarten und die den Goldpreis wieder nach oben treiben könnte, sie ist noch nicht da. Selbst wenn sie eines Tages kommen sollte: Es ist möglich, dass auch diese Furcht schon heute eingepreist ist. Profit lässt sich immer nur aus dem Unerwarteten schlagen.

Was das sein wird? Ich weiß es nicht. Ich kann mich kaum noch an die Zeit erinnern, als ich tatsächlich glaubte, dass man mit etwas Fantasie und Abenteuerlust den Markt schlagen könnte. Habe ich das tatsächlich behauptet?

Die Insel, von der aus ich das Auf und Ab der Kurse beobachten wollte – ich würde sie im Moment eher einen Aussichtspunkt nennen. Ich habe einen Überblick. Von da, wo ich stehe, kann ich gut erkennen, was ich alles nicht begreife.

Vielleicht sollte ich einfach weitermachen, bis ich irgendwann ein Gefühl für den Markt haben werde, so wie man auch erst nach Jahren ein Gefühl für die Kunst entwickelt oder für eine fremde Sprache. Die Wirtschaftsdaten sind katastrophal. Ich lese, sie sind schlechter als in den dreißiger Jahren. Ich kann sie vergleichen, aber ich habe kein Gespür dafür, was sie bedeuten. Ich stehe noch immer vor ihnen wie vor Preisschildern in einem japanischen Supermarkt.

Gerade war ich auf dem Geburtstag einer Tante. Natürlich wollten alle von mir wissen, was sie mit ihrem Geld machen sollten. Bei denen, die Hausschulden haben, hielt ich mich mit Prognosen zurück. Weiß ich, ob in der drohenden Krise alle ihre Arbeit behalten werden und die Hypotheken bedienen können? Bei Daimler, wo mein Schwager arbeitet, wird Kurzarbeit gemacht. Die Frau meines Cousins überlegt tatsächlich, ihren Blumengarten auf Gemüse umzustellen, ich riet zu. Ihre Nachbarin habe sich den Keller mit Konserven vollgestellt, sagte sie. Ich weiß nicht, ob das eine gute Idee ist. Aber ich finde es interessant, dass sich offenbar das Gefühl breitmacht, dass es notwendig sein wird, sich selbst um die Dinge zu kümmern. Kein Bankberater und kein Wirtschaftsminister wird einem diese Frage in den nächsten Jahren beantworten können: Was wird kommen?

»Vorsicht vor lang laufenden Staatsanleihen«, sagte ich zu meiner Patentante am Tortenbüfett. Vor ein, zwei Jahren hatte ich ihr noch von Silber vorgeschwärmt, und ihre Augen hatten geblitzt. Aber an diesem Tag sprach ich von Anlagehorizont, Volatilität, von Szenarien, die mehr oder weniger wahrscheinlich seien. »Diversifizieren ist das Wichtigste«, sagte ich und bemerkte, wie ihre Augen trübe wurden, wie ihr Gesicht diesen Ausdruck von Überforderung und Langeweile annahm, den ich von mir selbst so gut kannte.

Das Merkwürdigste ist, dass mir der Kapitalismus, als ich schließlich mitmachte, endlich sympathisch geworden ist. Vielleicht habe ich einen Hang dazu, ins Abseits geratene Ideen zu verteidigen. Vielleicht hat mir einfach der Unternehmergeist meiner Mitspieler gefallen. Die Spekulanten (oder Investoren, wie sie sich selbst nennen würden) entsprachen nicht dem Feindbild, das viele von ihnen haben. Die, die ich kennengelernt habe, wirkten auf mich nicht weniger verantwortungsvoll, nicht weniger kritisch oder nachdenklich als die Angestellten und Freelancer, mit denen ich bisher zu tun hatte. Sie mögen geldgieriger sein als andere. Vielleicht ist ihnen Geld so wichtig, wie uns anderen Lebensqualität wichtig ist oder Sicherheit oder der Luxus, sich um Geld nicht kümmern zu müssen.

Nicht die Kapitalisten sind schlecht, sondern der Kapitalismus selbst, wird mir jetzt auf Partys entgegengehalten, wenn ich meine neuen Bekannten verteidige. Das habe Marx gesagt (oder so etwas in der Art). Die »Systemfrage« wird gestellt, aber ausgerechnet jetzt, wo das System sich selbst ruiniert hat, wo viele sich fragen, ob wir uns ins Jahr 1930 zurückkatapultiert haben und ob sich die Katastrophen, die dann folgten, wiederholen werden, wünsche ich mir, dass wir es behalten werden.

Mir gefällt, dass zwei Leute, die ein Geschäft zum beiderseitigen Vorteil wittern, nicht nur ihre Skrupel vergessen, sondern auch die Differenzen, die sich sonst zwischen ihnen auftun mögen. Wenn man die Seiten wechselt, dann versteht man, dass die Wirtschaftsliberalen sich mit derselben Intensität vor Planwirtschaft und Totalitarismus fürchten wie die Linken vor der Ungerechtigkeit und einer Welt, in der alles einen Preis hat. Ich mag das Vertrauen der Marktjünger in die Weisheit der Mehrheit. Nicht die Idee ist schlecht, sie wurde nur falsch umgesetzt.

Mein Schatzkästlein liegt immer noch unter den Vereinigten Sparkassen Eschenbach in der Oberpfalz, Neustadt an der Waldnaab, Vohenstauß. Meine Geheimnummer habe ich geändert. Sobald ich es einrichten kann, werde ich den Zug nach Bayern nehmen und einen Teil meiner Edelmetalle liquidieren. Obwohl mein Herz sagt, dass ich alles behalten möchte. Aber nach der Lektüre neuro-ökonomischer Fachbücher weiß ich, dass es irrt. Menschen können nicht anders, als vergangene Erfahrungen auf die Zukunft umzulegen. In meinem Herzen werden Gold, Silber, Platin und Palladium immer die Anlagen sein, mit denen ich meine ersten, wunderbaren Erfahrungen gemacht habe, damals, in den Kinderjahren meiner Spekulantenlaufbahn, als sich bei mir ein Urvertrauen zu zwei eigensinnigen Bayern bildete, das ich wohl nicht mehr loswerde. Wolf und Bergold. Ich hatte einmal 40 000 Euro. Irgendwann waren es sogar 80 000, jetzt sind es 60 000. Das habe ich ihnen zu verdanken. Aber ich weiß – ich muss mich zwingen zu glauben –, dass sie nicht bis in alle Ewigkeit recht behalten werden. Deshalb werde ich irgendwann demnächst wieder auf jenem Parkplatz in Neustadt stehen, ich werde einen Code eingeben, ein kleiner Lastenaufzug wird nach oben ruckeln, ich werde meine Schätze in Empfang nehmen, und dann werde ich diese Kassette von der Größe einer Schuhschachtel (wenn ich es richtig in Erinnerung habe) zum Schalter tragen und ein paar meiner Barren in Geld umtauschen.

Vermutlich werde ich einen Teil davon auf ein Girokonto legen, bis der Nebel sich etwas gelichtet hat. Auch Ahmed wird eine Überweisung von mir bekommen. Irakische Aktien steigen und steigen, es kommt mir beinahe vor wie ein Naturgesetz. Neuerdings denke ich auch über Öl nach. Öl ist billig und der Vorrat geht zu Ende, unabhängig davon wie wenig die ächzende Weltwirtschaft in den nächsten Jahren davon verbrauchen wird. Ansonsten: Standardaktien solider Unternehmen. Diversifizieren. Vielleicht werde ich sogar die Allianz unter die Lupe nehmen.

Was mich zu Utta bringt. Unsere Wege kreuzten sich neulich in einem Internetcafé am Flughafen. Sie war auf dem Weg nach New York, ich war gerade in München gelandet. Im Jahr 2008 hatte sie den DAX um einen Prozentpunkt geschlagen. Das heißt, sie hatte in diesem Jahr 40 Prozent Minus gemacht. Als ich sie um eine Aktualisierung ihrer Positionen bat, reagierte sie gereizt: »Gold ist da, wo es vor einem Jahr war. Hast du nicht gesagt, es würde sich verdoppeln?«

Stefan traf ich zuletzt im Winter in einem Berliner Auktionshaus. Bei den »Novemberauktionen« von Sotheby's und Christie's war etwa 50 Prozent weniger erlöst worden als noch sechs Monate zuvor. Bei Christie's waren sogar Werke von Peter Doig liegengeblieben. Aber Stefan war nur als Beobachter gekommen. Seine Bilder hingen nach wie vor an den Wänden jener Altbauwohnung. »Ich glaube, dass Peter Doig bleiben wird«, sagte er.

Torben und Tim wurden bei SVS Securities gefeuert, nachdem die Firma den Handel mit »Contracts for Difference« aufgegeben hatte. Was immer das sein mochte, ich hatte es immer noch nicht verstanden. Tim arbeitet heute als freiberuflicher Trader, Torben, der Däne, lebt nach wie vor in London, wo er für eine andere Firma dasselbe Produkt vertreibt.

Björns Babylon-Fonds verdiente in der Zeit, in der ich versuchte, reich zu werden, zehn Prozent.

Juha erzählte, dass er in den letzten zwölf Monaten »leichte Verluste« gemacht habe. Und Eirikuva? Die kleine, vom Bankrott bedrohte Fotofirma habe das Jahr überlebt, sagte er. Nur die nordfinnische Papiermühle gebe es nicht mehr.

»Wir haben eine Menge Volatilität gesehen«, seufzte er.

Dann rief ich Ahmed an.

»Iraqi Investmentbank steht bei 1,9 und du bekommst 30 Prozent nächsten Monat«, sagte er, bevor ich ihn fragen konnte, wie es ihm ergangen war. »E-Trading ist jetzt online, und auf der Eröffnungsfeier war der Premierminister und der Finanzminister ...«

»Und du?«

Er lachte.

»Schon verheiratet?«

Er erzählte, dass er große Verluste im dubaischen Immobilienmarkt erlitten habe, die er aber fast gänzlich an der Börse von Bagdad habe ausgleichen können. Dann sagte er unvermittelt:

»Hör zu. Ich will, dass du mir einen Gefallen tust.«

»Ja?«

»Ich habe einen Mitarbeiter. Ein wichtiger Mitarbeiter. Er ist gerade in Deutschland ...«

Der Rest muss unter uns bleiben. Es ist eine dieser Geschichten, die wir Spekulanten eine Win-Win-Situation nennen.

## Danke …

… an die, die als Leser, Ratgeber, Factchecker, mit ihren Kontakten und Ideen zu meinem Buch beigetragen haben, ohne darin mit Namen vorzukommen: Jolanda Buck, Dieter Brandt, Tobias Doetsch, Sebastian Dullien, Silke Feile, Christoph Feile, Niko Haaks, Verena Hasel, Julia Hoffmann, Jimmy Karadimas, Petra Karadimas, Gila Keplin, Gisela Kopp, Kai Krahmer, Frank Krause, Lukas Krieger, Kerstin Löffler, Claus Löwe, Volker Marquardt, Andreas Merkel, Moritz Müller-Wirth, Max Otte, Elisabeth Raether, Konstantin Richter, Jürgen von Rutenberg, Mark Schieritz, Hans-Kaspar von Schönfels, Alexander Simon, Tilman Spengler, Thomas Strobl, Brenda Strohmaier, Robert Torkelund, Frank Wegener. Und an Christiane Grefe, ohne die es ein anderes Buch geworden wäre.

Die Zitate wurden entweder aufgezeichnet oder aus dem Gedächtnis niedergeschrieben und später autorisiert. Die Zahlen im Depot sind teilweise gerundet, der Wert mancher laufender Optionsscheine es zu bestimmten Stichtagen nicht genau zu rekonstruieren. Drei Trades, die ich in meinem Spekulantendepot gemacht habe, die aber nichts mit dem Verlauf des Buches zu tun haben, fehlen in der Auflistung.

Einige Anekdoten aus der Geschichte der Spekulation sind dem *Buch Devil Take the Hindmost* von Edward Chancellor entnommen. Außerdem waren mir folgende Bücher besonders nützlich: *Wider die Götter* von Peter L. Bernstein und *Eins zu Tausend* von Ellen und Michael Kaplan über die Geschichte der Wahrscheinlichkeitsrechnung. Zur Subprime-Krise: Richard Bitner, *Confessions of a Subprime Lender;* Richard Ford, *Die Lage des Landes.* Inflation: Sebastian Haffner, *Geschichte eines Deutschen*; Erich Maria Remarque, *Der schwarze Obelisk.* Als ökonomischer Crashkurs: *The Worldly Philosophers* von Robert L. Heilbroner, *Der globale Countdown* von Christiane Grefe und Harald Schumann, *Der Crash kommt* von Max Otte, *Der Crash des Kapitalismus* von Ulrich Schäfer und die Website www.weissgarnix.de von Thomas Strobl. Über das Glück und Unglück des Spekulierens: *American Idiot* von David Denby, *Your Money & Your Brain* von Jason Zweig, *Humanomics* von Uwe Heuser, *A Fool and His Money* von John Rothchild, *Die Kunst über Geld nachzudenken* von André Kostolany, *The Money Game* von Adam Smith (Pseud.). Über den Kunstmarkt: *Hype* von Piroschka Dossi. Über Soros die Biografie von Michael T. Kaufman und diverse Bücher von Soros selbst, die alle von der Reflexivität handeln und deren jüngste Inkarnation *The New Paradigm for Financial Markets* heißt.

FSC
Mix
Produktgruppe aus vorbildlich
bewirtschafteten Wäldern und
anderen kontrollierten Herkünften

Zert.-Nr. SGS-COC-1940
www.fsc.org


Verlagsgruppe Random House FSC-DEU-0100
Das für dieses Buch verwendete FSC-zertifizierte
Papier *Munken Premium*
liefert Arctic Paper Munkedals AB, Schweden.

1. Auflage

Typografie und Satz: Brigitte Müller/DVA
Gesetzt aus der Stone
Druck und Bindung: GGP Media GmbH, Pößneck
Printed in Germany
ISBN 978-3-421-04385-6

www.dva.de
www.heikefaller.de

Jo Lendle
Mein letzter Versuch die Welt zu retten
Roman
256 Seiten, gebunden
ISBN 978-3-421-04391-7

**Im Dreiviertelanzug durch den Gorlebener Forst**

1984 reist die halbe Republik ins Wendland, um gegen die Castortransporte zu protestieren. Auch Florian, siebzehn Jahre alt, will die Welt verbessern und macht sich zusammen mit Freunden auf den Weg. Es ist der Tag, bevor er stirbt. Ein Roman voll untergründiger Spannung über eine politisch bewegte Zeit, in der man ohne »Atomkraft Nein danke«-Anstecker schon verloren hatte. Eine Zeit, als es auf jede Frage eine Antwort gab.

»Jo Lendle gehört zu den wenigen Autoren, denen es gelingt, in einer Geschichte mehr als nur diese eine Geschichte zu erzählen.«

*Neue Zürcher Zeitung*

DVA
www.dva.de